靳利军 著

基于绿色发展的
森林资源资产负债表设计机理
与实现路径研究

Research on Design Mechanism and
Realization Path of Forest Resource Balance
Sheet Based on Green Development

中国财经出版传媒集团

经济科学出版社
Economic Science Press

图书在版编目（CIP）数据

基于绿色发展的森林资源资产负债表设计机理与实现
路径研究／靳利军著 . -- 北京：经济科学出版社，
2023. 5

ISBN 978 - 7 - 5218 - 4764 - 2

Ⅰ. ①基…　Ⅱ. ①靳…　Ⅲ. ①森林资源 - 资金平衡表
- 研究 - 中国　Ⅳ. ①F326. 25

中国国家版本馆 CIP 数据核字（2023）第 083015 号

责任编辑：杜　鹏　郭　威　胡真子　常家凤
责任校对：王京宁
责任印制：邱　天

基于绿色发展的森林资源资产负债表设计机理与实现路径研究
靳利军◎著
经济科学出版社出版、发行　新华书店经销
社址：北京市海淀区阜成路甲 28 号　邮编：100142
编辑部电话：010 - 88191441　发行部电话：010 - 88191522
网址：www. esp. com. cn
电子邮箱：esp_bj@ 163. com
天猫网店：经济科学出版社旗舰店
网址：http://jjkxcbs. tmall. com
固安华明印业有限公司印装
710×1000　16 开　14. 75 印张　240000 字
2023 年 5 月第 1 版　2023 年 5 月第 1 次印刷
ISBN 978 - 7 - 5218 - 4764 - 2　定价：79. 00 元
（图书出现印装问题，本社负责调换。电话：010 - 88191545）
（版权所有　侵权必究　打击盗版　举报热线：010 - 88191661
QQ：2242791300　营销中心电话：010 - 88191537
电子邮箱：dbts@ esp. com. cn）

前　言

　　绿色发展理念作为中国特色社会主义建设的重要原则和基本方略，赋予林业筑牢生态安全屏障、夯实生态根基的伟大使命。森林能够为多种生态系统服务，在生态文明建设中发挥着重要的作用。为适应时代发展的要求，我国林业发展方式已从追求经济效益转向追求生态效益，步入以生态建设为主时期。对于公共产品、外部性等因素造成的市场失灵，森林更多的是以非市场化的方式对人类福祉作出贡献，长期缺乏科学的价值评估。传统的森林资源核算体系对森林资源核算局限在木制品、林产品经济价值领域，森林资源生态系统服务价值尚未纳入其中，导致现有的国民经济核算体系无法体现森林资源对生态环境的贡献。为了科学评价森林资源的整体价值，弥补森林资源生态系统服务价值信息披露的不足，构建新的核算体系势在必行。

　　本书以绿色发展为研究视角，基于国家战略和林业发展方式转型的时代背景，在"两山"理论指导下，运用文献分析、理论分析、因子分析、调查问卷等方法对森林资源资产负债表的设计机理与实现路径进行了研究。在文献分析基础上，探索森林资源资产负债表构建的理论框架。在演绎分析和实证分析基础上，研究森林资源资产、负债和净资产的确认、计量与列报，探索森林资源资产负债表编制的保障措施。

本书的研究共分三个部分：一是研究了森林资源资产负债表编制的制度机理。对现行企业和政府会计概念框架体系下资产、负债要素进行了理论分析和中外比较，探讨了现有治理体系下企业、政府层面财务报告自然资源信息披露制度安排，研究了自然资源资产负债表和森林资源资产负债表构建的理论基础，提出了森林资源资产负债表为自然资源资产负债表、政府资产负债表、国家资产负债表的编制提供基础数据，为丰富和完善国家宏观治理体系提供信息保障。

二是研究了森林资源资产负债表编制的核算机理。确立了森林资源资产负债表的概念框架体系，提出了报告主体、客体、目标、假设、信息质量要求、核算方法等基本原理。对森林资源资产负债表项目之间的逻辑关系进行了研究，确定了核算要素与等式。通过问卷调查，采用因子分析法对森林资源资产负债表编制的合理性与报表结构和项目安排进行了研究。

三是探索森林资源资产负债表实现路径。在会计理论指导下构建森林资源资产负债表的框架结构与项目类别。森林资源资产项目的确立应考虑森林资源服务功能与要素确认条件，项目计量应更多考虑实际成本投入或市场公开价格。森林资源负债是补偿人为因素导致森林资源损耗而付出的代价，是维持森林资源可持续发展而计提的未来支出。应在流量指标基础上折现计算森林资源资产和负债存量金额。结合森林资源连续清查实物量数据，运用森林资源价值评估方法进行了森林价值量核算。

研究结果显示：我国森林资源资产规模巨大，为经济社会发展作出了重大贡献；创造的生态系统服务价值远远大于经济价值，生态效益显著；净资产目前处于较高水平，森林资源创造的价值远远大于森林资源需要投入的资源。本书的研究目标是构建能够反映森林资源经济效益、生态效益、社会效益的森林资源信息系统，为实现森林资源永续利用，促进森林与经济、社会、生态协调发展提供支持。

　　本书理论层面的贡献在于森林资源资产负债表的研究丰富了资产负债表理论，拓展了相关学科研究领域，扩大了森林资源核算范围，具有一定的学术价值。实践层面的意义在于森林资源资产负债表推进了我国宏观经济治理体系建设，促进了森林资源合理有效利用，为领导干部自然资源资产离任审计提供证据支持，提高了社会公众的生态、环境保护意识，丰富和完善了我国自然资源信息披露制度。

笔　者

2023 年 2 月

目　录

第 1 章

绪　　论

1.1　研究背景

森林在人与自然和谐发展与共存中发挥基础作用，为人类提供食物、饮用水、木材等社会财富和持续的生存空间，为稳定全球降水模式、延缓气候变化提供生态保障。

1.1.1　生态环境问题日益引起人们的关注

能够提供丰富充沛产品和服务的自然资源是现代社会的基石。工业革命以来，自然资源的过度消耗与不恰当使用影响和改变了环境的均衡状态，造成了自然资源的匮乏与生态环境的恶化，人类的生存质量受到了严重的影响。20 世纪以来，自然和生物多样性丧失速度明显加快，大气中二氧化碳浓度不断提高，温室效应增强。人类开始意识到健康的社会依赖于良好的生态环境以及它所提供的生态产品和服务。我国政府提出到 2035 年力争实现生态环境质量得到根本改善的目标。

1.1.2　森林在生态文明建设中发挥重要作用

主张人类与自然和谐共存的生态文明和绿色发展已分别成为国家战略和

中国特色社会主义建设的重要原则及基本方略之一。林业担负着保护生态安全、夯实生态根基的伟大使命，在生态建设中具有首要地位。森林生态系统在陆地生态系统中群落结构最复杂、生物产量最多、多样性最丰富、生态功能最齐全，为自然资源和生存环境的复杂生态系统服务。森林是碳汇的主力军，在实现 2030 年前碳达峰、2060 年前碳中和目标进程中发挥不可替代的作用。丰富的森林资源提供了经济发展的物质条件，已成为生态良好的标志，构成人类现代文明的基础。

1.1.3　森林资源核算是考核生态文明建设成果的重要手段

森林资源核算能够探究森林资源带来社会财富的结构与增长路径，阐释森林产品和服务对国家和地区经济发展的贡献，量化森林经济服务功能与生态服务功能实现的价值。从 2003 年开始，我国林业发展方式从追求经济效益转向追求生态效益，步入以生态建设为主时期。森林资源核算信息需求已从单纯的经济价值扩展为经济价值、生态价值、社会价值。我国《"十四五"林业草原保护发展规划纲要》提出探索森林自然生态系统服务价值核算方法，推动核算结果在环境与生态建设领域的应用，构建反映森林资源动态变化和综合效益的绿色经济评价体系，促进资源节约与环境保护，建设美丽中国。

公共产品、外部性等因素造成的市场失灵使得森林通常是以非市场化的方式为人类福祉作出贡献，缺乏科学的价值评估，无法进入公共市场，导致现有的国民经济核算体系无法体现森林对生态环境的贡献。森林资源价值核算和动态变化监测及综合平衡的缺失，致使一些国家和地区的决策主体判断失误，盲目地对森林进行掠夺性开发。

1.1.4　为自然资源资产负债表的编制提供借鉴

随着生态文明成为我国国家战略，能够对生态文明建设成果进行考核和评价的自然资源资产负债表研究成为潮流和趋势。党的十八大提出社会发展评价体系应考虑资源消耗、环境损害、生态效益。党的十八届三中全会提出编制自然资源资产负债表，摸清自然资源的"家底"，开展领导干部自然资源资产离任审计，实行生态环境损害责任终身追究。从 2015 年开始，我国先后出台自然资源资产负债表编制的试点方案和制度（试行），构建包含森林资源在内的自然资源资产实物量核算方法，对编制内容、资料来源、编制分工进行了明确。我国从 2018 年开始每年编制国有自然资源资产专项报告，反映国家自然资源整体状况。在综合环境核算体系基础上，自然资源资产负债表理论研究与实践应用不断深入，并逐步向矿产资源、水资源、森林资源等单项自然资源领域拓展。

1.1.5　森林资源资产负债表是森林生态建设重要信息披露渠道

传统的森林资源核算无法准确反映森林资源在生态文明建设中发挥的作用，面临转型和升级。为了支持与配合自然资源资产负债表的编制，完善国家治理体系中森林资源信息披露，为森林资源生态系统服务价值提供信息披露渠道，科学评价林业系统工作绩效，借鉴《环境与经济综合核算框架体系》（system of integrated environmental and economic accounting，SEEA）和会计等式原理，我国从 2014 年开始进行森林资源资产负债表的研究，陆续在一些试点地区开展了森林资源资产负债表的编制；从第 7 次森林资源清查开始采用生态连清体系对森林生态系统服务价值进行评估，为开展森林生态系统服务核算提供了技术支持。森林资源资产负债表是森林资源核算的高级阶段，致力于向相关信息使用者提供反映森林资源经济价值、生态价值、社会价值的信息，为生态文明建设相关决策提供信息支持并考核评价相关主体生态文明建设成果。由于缺乏科学的理论指导与规范统一的编制方法，森林资源资产负债表仍处于试编阶段，还无法全面满足生态文明建设的需要。因此，森林资源资产负债表的理论研究十分必要，构建能够满足森林资源资产负债表编制要求的概念框架势在必行。

绿色发展是生态文明建设的内在要求，也是我国生态文明建设的推动力量。鉴于森林资源在生态文明建设和绿色发展中的重要作用，现有的森林资源核算存在确认和计量手段不统一、核算体系不健全、生态价值未纳入核算体系、公益林价值失真、信息披露不充分等问题，核算并披露森林资源经济价值、生态价值、社会价值信息的森林资源资产负债表编制具有必要性、科学性、可行性，对于人与自然和谐共存、林业可持续发展具有重要意义。本书基于上述背景，研究基于绿色发展的森林资源资产负债表设计机理与实施路径。

1.2 研究目的和意义

1.2.1 研究目的

本书研究的主要目的是探索将森林资源核算内容从现有的单纯经济价值转向包含生态价值、社会价值的整体价值，将森林资源核算结果以更加系统化、规范化的形式展现出来，注重森林资源生态系统服务价值核算，强化森林资源生态系统效益意识，将森林资源核算提升到一个更高的层次，为实现森林资源永续利用，经济、社会、生态协调发展提供信息支持。

本书通过对森林资源资产负债表概念框架体系构建的研究，分析森林资源资产负债表编制的理论基础，运用会计方法探索森林资源资产、负债、净资产确认与计量机理和实现路径，以期探讨影响森林资源资产价值的因素，确定森林资源资产、负债计价方法，探索森林资源资产负债表在实践中的应用。本书将为生态文明建设提供信息支持、监测预警和决策依据，提升森林资源核算信息质量，具体研究目的包括以下四个方面。

（1）阐述森林资源资产负债表的理论体系。在文献分析的基础上，规范与研究有关的概念，探索森林资源资产负债表理论基础，保证研究内容合理性、规范性和严谨性。在绿色发展理念指引下分析与系统阐释森林资源资产负债表编制需要解决的理论问题，构建森林资源资产负债表的概念框架体系。

（2）设计森林资源资产负债表的格式及内容。森林资源资产负债表是一个新生事物，通过借鉴 SEEA 及其生态系统实验账户（ecosystem experiment account，EEA）方法，运用会计等式原理编制森林资源资产负债表。在理论假设基础上，使用调查问卷进行探索性因子分析，检验森林资源资产负债表项目名称及表格内容的科学性、合理性、可行性。

（3）研究森林资源资产负债表要素确认和计量。结合森林资源资产具有稀缺性、有用性、不可替代性等特征，对森林资源资产负债表的要素进行确认和计量，通过理论分析与因子分析确定森林资源资产、负债的确认条件，探索森林资源资产、负债的计量属性与价值评估方法。

（4）探索森林资源资产负债表构建及应用的保障措施。森林资源资产负债表的编制从无到有，并无成熟的经验可供借鉴，必须坚持理论自信与道路自信，进行制度创新与实践突破。在技术、组织、制度等方面进行配套改革，以适应森林资源资产负债表的编制需求。大力推进森林产业升级和产权制度改革，为森林资源资产负债表的编制与应用保驾护航。

1.2.2　研究意义

森林资源资产负债表的编制拓展了森林资源核算内容，有利于推动自然资源资产负债表、国家资产负债表和政府资产负债表的编制，为领导干部自然资源资产离任审计提供基础性资料，拓宽林业经济和森林资源管理的研究领域与范围，促进资源保护、节能减排、生态文明建设，加快现有林业会计、统计核算体系的变革。通过森林资源资产负债表反映特定主体所在区域的森林资源生存质量、规模、结构等的变化，为森林资源优化配置及政府宏观政策的制定与实施提供决策依据。森林资源资产负债表提供的森林资源生态价值信息，能够树立和培养社会公众的生态意识，增强其参与森林生态产品供给与消费的主动性与自觉性。本书研究具有理论意义和现实意义。

1.2.2.1　理论意义

第一，森林资源资产负债表的研究丰富了资产负债表理论。森林资源资产负债表是基于会计恒等式原理编制的反映森林资源资产、负债和净资产状况的信息列报载体。在核算目标、核算假设、核算方法、信息质量要求、计量属性等方面与传统的资产负债表理论相比，既有传承性，也有创新点。借鉴 SEEA 及 EEA 方法编制的森林资源资产负债表能够系统反映森林在经济、生态、社会等诸多领域具有的功能和服务价值。

第二，森林资源资产负债表编制拓展了相关学科研究领域。森林资源资产负债表涵盖了林业经济管理、环境经济、生态经济、自然资源经济、统计、会计、财政等诸多学科内容，形成了一个新研究领域。在研究中兼容并包上述学科的已有理论成果，探讨对微观经济和宏观经济产生的影响。源自可持续发展的绿色发展理念对森林资源资产负债表编制起引领作用。

第三，森林资源资产负债表的研究拓展了森林资源核算领域与范围。森林资源资产负债表将森林资源核算中的统计信息、会计信息、业务信息进行了整合，能够比较全面完整地反映森林资源规模、质量及所创造的各项价值，摸清特定区域内森林资源的"家底"。森林资源资产负债表一方面反映森林资源在经济领域的价值，另一方面反映森林资源在生态文明建设方面所作出的贡献，将森林资源的经济价值、生态价值、社会价值进行全面反映，为政府资产负债表和国家资产负债表编制打下良好基础。

本书研究框架及研究内容对于丰富和完善森林资源资产负债表的编制理论和方法具有一定的理论贡献和学术价值。

1.2.2.2 现实意义

第一，推进我国宏观经济治理体系建设。我国宏观经济治理长期以来只重视国内生产总值（gross domestic product，GDP），片面追求经济增长，忽视了自然资源的损耗及环境污染所造成的生态环境恶化，不符合满足人民日益增长的美好生活需要的新发展理念。将包含森林资源在内的自然资源所创造的经济效益、生态效益、社会效益实现的社会财富以及自然资源保护、修复与环境治理支出形成的社会治理成本融入国民经济核算体系是绿色发展的必然要求。

第二，促进森林资源合理有效利用。森林资源资产负债表相较于传统森林资源核算提供的森林资源价值信息更加完整，让社会各界科学认识森林资源发挥的功能和产生的作用，鼓励和引导森林资源生态产品的供给，约束和限制森林资源经济产品的消费，树立森林资源生态产品付费消费观念。碳汇交易市场的建立和发展，为森林资源碳汇交易提供了便利，有利于盘活林木资源存量，吸引更多的组织和个人参与到林业建设中。森林资源价值的完整体现也有利于提升森工企业的整体效益，科学评价林业建设和管护单位的工作绩效。

第三，丰富和完善我国森林资源信息披露。长期以来，我国森林资源经营管理信息披露不能满足各方信息使用者的需要。森林资源资产负债表的编制拓展了森林资源核算的范围，提升了森林资源核算的层次与质量，有助于森林资源生态系统服务核算纳入国民经济核算体系进行动态变化的监测及综合平衡，有助于满足领导干部自然资源资产离任审计信息需求，有助于自然资源核算纳入我国政府综合财务报告体系，有助于科学体现国家资产负债表中自然资源的价值。

第四，提供生态文明建设评价指标。生态文明建设已成为关系中华民族永续发展的根本大计，编制森林资源资产负债表可以对生态文明建设成果进行考核评价，衡量森林资源在生态文明建设中发挥的作用。为维持生态平衡、保护环境，我国政府出台了碳排放权交易、退耕还林、生态补偿、环境税等与生态文明建设有关的政策措施。森林资源资产负债表的相关指标能够评价上述政策与措施在生态领域实施产生的效果及对生态价值的影响，对特定主体的生态文明建设成果进行考核与认定，监督和控制特定主体森林资源管理活动。

1.3　国内外研究现状及评述

1.3.1　国外研究现状

1.3.1.1　绿色发展的研究

恩格斯（2018）指出人类对自然界的破坏与掠夺，必然会遭到报复。马尔萨斯（Malthus，2003）在《人口论》一书中提出人口的增长不能超出自然资源的承受力，为人类发展敲响了警钟，成为可持续发展思想渊源之一。

20 世纪 50 ~ 60 年代，人类意识到了传统经济发展模式的弊端，开始放弃单纯物质生活的享受。《寂静的春天》《只有一个地球》等书揭露了现代农业污染对自然生态的深刻影响，提出地球需要呵护。《增长的极限》提出增长要持续，发展要持久并均衡，自然资源和环境在人类社会发展中起到重要作用。可持续发展虽然源于生态学，但其理念形成、发展和环境与自然资源经济学紧密相关。1987 年，《我们共同的未来》这一报告正式提出了可持续发展模式，逐渐成为社会主流思想。伊顿（Eaton，2013）指出可持续发展强调关注全球气候变暖、生物多样性和资源短缺问题，要求人类对自然资源的使用不能寅吃卯粮，要给后代留有余地。伊格纳特等（Ignat et al.，2016）认为在可持续发展中，环境起到基础性作用，经济与社会的发展受制于环境，三者应均衡稳定。

联合国教科文组织（United Nations Educational, Scientific and Cultural Organization，UNESCO）通过人与生物圈计划（man and biosphere programme，MAB）提出绿色就是自然的、无污染的状态，有健康、持续、低碳、协调、公平、有序、多样性之意。维索金斯卡和佐菲亚（Wysokińska and Zofia，2013）认为可持续发展一是实现绿色经济发展，二是实行环境保护。贝腾斯和弗雷亚（Baetens and Freya，2013）提出"绿色经济"是绿色发展的物质基础，有助于提升人类福祉和减少生态稀缺。德林贝托娃等（Dlimbetova et al.，2016）指出绿色经济要求在产业部门注重提升技能、开阔视野、更新知识、转变行为方式等绿色技能的培养。许多国家开始研究用绿色能源替代传统能源以减少对环境的损害（Bhowmik et al.，2017）。2005 年，联合国绿色增长"首尔倡议"指出绿色发展继承了可持续发展的合理思想，并且已经超越了可持续发展。2010 年，南非绿色经济峰会提出绿色发展是可持续发展的一个途径。赛特（Csete，2012）提出受生态危机扩大化和生态现代化思潮影响，绿色发展实践先起步于欧洲。国外关于绿色发展的研究还局限在微观的层面，宏观层面较少。马修斯（Mathews，2013）指出许多国家正在塑造绿色发展的各个领域以替代其"黑色、化石燃料工业"，但还没有形成比较适合本国的绿色发展战略，导致在应对气候变化并改善弱势群体方面缺少宏观指导。

1991 年，联合国粮农组织（Food and Agriculture Organization，FAO）指

出森林有助于人类实现可持续发展的目标，强调森林在为后代存储资源的同时，能够满足当代生产发展的需要，具有持久的生产力。1992 年，联合国环境与发展大会认为森林可持续经营能够在一定区域范围保持森林的生态、经济和社会功能，同时对其他生态功能不造成损害。

1.3.1.2　自然资源与环境核算的研究

20 世纪 50～60 年代，西方发达国家日益严重的环境问题引发了经济增长与资源环境关系的论战，环境已成为"最多人的最大化的利益"（Higgins，2014）。希克斯（Hicks，1946）和卡普（Kapp，1950）提出绿色 GDP 思想，认为传统 GDP 不能全面地测量真实的国民财富总量，应考虑资源环境造成的影响，扣除环境污染及自然资源退化等引起的经济损失。20 世纪 70 年代以来，西方国家及国际组织纷纷开展了包含森林资源在内的自然资源环境核算理论、方法的研究和制定实施方案。富勒顿和金（Fullerton and Kim，2008）指出 20 世纪 80 年代自然资源、环境污染等因素已成为内生增长模型影响变量。挪威政府于 1987 年发布的《挪威自然资源核算》报告最早完成了实物资源的核算（Alfsen and Greaker，2006）。荷兰、法国、韩国、美国都相继开展了自然资源与环境核算研究和实践，考虑经济发展中的环境代价，开始核算自然资源生态价值。

随着人类环境意识的不断增强，政府和企业开始重视环境问题，不断加大在环境方面的投入与支出，规范和加强与环境有关的经济活动核算被提上议事日程。国部克彦（2014）指出环境会计将环境与经营连接起来，环境价值核算和管理是会计功能拓展和社会责任履行的必然结果。格雷（Gray，2000）认为环境会计产生于社会责任会计，并从社会责任会计中分离出来成为会计学科中一个独立的研究领域。1997 年，美国会计师协会（American Accounting Association，AAA）指出环境会计核算主体的经营行为对于区域内的自然环境产生影响。联合国国际会计和报告准则政府间专家工作组长期研究环境会计问题，并将其作为 1995 年年会的核心议题[①]。与环境会计有关的

[①] 英文"accounting"一词中文翻译为会计或核算。因此，环境会计与环境核算含义基本相同，但一般认为后者的含义更加丰富，除会计核算外还包含统计核算的内容。

概念及结构框架见表 1-1。

表 1-1　　　　　　　　　　　环境会计相关概念

名称	起源或产生标志	主要内容
社会责任会计	戴维（David，1968）《社会经济会计》	社会主体的经营活动在追求经济效益的同时兼顾社会效益
环境会计（绿色会计）	比蒙斯（Beams，1971）《控制污染的社会成本转换研究》；马林（Malin，1973）《污染的会计问题》	自然资源价值及耗费、环境保护支出、环境改善收益应纳入会计核算
生态会计	肖特嘉（Schaltegger，1996）	对企业与自然环境的交互作用进行会计核算
自然资源会计	20世纪70年代，《美国财务会计准则第19号—石油天然气生产公司的确认、计量与报告》	核算自然资源经济与生态循环各个阶段活动的过程和结果
可持续会计	格雷和米尔恩（Gray and Milne，2002）	兼顾生态公平与效率，促进履行社会责任情况下可持续发展

20 世纪 90 年代，西方会计学者把环境问题与会计理论结合起来，进行资源耗费的核算和计量，推动了环境会计（绿色会计）理论的形成。吉奥斯（Gios，2009）指出现行的国民收入核算制度（system of national income accounts，SNA）低估了森林资源的经济价值，不能正确评价森林对经济福利的总贡献。因此，有必要引入和使用"绿色会计"。马特罗（Matero，2007）研究如何缩小绿色会计理论与森林生态系统服务估值应用之间的现有差距。詹内蒂（Giannetti，2015）提出在传统国民经济核算体系下，治理环境污染的巨大投入，反而会引起国内生产总值的增加。绿色会计与环境会计普遍被认为含义相同，但也有观点认为环境会计侧重于保护环境，绿色会计是一种试图将环境成本纳入经营业绩的会计类型，绿色 GDP 作为绿色会计的一个指标可以用于政策制定和评价（Rounaghi，2019）。

1.3.1.3　森林资源会计核算的研究

利特尔顿（Littleton，1933）指出以核算为己任的会计人在孜孜不倦地探讨一切可以纳入核算范围的资源，包括自然资源中的森林资源。坎宁

（Canning，1929）根据森林开始年龄及大小分布、砍伐量、种植量、年度变化量测算出每年的木材生长量，为森林资源的公允价值计量提供了依据。戴维森（Davidson，1970）研究了林木的取得和开发成本、林木折旧和增值等会计核算问题。加拿大较早地将森林资源进行资产化管理，将支付的林地租金和林木购置价款作为资本性支出（Openshaw，1980）。约伯斯特（Jöbstl，2009）认为林业会计在市场和非市场森林资产社会和环境效益信息列报方面存在缺陷。

关于林木收入的确认，学者们的观点并不相同。佩顿和利特尔顿（Payton and Littleton，1940）提出林木资产的自然滋长处于生长过程尚未结束阶段，在未采伐前不能确认为营业收入。亨德里克森（Hendrickson，1977）提出林木自然增长或成熟过程形成的自然增值也产生收入。学者们的争论主要围绕着收入费用观和资产负债观的选择问题。

迄今为止，各国尚未制定专门的森林资源会计核算准则，只有国际会计准则理事会（IASB）、美国会计准则委员会（FASB）、澳大利亚会计准则委员会（AASB）、中国会计准则委员会（CASC）制定了以自然资源为核算内容的生物资产会计准则，分别为 IAS 41、ASC 905、AASB 1037（AASB 141）、CAS 5，AASB 141 界定的范围与 IAS 41 完全一致，但 AASB 1037 仅给出原则性的范围并未详细界定，且强调准则所规范的是企业为获利目的而持有的自生和再生资产。IASB 于 2000 年发布了 IAS 41，适用于生物资产、收获时的农产品以及农业活动涉及政府补助的会计处理，规定森林资源资产仅指人工林场中的林木、原木，不包括采伐后得到的木料。莱夫特（Lefter，2007）认为 IAS 41 采用公允价值计量属性，相对于单纯的历史成本是一种进步，但有时公允价值的取得并不是一件容易的事情，并且 IAS 41 仅规范了生物资源经济价值的核算。

1.3.1.4　自然资源资产负债表的研究

为进行国家治理和经济分析，从 20 世纪中叶开始，戈德史密斯（Goldsmith，1963）对国家资产负债表（national balance sheet）进行了研究。雷维尔等（Revell et al.，1967）研究了澳大利亚、英国、加拿大、日本定期编制和公布的国家资产负债。自然资源资产负债表的出现与国家资产负债表中自然资源信息的披露具有相关性。

鲁本斯坦（Rubenstein，1992）提出运用绿色会计理论编制包含自然资产和自然资本账户的平衡表。虽然这个表的内容还比较粗糙，但与后续的SEEA 有着类似的结构和功能。奥德姆（Odum，1996）通过构建环境资产的数学计量模型，使环境资产核算成为可能，为后续自然资源资产负债表的编制打下了基础。雷佩托（Repetto，2010）指出各国在计算 GDP 时应将取得的自然资源收益减去自然资源储备降低值，避免通过砍伐森林、滥捕渔业等方式增加瞬时账面财富。希尔（Hill，2000）利用资产负债表原理监测农业经济状况。阿尔卡莫（Alcamo，2005）通过自然资源资产负债表方式反映了生态系统服务所取得的进步。

为推动环境与自然资源核算的开展，解决传统国民经济核算的缺陷，联合国、欧盟委员会等国际组织发布了 SEEA（1993、2003、2012）报告。SEEA（1993）对经济的可持续发展评估的概念做了界定并提供了方法，SEEA（2003）对每个自然资源账户核算方法和步骤进行了明确，SEEA（2012）首次制定了环境—经济账户的国际统计标准（Bartelmus，2014）。埃登斯和哈恩（Edens and Haan，2010）指出作为国民经济核算体系（SNA）卫星账户的 SEEA 将环境信息与经济信息实现一体化，两者之间相互作用，为环境经济分析提供数据支撑。SEEA（2012）中心框架核算内容包括自然资源实物流量、价值流量、环境资产（UN et al.，2014）。SEEA 生态实验账户提供了供给、调节、文化等生态系统服务分类标准（Dvarskas，2019）。目前尚无编制自然资源资产负债表的国际规范，相关的理论研究也未真正开展，但已有的自然资源账户及核算方法为编制自然资源资产负债表提供了技术条件。

1.3.1.5　森林资源生态价值核算研究

森林生态系统服务是生态系统功能和服务的重要提供者，包括支持、供给、调节和文化四类（Vassallo，2021）。森林通过吸收二氧化碳和增加大气气溶胶负荷来冷却气候，同时降低地表反照率产生变暖效应（Kulmala，

2021）。长期以来，森林资源价值的周期性变化没有得到充分记录，在环境方面的成就也没有得到充分展示（Jobstl，2009）。森林及其生态系统服务受不确定因素的影响，导致生产或市场条件发生剧烈变化，其影响无法事先准确估计，核算困难重重（Rinaldi，2020）。1985 年，芬兰开始运用自然资源账户核算方法，构建森林资源核算和环境保护支出费用核算体系（Niskala，1994）。莱特（Wright，1989）以包括生态指标在内的质量指标衡量森林综合生态效益。哈里普利亚（Haripriya，2001）尝试利用 SEEA 系统，从实物量和价值量方面对森林资源进行核算，并通过核算结果调整国内生产总值（GDP）以应对森林资本枯竭。帕蒂尔（Patil，2017）指出森林资源核算的缺失对生物多样性和经济产生了影响。

巴拉苏布拉曼尼（Balasubramanian，2013）将印度卡纳塔克邦的森林资源纳入国民核算账户，将经济资源和自然资源整合核算。海尔马里亚姆（Hailemariam，2012）提出森林通过提供流域保护服务（保护土壤避免侵蚀、伐木和下游农业）、碳汇服务以及多种动植物生活的栖息地（即生物多样性的仓库），为各国提供了宝贵的环境效益。对于森林碳汇服务的估价，既可以参考边际社会损害，也可以利用二氧化碳的市场交易价格。哈基克（Hájek，2020）指出非市场生态系统服务的额定价值是市场生态系统服务价值的 2 倍，应将非市场森林生态系统服务纳入环境管理核算。鉴于国家层面核算方法上的差距和困难，波列修克（Poleshchuk，2021）建议在生态系统核算中创建森林生态系统资产和生态系统服务关键指标表。

日本林野厅较早地开展了森林资源生态效益评估，1972 年发表的关于森林公益效能计量评价研究报告指出森林生态效益与经济效益之比为 19∶1（中山哲之助和陈大夫，1987）。科斯坦萨等（Costanza et al.，1997）通过生态服务指标体系（ecological service indicator system，ESI）测算森林生态系统服务价值为 47000 亿美元，约占全球生态系统服务价值的 14.2%、全球国民生产总值（GNP）的 26.11%。ESI 现已成为包括森林在内的自然资源生态系统服务价值核算的经典理论与方法。

在 SEEA 的影响下，《欧洲森林环境与经济核算框架》（The European Framework For Intergrated Environ-mental and Economic Accounting For Forests，

IEEAF)、《联合国粮农组织林业环境与经济核算指南》（Manual for Environ-
mental and Economic Accounts for Forestry：a Tool for Cross-sectoral Policy Analysis，
2004）等规范陆续出台。欧洲统计局（Eurostat，2000）指出 IEEAF 从实物量
和价值量两个方面将森林资产负债存量账户与林地、林木、林下经济活动以及
木材供给等流量账户联系起来。FAO—2004 指南可视为欧盟版本的进一步修
订，将森林核算内容归纳为森林资产、森林流量、森林管理和保护支出、森林
的宏观经济总量。瑞典按照欧盟统计局的试点项目要求确立了森林核算的内
容，但在森林服务价值核算方面内容有限。南非侧重核算人工林的存量和流量
指标，天然林只核算流量指标。罗马尼亚评估森林综合社会环境价值。

1.3.2　国内研究现状

1.3.2.1　可持续发展和绿色发展的研究

可持续发展理念在我国源远流长，"子钓而不纲，弋不射宿"[1] "草木繁
华滋硕之时，则斧斤不入山林"[2] "不涸泽而渔，不焚林而猎"[3]，这些先人
留下的警句核心思想就是尊重自然，人与自然应和谐共存。可持续发展要求
资源可以永续利用并能够创造良好的生态环境，社会和谐有序发展（牛文
元，2012）。

绿色发展虽然最早可以从 20 世纪 50 年代西方国家提出绿色经济算起，
但将绿色发展形成理念并上升到国家战略的是中国。绿色发展和可持续发展
是当今世界发展的重点，是人类继工业革命后的第四次产业革命。胡鞍钢
（2017）指出绿色发展是对可持续发展理论的升级与更新，克服了人类中心
主义将人与自然视为不可分割的系统，更强调为后人创造更多的自然资源和
生态资产。张永亮等（2015）认为可持续发展是人类社会的最终目标，绿色
发展则是为实现最终目标而采取的手段和措施。绿色发展是对发展模式的科

---

① 出自《论语·述而》。
② 出自《荀子·王制》。
③ 出自《淮南子·主术训》。

学思考与重大创新，强调以效率、和谐、高质量和可持续性为发展理念（王文军等，2019）。绿色发展理念强调以人为本，提倡资源的集约利用，推动绿色化、生态化的生产生活方式，是一种有机的、生长式的、系统的、全面的发展观。绿色发展在"可持续发展理论和生态经济价值理论"基础上，对传统发展模式进行了理论创新和制度创新，是发展观和价值观的一场革命（俞海等，2018）。

1.3.2.2　自然资源与环境核算的研究

为与国际接轨，构建我国环境经济核算体系，从理论界到实务界开始探讨自然资源核算问题。李金昌（1987）提出应加强对各类资源的核算。1988年，中美研究机构合作探索将自然资源环境核算纳入国民经济体系的理论及方法（扬之，1990）。1996～1999年，北京大学的一些学者开展了可持续发展下的"绿色核算"模式、理论及方法研究。2001年，中国科学院可持续发展战略小组对将自然资源环境核算纳入国民资产负债核算的方法、途径及实际操作进行了验证。侯元兆（2006）、潘勇军（2013）和康文星等（2010）探索自然资源核算账户与传统国民经济核算体系之间的联系，研究不同资源类别、不同地域、不同分析方法下的绿色 GDP 核算，这些研究促进了自然资源核算的深入发展，加快了理论研究成果向实践转化的步伐，推动了生态文明评价体系构建，破除和扭转了唯 GDP 的发展模式，引领经济发展新模式。林向阳和周闯（2007）借鉴国外成果，探索将 SEEA 框架融入中国各地GDP 核算体系。王金南和於方（2019）在生态系统生产总值（gross ecosystem product，GEP）指标基础上构建了经济生态生产总值（gross economic and ecological production，GEEP）综合核算体系，研究显示湿地和森林在GEP 价值中占比最高。史丹和张金昌（2014）提出生态环境资产经济价值的计量应当坚持增量原则，将生态环境价值提升的部分作为资产计量，将生态环境价值破坏的部分作为负债计量。

乔世震（2002）认为环境会计是一种承担环境责任的环境活动，不仅可以货币计量也可以非货币计量。袁广达（2015）研究了环境会计的各项构成要素以及发展所面临的现实状况，提出环境会计（绿色会计）核算环境污染、防治、开发的成本费用，并计量和报告环境效益。鉴于目前的实际情况，应该考虑非货币计量的应用，并以组织行为对环境所产生的影响为指导思想确定环境会计的要素。环境会计从核算对象角度可分为宏观环境会计和微观环境会计。宏观环境会计从实物量和价值量方面对自然资源的消耗进行计量，也被称为自然资源会计（核算）或环境账户。微观环境会计主要反映企业应当承担的环境活动责任，可以分为企业财务报告会计和管理会计。本书主要研究宏观环境会计中的环境资产和环境负债在森林资源资产负债表中的列报问题。环境会计概念框架见图 1 - 1。

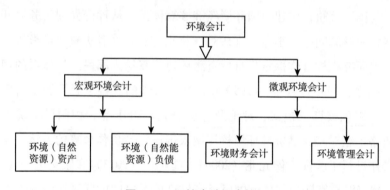

图 1 - 1 环境会计概念框架

1.3.2.3 自然资源资产负债表的研究

党的十八届三中全会提出探索编制自然资源资产负债表，对领导干部实行自然资源资产离任审计。自然资源资产负债表纳入研究者的研究范畴，具有鲜明的政策导向和中国特色，是自然资源核算中国本土化研究的理论创新和制度创新。肖继辉和张沁琳（2018）、张颖和王智晨（2021）指出自然资源资产负债表是以资产负债表的形式来反映自然资源状况，可借鉴国家资产负债表、环境经济核算编制。史丹和胡文龙（2015）认为自然资源资产负债表是时点和静态指标，反映森林资源的存在状况。杨世忠和谭振华（2020）指出自然资源资产负债表是由政府主导编制的对管辖范围内的自然资源资产、负债的一种核算形式。

作为国民经济核算体系一个子系统的自然资源核算采用了统计方法，自然资源资产负债表研究也沿袭了这一思路。高敏雪（2015、2018）指出资产负债表是国民经济基本核算表，自然资源资产负债表是对基本报表内容的补充和扩展；在 SEEA 核算体系基础上制定一部中国环境经济核算规范，以便在中国有效实施环境经济核算；在 SNA—SEEA—SEEA/EEA 框架体系下进行生态系统核算。李春瑜（2014）认为自然资源资产负债表兼有"会计报表"与"管理报表"功能，编制方法、内容、角度应建立在统计核算体系之上，是对原有统计和核算体系延展和深入。封志明（2014）指出自然资源资产负债表运用统计指标揭示自然资源资产在国民经济中的绝对指标和相对指标。张瑞琛（2020）认为自然资源资产负债表是用于森林、海洋、土地、水等自然资源资产管理的统计管理报表体系。也有学者认为单纯运用统计方法编制的自然资源账户不能全面、完整地反映自然资源经济价值与生态价值的存量和变量信息，无法揭示其内在逻辑关系。自然资源相关活动引发的资源占用和来源及内部项目之间的变化，构成了不同的会计要素（王湛等，2021）。耿建新和胡天雨（2015）提出自然资源资产负债表（自然资产负债表）是一种具有企业资产负债表形式、用于核算自然资源存量的价值计量表格。刘明辉等（2016）和杨世忠等（2020）指出自然资源资产负债表必须遵循"资产 = 负债 + 净资产"会计等式，采用复式记账原理，构建自然资源资产负债核算的理论体系。吴杰（2020）认为自然资源资产、自然资源负债、自然资源净资产要素难以确认和计量，尤其后两者的概念都难以界定。张琦（2019）指出参与自然资源管理的各级政府应成为自然资源资产负债表编制主体。

　　有学者对国家资产负债表、政府资产负债表、自然资源资产负债表的关系进行了研究，认为自然资源资产负债表列报信息对于完善和充实国家资产负债表以及政府资产负债表核算内容有促进作用。李伟（2015）提出可将自然资源和环境质量进行量化，纳入政府资产负债表中；或者单独编制自然资源资产负债表，将其中已量化的自然资源和环境质量纳入政府资产负债表中。陈艳利等（2015）指出自然资源资产负债表是国家资产负债表中关于自然资源存量的具体列示与反映。韩冬芳（2016）提出应将国家资产负债表、绿色国民经济核算与自然资源资产负债表三个维度整合起来。耿建新等

（2020）提出宏观经济管理基础之上的 SNA 核算价值构成国家资产负债表中所包括的自然资源价值；SEEA 核算生态系统服务价值，其构建的综合环境与经济账户框架即为自然资源资产负债表。姚霖（2021）指出自然资源资产负债表是自然资源核算的更高阶段，与企业财务资产负债表、国民经济核算体系、环境经济核算体系、国家资产负债表之间存在紧密的逻辑关系。

关于自然资源资产负债表的概念和要素。乔晓楠（2015）从狭义自然资源与生态资源两个层次来理解资产和负债。高敏雪（2016）基于 SEEA（2012）自然资源账户资产和负债按实物量计量的规定提出自然资源资产、负债实物量计量架构。张颖（2016）提出自然资源资产和自然资源负债分别以存量和流量反映。封志明等（2017）认为自然资源资产既包括已产生经济利益流入的自然资源，也包括未来可能产生经济利益的自然资源，自然资源负债是人为因素对自然资源造成的不合理损耗，自然资源净资产是一种剩余的权益。闫慧敏等（2017）认为自然资源负债包括环境负债和资源负债两部分。张欣晔（2018）提出资源耗减、环境保护成本、生态补偿、生态恢复等成本构成自然资源负债。安广实和柳珊珊（2019）指出实物量核算是价值量核算的基础，能够反映出森林资源的使用价值。史丹和王俊杰（2020）认为自然资源资产具有稀缺性、整体性、区域性、可更新性、可替代性、生态环境六种属性，可以用实物或货币来衡量。自然资源负债是由社会发展所导致的自然资源缺口，或弥补该缺口所需的成本。自然资源净资产是一国或地区所拥有的全部自然财富总和。马晓妍等（2021）认为自然资源资产核算对象为部分可计量的自然资本和生态资产。上述学者对自然资源资产和净资产的认识比较一致，但对自然资源负债的认识存在差异。

黄溶冰和赵谦（2015）、韩冬芳（2020）认为自然资源资产负债表的理论基础有可持续发展理论、绿色 GDP 理论、环境会计理论、自然资源价值理论、政府绩效管理理论、国家资产负债表理论、DPSIR［驱动力（driving forces）、压力（pressure）、状态（state）、影响（impact）、响应（response）］链理论、生命共同体理论、协调治理理论等。

近年来，自然资源资产负债表的研究除了在研究方法、理论基础等方面不断深入外，研究领域也在不断拓宽，向一些具体行业发展。学者们分别从水、矿产、草原、湿地、森林、海洋渔业等资源领域进行自然资源资产负债表的编制和构建研究，也对不同地域的整体或单项自然资源资产负债表进行了研究。潘韬等（2019）指出树立对生态价值的认知还需要一个过程，对自然资源进行科学、合理的价值量化还难以全部实现，生态和环境的债务影响难以简单用价值进行衡量。

1.3.2.4 森林资源环境与生态效益核算研究

王宏伟等（2015）认为核算和评估是一对近义词，两者都具有计算和价值认定的含义，在国民核算中，一般使用"核算"一词，而在资产交易和日常的业绩考察当中，常用"评估"一词。20 世纪 80 年代末，李金昌（1992）提出自然资源具有劳动价值和效用价值，创立了资源价值理论，为森林资源核算的研究奠定了理论基础，以我国森林资源状况为研究范例，指出构建资源环境核算体系并将其纳入国民经济核算体系，能够更全面、更客观地评价经济社会发展的状况和潜力。孔繁文等（1992）在借鉴国外森林资源与环境核算成果的基础上，提出进行森林环境资源核算并将其纳入国民经济核算体系是林业持续发展的有效途径，森林资源环境核算的核心问题是价值衡量和计价。侯元兆等（1995）在李金昌和孔繁文的研究基础上，将森林资源核算分为林分核算、林地核算和森林资源环境核算，初步构建了森林资源核算理论体系、研究步骤、核算方法，把森林生态学拓展到了森林环境经济领域。上述三位学者较早开展了中国森林资源核算和绿色 GDP 核算研究。孔繁文和侯元兆长期从事森林资源核算领域的研究，为后续研究者搭建了平台，起到了重要引领作用，其研究成果受到社会高度关注（靳利军和田国双，2020）。

随着时间的推移，森林资源核算研究的重点逐渐从林木等实物资产的经济效益转向生态效益。金德凌（2000）认为应该把森林生态效益当作无形资产列入其他森林资产项目。徐泓（1999）从环境会计视角，提出森林资源产生的生态效益在微观核算领域无法实现，只能进行宏观核算。黄溶冰和赵谦（2015）提出目前的森林资源核算是在 SEEA 基础上衍生而来的，SEEA 运用统计方法核算考虑经济资源损耗、环境退化等因素后的 GDP，是一种时期流量指标。森林资源核算与 SNA 以及使其更加完善和全面的环境经济综合核算一脉相承。张涛（2003）比较完整地诠释了森林生态效益补偿的概念，从林业经济机制转轨的角度分析了森林生态效益补偿的制度要求，拓宽了生态补偿的理论基础。米峰等（2003）从理论框架、计量评价指标、评价标准、经济核算制度、经济补偿制度等方面对森林生态效益研究进行了评述，提出了森林生态效益核算后续研究方向。侯元兆等（2005）系统性地介绍了森林生态系统服务价值与补偿研究的开展情况，提出构建森林生态效益指数来衡量森林生态系统服务价值。目前的森林资源核算已经涵盖了林业单位的会计核算、林业统计调查、森林资源评估在内的综合核算体系，不仅披露森林资源的经济价值还努力探索揭示生态价值。岳上植等（2008）提出将森林生态价值纳入森林环境资产核算。石道金（2008）提出公允价值将替代成本作为森林资源资产的计量标准。张颖长期从事森林资源评价、核算的研究，比较完整地核算出我国森林资源价值和森林绿色 GDP，以价值量描述了森林对国民经济的贡献，率先提出了森林文化、森林生态保护等问题。目前，世界范围内森林生态效益的价值核算尚未形成一套统一的体系。

从 20 世纪 90 年代开始，我国学者开始研究森林资源的生态价值评估。孔繁文（1999）计算得出森林资源生态价值是立木价值的 13 倍。余新晓等（2005）、中国森林资源核算及纳入绿色 GDP 研究项目组（2010）、中国森林核算研究项目组（2015）参考科斯坦扎（Costanza）等的生态系统服务价值估算方法，根据第五次、第七次、第八次、第九次[①]森林清查结果计算出全国森林生态服务年度价值分别为 3.06 万亿元、12.52 亿元、12.68 亿元、15.88 亿元。赵同谦等（2004）评估我国森林生态系统 13 项功能指标的总生态经济价值约为 14 万亿元/年。王兵等（2011）根据《森林生态系统服务功能评估规范》评估全国森林生态系统服务价值为 10 万亿元/年。张颖和潘静（2016）指出我国森林碳汇价值的大小与碳汇实物量大小和国内外碳汇市场价格变化有关，2013 年，森林碳储量价值为 7180.89 亿元。史丹和胡文龙

---

① 根据第九次森林资源清查结果计算的森林资源生态服务价值数据来自 2021 年 3 月 12 日国家林业和草原局举办的中国森林资源核算研究成果新闻发布会（http://www.forestry.gov.cn/jjyj/1577/20210316/092832380969319.html）。

（2015）采用国家资产负债表的编制方法，得出我国 2002 年、2007 年、2012 年国家自然资源资产负债表中森林资源资产分别为 6.06 万亿元、8.69 万亿元、11.12 万亿元，森林资源资产占自然资源资产的比重分别为 2.86%、2.37%、1.78%。这个比重未能真实反映出森林资源在自然资源中的地位和作用。

孟祥江（2011）计算出 2009 年黔南州森林生态系统年产出总值为 1052.86 亿元，是地区生产总值的 3.48 倍。张颖（2015）计算出内蒙古扎兰屯市森林资源价值为 5158.64 亿元，其中生态系统服务价值为 4902.49 亿元。董秀凯和王兵（2014）计算出吉林露水河林业局森林生态效益年度总价值为 99.15 亿元。潘金生等（2019）运用分布式测算法计算出呼伦贝尔市 2014 年森林生态系统服务价值为 6870.46 亿元/年。王兵等（2020）测算出内蒙古大兴安岭重点国有林区 2018 年森林生态系统服务价值为 5298.82 亿元。赵轩（2021）计算出伊春国有林区 2018 年森林生态系统效益总值为 442.52 亿元。其中，森林生态系统经济效益为 212.86 亿元，生态效益为 84.55 亿元，社会效益为 145.1 亿元。因采用的方法不同，上述学者计算得到的评估结果存在较大的差异，这也给森林资源生态价值评估的应用与推广带来了负面影响。近年来，随着国家森林资源生态价值评估规范的出台，森林资源生态价值评估方法逐渐规范统一。

潘福民（2015）认为森林资源资产评估主要满足林权流转、林权抵押、森林保险的需要。曲艳梅（2013）根据黑龙江省 2010 年森林资源调查情况，对迎春林业局森林生物多样性资产的静态价值和动态价值进行了计量，提出森林生物多样性资产在微观经济主体内的会计确认和公允价值计量具有可行性。胡玉可（2015）提出以取得生态效益所支付的对价核算森林资源资产生态环境价值。

孙晶波和李玮（2015）提出自然资源价值评估的方法主要有市场估值法、CVM/CE 法、替代市场法、模糊数学综合评判法，并就各种方法的适用范围、使用对象、主要内容、缺点及选择价值评估方法的优先顺序进行了比较研究，提出应优先考虑使用市场估值法。刘庆博和宋莎（2015）指出常用的评估模型有批量评估模型、基于人工神经网络的林分密度模型以及动态贴现率模型。洪燕云等（2014）提出可以选用的森林资源评估方法有替代市场法（旅行费用法、规避行为法）、维护成本法、意愿评估法。肖建武（2011）基于随机木材市场价格、随机生态补偿价格、随机木材生长的条件，建立森林资产的多期动态管理随机控制模型，确定森林生态资产定价。

1.3.2.5 森林资源会计核算的研究

林木资产不仅具有商品价值，还具有生态效益和社会效益，但会计准则及制度还未涉及森林生态资产的核算（纪定雪，2014）。《企业会计准则第 5 号——生物资产》（CAS 5）规范了作为消耗性生物资产核算的用材林、归为生产性生物资产的经济林和能源林①，与 IASB、AASB 规定一致，但不包括政府补助取得的森林资源资产。与国外准则的不同之处在于，CAS 5 界定了公益性生物资产，大大扩展了我国会计准则对于可纳入会计核算体系的森林资源资产的核算范围（宝丽娜，2008）。郑晶（2014）认为企业直接投入的营林成本应以历史成本入账，而对于森林资源生物资产特性所带来的自然成长则采用公允价值计量模式。国有林场从 2015 年开始主要承担保护和培育森林资源等生态公益服务职责，相应的会计核算于 2019 年 1 月 1 日起纳入政府单位会计核算体系。其他主要从事市场化经营的国有林场将转企改制，并在改制后执行企业会计准则（徐勇，2018）。

温作民是我国森林生态会计的倡导者，率先提出将森林生态效益纳入林业会计核算体系，与张长江、刘梅娟、乔玉洋等组成的团队在 2006～2012 年围绕着森林生态会计理论体系的构建及其会计要素的确认和计量进行了较为系统的研究，引领和带动了国内森林资源生态价值核算研究的开展，为林业部门生态文明建设打下了坚实的基础。刘梅娟（2007）归纳和总结了世界主要国家森林资源生物多样性的价值核算方法，提出目前森林资源生物多样性价值核算最大的问题是计价困难。温作民等（2007）、刘梅娟和温作民（2012）认为通过制定森林生态会计核算体系，可以更有效地实现森林的可持续发展。公允价值计量模式比较适合森林生态资产的初始及后续的会计计量。公允价值的获取应充分采纳现行成熟的生态经济学或环境经济学价值评

---

① 其于《中华人民共和国森林法》2019 年修订前被称为薪炭林。

价方法。乔玉洋（2008、2009）提出森林生态会计将森林生态建设（保护）主体的活动和森林生态价值状况的信息传达给信息使用者。"生态资产"的计量属性必然要选择成本以外的计量基础。张桂琴（2015）提出建立两套会计系统，即林业会计系统和生态会计系统，以解决追求其经济利益最大化的商品林与具有生态服务功能的公益林在会计处理上没有明显差别的现状。肖建武和尹少华（2014）认为森林生态资产应成为林木资产、林地资产、野生动植物资产和景观资产外的第 5 种森林资源资产。曲艳梅（2013）从会计学角度提出了森林生物多样性资产价值系统的概念，该价值系统本质上体现了资产的整体价值，提出了"森林商誉资产"的概念。上述研究有助于森林资源资产核算理论的发展，但尚未在实践中应用。

1.3.2.6　森林资源资产负债表的研究

通过中国知网篇名检索"森林资源资产负债表"为题的论文首次出现于2015 年。截至 2021 年 12 月 31 日，中国知网以"森林资源资产负债表"为主题检索的论文共有 58 篇。中国森林资源核算研究项目组（2015）提出森林资源资产负债表能够客观地认识森林的功能和价值。张瑞琛（2020）指出森林资源资产负债表是自然资源资产负债表体系组成部分。

柏连玉（2015）提出在森林资源资产负债表编制理论体系中，林业会计理论是基石、林业可持续发展理论是指导、绿色 GDP 理论是核心、森林资源核算理论是支撑、森林资源资产评估理论是补充、森林资源资产理论是保证。米明福等（2018）指出森林资源资产负债表结合了森林资源生态系统、资源核算、资源调查等内容，是自然资源资产负债表在森林资源领域的延伸。张志涛等（2018）基于 SEEA 原理提出林地资源资产负债表和林木资源资产负债表共同构成了森林资源资产负债表。何利（2019）提出各级政府应对所辖区域的森林资源进行清查与核算。以使用权为代表的对森林资源的实际支配权则是进一步将其分解至各个执行具体业务的"真实"主体（曹玉珊和马儒慧，2019）。王涛等（2019）认为森林资源创造新的经济价值和生态价值是持续不断的，应能够实现生态资源环境的协调可持续发展。沈镭（2018）提出将森林资源资产负债表纳入涵盖所有自然资源的综合自然资源资产负债表时必须基于价值量信息。张卫民（2020）认为森林资源资产减去森林资源负债后的森林资源净权益表明该区域拥有的森林资源财富总量扣减必须履行但尚未履行的法定责任和底线义务后的净额，体现该区域森林资源管理的净成果。

内蒙古、河北、贵州、广东、湖南等省份以及丽水、扎兰屯、湖州等市县通过编制森林资源资产负债表反映了森林资源实物量和价值量。森林资源资产负债表的基本框架应该以森林资源管理实践为基础，以自然资源核算为理论支撑，构建包含"底表—辅表—主表"自下而上的三层报表体系，实现存量与流量兼顾、分类与综合统筹、实物量与价值量并重。

1.3.3 研究评述

关于森林资源核算，国内外已进行了多年的研究与实践探索，取得了一些理论成果和实践推广效果。而源自自然资源资产负债表，作为森林资源核算新方法的森林资源资产负债表研究具有鲜明的中国特色。虽然其与 SEEA 有着较深的渊源关系，但国外未开展此领域的研究。经过 7 年的研究与探索，森林资源资产负债表理论与技术方法已有初步进展，研究领域涉及"统计学、环境经济学、生态经济学、自然资源经济学、林业经济学、财务会计学、审计学"等社会科学和自然科学，研究成果分别基于各自学科背景和运用立场。森林资源资产负债表是森林资源资产和负债系统核算结果的集中体现，这必然涉及如何认识森林资源资产负债表的内在本质和逻辑关系并据此构建森林资源资产负债核算系统的问题。

根据以上文献回顾，可以发现现有研究存在以下几个方面的不足。

1.3.3.1 森林资源资产负债表编制理论研究刚刚起步

一般认为，森林资源资产负债表编制源于可持续发展理论、会计核算理论、外部性理论、生态文明理论、"两山"理论。上述理论对于森林资源资产负债表的编制起到了推动和促进作用，但森林资源资产负债表编制理论仍处于探索阶段，尚未突破成为大家接受和认可的理论体系。其架构体系、平衡关系、项目内容、编制主体、编制对象、计量属性等都没有统一的规范。森林资源资产负债表编制起源于 SEEA。SEEA 中心框架站在经济角度研究环境，对环境的核算体现为对经济价值的计量，主要考虑可观察的市场价格，限制了自然资源的核算口径。SEEA 对自然资源的核算是通过自然资源资产负债表实现的，森林资源是自然资源的重要组成部分，是自然资源资产负债表的一个重要项目，或者是一个重要账户。也有学者认为森林资源资产负债表是自然资源资产负债表的一个子表，自然资源资产负债表又是国家资产负债表的一个子表。无论是基于 SEEA 还是国家资产负债表，森林资源资产负债表都是处于一个地位比较低下的层面，甚至存在是否需要单独编制森林资源资产负债表的争论。反对编制者认为森林资源核算不需单独编表，作为自然资源资产负债表的一个账户（项目）即可。目前系统、完整论述森林资源资产负债表成果寥寥。由于我国一级森林资源清查每 5 年进行一次，全国性的森林资源清查结果 5 年才能全面完整地体现出来，编制森林资源资产负债表所需数据的获取存在时间上的限制。为了均衡工作，降低年度工作量，各省份的森林资源清查在每一个森林资源清查期间分期实施，导致森林资源数据在全国性清查结果披露时间节点口径并不一致，全国和省一级森林资源清查结果的披露具有阶段性和滞后性，森林资源资产负债表编制的数据资料无法及时提供，影响了全国和省一级森林资源资产负债表编制工作的顺利完成。

1.3.3.2　森林资源资产负债表编制方法尚未确定

目前，森林资源资产负债表的理论研究主要借鉴自然资源资产负债表，而后者无论是在国外还是在国内，研究成果不多，实践环节也未完善。传统上自然资源资产负债表的编制是基于统计方法，国民经济核算体系一直是统计学的研究范畴，但有学者提出资产负债表是会计信息载体，应遵从于会计核算理论与方法。按会计原理编制自然资源资产负债表架构理论可以阐释，但计量环节困难重重，不运用统计方法和手段难以完成核算。运用统计方法编制自然资源资产负债表对价值计量已有了一套体系，但报表架构的合理性及逻辑性阐述不清。因此有必要就森林资源资产负债表的编制进行理论和方法论证。

1.3.3.3 森林资源核算落后于时代发展要求

近年来，国外有关森林资源核算的研究未取得突破性成果，无论是FASB 还是 IASB 都没有进行森林资源乃至自然资源核算准则的更新。现行的会计体系存在两个主要的缺陷：一是忽视了自然资源匮乏会危及经济持续生产能力，忽视了环境质量的下降会危及人类健康与福利，引起 GDP 指标虚增长，误导社会资源的有效配置。二是现行会计体系尚未对森林资源进行全面核算，仅核算经济价值，生态价值与社会价值尚未体现。森林资源会计核算主体仍以企业为主，政府、非营利组织对森林资源的核算较为落后，政府作为掌控国有森林资源的主体，在会计核算上并没有全面体现森林资源建设所取得的成绩和存在的不足。《国有林场与苗圃会计制度》和 CAS 5 在实际应用中存在缺陷，名义金额、公允价值计量没有达到预期的效果，资产账实不符现象比较严重。近年来，颁布的各项政府会计制度虽然将政府掌控的公共资源纳入核算范围，但由于确认和计量方面的困难，并没有发挥出应有的作用。森林资源的生态价值评估尚未普遍开展，核算方法使用不统一，缺乏可比性、可靠性，计算出的结果差异很大，有的计算结果显示某地森林释氧固碳价值最高，有的计算结果显示某地涵养水源价值最高，有的计算结果显示某地生物多样性价值最高。评估方法的任意选择导致了森林资源核算的可行性大打折扣，阻碍了森林资源资产负债表编制的顺利进行。

1.3.3.4 森林资源资产和负债的确认与计量尚未形成共识

资产、负债的确认和计量是森林资源资产负债表编制需要解决的关键问题。是基于经济价值，还是基于经济价值和生态价值，抑或是基于经济价值、生态价值和社会价值，国内外的观点并不一致。考虑到森林资源资产负债表编制目的，只核算森林资源的经济价值意义不是很大，但如果将经济价值、生态价值、社会价值一并考虑，短期内可能难以实施。每种价值本身也涉及项目选择问题，经济价值核算是否考虑林地价值，是否考虑天然林价

值，是用成本计量还是用公允价值计量；生态价值及社会价值核算项目选取
更是观点各异，价值估算方法存在多种选择。森林资源负债的认识也不统
一，一般用生态资源保护及污染整治费用调整计算，但资产和负债的口径一
致性并未得到体现，资产范围的调整应有与之相适应的负债项目的变化，生
态补偿负债应该得到体现。此外，在森林资源资产负债表的价值量与实物
量、流量与存量、表内与表外列示方面还有很多值得研究的内容。

基于以上问题，本书立足于会计视角，以绿色发展理念为指导，探索森
林资源资产负债表编制需要解决的理论与实践问题，厘清国家资产负债表、
政府资产负债表、自然资源资产负债表、森林资源资产负债表在自然资源信
息披露方面存在的逻辑关系；通过对现有文献的比较分析及问卷调查，研究
森林资源资产、负债项目的核算内容及计量方式；探索应对森林资源资产负
债表构建的相关单位会计核算方法的改进。

1.4　研究的主要内容与研究方法

本书在理论回顾与核心概念界定的基础上，厘清林业活动的特殊性；
结合会计核算理论，分析森林资源核算的现状及存在的问题；提出在绿色
发展理念及生态文明背景下森林资源资产负债表构架体系及逻辑关系；通
过对森林资源资产、负债的确认与计量研究，结合森林资源清查数据进行
了森林资源资产负债表的编制，提出森林资源资产负债表实现路径的保障
措施。

1.4.1　研究的主要内容

1.4.1.1　相关概念界定及基础理论分析

在界定了绿色发展、生态文明、自然资源资产负债表、森林资源资产负
债表概念的基础上，分析了生态保护红线、资产负债表、外部性等理论。概
念的界定与理论的分析为森林资源资产负债表的设计与实施打下基础。

1.4.1.2　森林资源核算现状及存在问题

从世界和我国森林资源状况入手，分析森林资源生态系统功能和生态系统服务价值，对我国已开展的森林资源生态系统服务价值评估和森林资源资产负债表编制情况进行了实例介绍，探讨森林资源会计核算的发展历程及现状，提出我国森林资源会计核算不能适应目前林业发展方式，为森林资源资产负债表机理分析打下了基础。

1.4.1.3　森林资源资产负债表框架设计

以需求为导向，以问题为突破口，结合森林资源资产负债表的制度框架体系，提出森林资源资产负债表构建的基本指导思想，会计主导确认，统计参与计量。论述森林资源资产负债表编制的基本概念框架体系：目标、基础、主体、对象、信息质量要求等。研究森林资源资产负债表资产、负债和净资产要素的项目类别及逻辑关系，应用对象和信息披露方式。

1.4.1.4　森林资源资产的确认和计量

结合"两山"理论和资产负债表理论，对列入森林资源资产负债表的资产项目进行确认的合理性、必要性、可行性分析，明确概念及确认条件。对森林资源资产的计量进行研究，在评述现有计量手段和模式基础上，选择最佳方案。

1.4.1.5　森林资源负债的确认和计量

结合生态保护红线理论和资产负债表理论，对列入森林资源资产负债表的负债项目进行确认的合理性、必要性、可行性分析，明确概念及确认条件。提出森林资源负债核算口径要与资产保持一致，在合理确定森林资源资产的基础上，不应低估因享有资源提供服务而产生的义务。合理预计负债，探索生态补偿机制的引入。

1.4.1.6　森林资源资产负债表编制的保障措施

森林确权制度及国有林区深化改革是确保森林资源健康有序发展的前提

和保障。政府绩效评价体系应更多地引入环境、生态等指标,增加生态环境指标的比重,实现 GDP 的绿色化。会计核算为森林资源资产负债表提供数据支持和方法保障,优化森林资源会计核算体系是今后一段时间非常紧迫的任务。森林资源的价值确定在很多情况下依赖于资源价值评估,应规范森林资源价值评估方法,建立评估体系,特别是探索森林资源负债的评估方法。

1.4.2　研究方法

1.4.2.1　文献分析法

通过对国内外自然资源核算、森林资源核算、自然资源资产负债表、森林资源资产负债表领域文献归纳分析,掌握国内外已有文献的研究进展,把握理论发展方向,发现已有研究的不足,提出拟研究的问题、思路和具体方法。

1.4.2.2　调查问卷法

在对"绿水青山就是金山银山"、资产负债表、生态保护红线、外部性等理论研究基础上,设计调查问卷并向相关领域特定人群发放,了解调查对象对森林资源资产负债表的结构框架与项目内容的理解,以期达到认识森林资源核算本质、揭示森林资源价值核算内在规律、构建森林资源资产负债表理论体系、指导森林资源资产负债表编制的目的。

1.4.2.3　因子分析法

本书采用因子分析法证明森林资源资产负债表的编制具有科学性、可行性、必要性,筛选森林资源资产负债表资产、负债项目,选取森林资源资产负债表要素计量方法,确立森林资源生态系统服务各项功能,验证理论分析的科学性。

1.4.2.4　演绎分析法

本书运用资产负债表编制的一般原理,借鉴林业经济管理、环境生态经济、国民经济核算等领域已有研究成果，根据自然资源资产负债表的普遍规律研究森林资源资产负债表这一较为特殊和陌生的领域，演绎分析森林资源资产负债表设计机理与实现路径。

1.4.3 技术路线

本书主要研究技术路线见图 1 - 2。

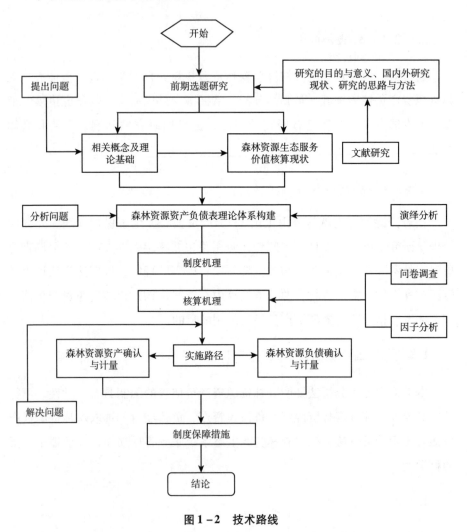

图 1 - 2　技术路线

1.5 可能的创新点

（1）研究理论的创新。森林资源资产负债表将传统会计核算领域的资产负债表延伸到森林资源核算领域，丰富了森林资源经济价值和生态价值信息披露渠道，发展了资产负债表理论。森林资源资产负债表遵从会计等式原理，通过资产、负债和净资产的规模与结构反映森林资源经济发展和生态发展效果，更加突出生态文明建设成果。本书重塑了资产负债表的概念框架并厘清了宏观治理体系下森林资源信息披露的制度环境。在绿色发展理念指引下，森林资源资产负债表从目标上强调满足信息使用者对森林资源生态价值的信息需求；从假设上更突出森林资源永续发展和实物量、价值量的复合计量；从要素上强调森林社会属性和自然属性价值混合列报；从基本核算方法上要求会计方法、统计方法及业务清查方法的综合运用。本书研究以"两山"理论支撑森林资源资产核算，以生态保护红线理论推动森林资源负债核算，以外部性理论引导森林资源生态价值核算。

（2）研究内容的创新。森林资源信息披露外部制度环境影响森林资源资产负债表要素确认与计量。将森林资源具有的稀有性、外部性、可再生性特征引入森林资源资产、负债确认条件。经济效益、生态效益和社会效益的获取能力均对森林资源资产确认构成影响，与传统资产确认单纯强调经济利益获取相比有很大的改进，扩大了森林资源资产核算范围，更加全面和准确地反映森林资源带来的社会财富价值，增强森林资源合理开发与有序发展的意识。森林资源资产、负债的确认能够通过生态补偿与资源保护等政策引导森林资源的生产者增加供给，消费者提高森林资源生态付费意愿、减少经济消费动机。森林资源资产负债表列报资产、负债项目金额均为存量指标，必须在年度创造价值或承担生态责任基础上调整计算。森林资源资产的计价采用公允价值或持有期间收益折现金额更能满足信息使用者的需要，在公允价值无法可靠计量的情况下可以用成本替代。森林资源资产价值量的变化不仅取决于物的质量的变化，还取决于人的认识和观念的变化。

（3）研究范式的创新。运用因子分析法对森林资源资产负债表编制机理进行了实证分析。在对森林资源资产负债表编制的合理性、科学性、可行性进行理论分析的基础上，在森林资源资产负债表研究领域首次结合访谈与调查问卷数据进行实证分析。因子分析结果显示，森林资源资产、负债确认与森林资源资产负债表编制合理性呈显著正向关系，森林资源资产、负债以公允价值为基础的混合计量与森林资源资产负债表编制合理性呈显著正向关系，森林资源生态系统服务价值核算方法具有多样性并且与森林资源资产负债表编制合理性呈显著正向关系。围绕调查问卷还进行了比较全面的统计分析，反映业内人士对森林资源资产负债表的理解和认识。

| 第 2 章 |

相关概念及基础理论分析

2.1　相关概念

2.1.1　绿色发展

　　发展的实质就是事物新旧更替过程中呈现不断前进、上升的状态。发展不仅包括增长，还包括结构的演进、质量的提高。广义的发展除了经济发展之外，还涵盖了经济社会公平和谐的持续实现、生态环境的不断优化以及经济社会各个方面的不断改进（简新华，2017）。发展观是一定时期经济与政治社会关系发展的基本需求在人们思想观念认识层面的聚焦和具体反映，是一个国家在历史发展进程中如何发展及怎样推动发展总的和系统的看法。发展理念是各项行动的理论先导，是发展思路、发展方向、发展着力点的集中体现，是对发展各个方面的看法和一种理性价值追求，既有关于发展某个方面的理念，也有关于发展的所有方面的理念的集合。发展观是发展理念的集合，科学的发展观和发展理念指导人们明确未来发展方向和应完成的目标任务，制定合理有效的发展行动规划和战略方针，采取切实可行的对策支持措施，推动社会持续、高效、健康发展。绿色发展理念传承于马克思关于人与自然，人与社会在自然、实践基础上生成和发展规律的思想（张秀芬，2020）。本书提及的绿色发展主要是指绿色发展理念这一概念。

2.1.1.1 绿色发展理念的内涵

2008 年以来，气候变化、能源短缺和金融危机导致绿色发展理念逐渐丰富和完善，从生态经济学独立出来并成为世界经济体制结构重组和全球资源与环境治理的重要手段。绿色发展理念成为发展马克思生态思想新境界、发展面向未来新政治经济学以及供给全球合作治理新机制的时代理念（黄建洪，2021）。朱帮助和张梦凡（2019）提出绿色发展有低消耗、低排放、低污染、高效率、高效益、高循环特征。循环发展、低碳发展和生态发展是绿色发展理念实现的重要途径。循环发展强调资源的重复利用，以解决污染问题。低碳发展强调能源的节约和创新，要求经济的增长和环境质量必须降低碳排放强度。生态发展侧重于人与自然和谐共存。

绿色发展理念着重从科技、政治、文化视角阐释和分析经济与社会发展对环境所产生的影响。绿色发展通过推动经济增长方式转变融入国家治理体系，进而推动国家治理体系能力的现代化。党的十八届五中全会提出五大新发展理念，绿色发展是其中之一，并与其他发展理念共同成为中国特色社会主义建设基本方略的重要原则和组成部分。"既要金山银山，又要绿水青山"就是对绿色发展理念的一种生动诠释。

蒋南平和向仁康（2013）提出绿色发展应实现资源能源合理利用，经济社会适度发展，损害补偿互相平衡，人与自然和谐相处，上述要求是绿色发展的本质和内涵。绿色发展要求在经济模式中不断提高绿色经济比重，实现经济增长的同时降低资源消耗、污染排放。为实现绿色发展目标：一要走可持续发展道路；二要推进生态文明建设。本书认为绿色发展就是以生态文明、经济文明、政治文明、社会文明为目标，以绿色政治、绿色社会、绿色文化、绿色经济、低碳经济、循环经济、生态经济、生态哲学为手段，追求人与人、人与自然之间的和谐共存及共同发展的一种社会理念，是对可持续发展观的进一步充实和完善。在新常态下我国经济发展步入高质量发展时期，我国政府更加注重经济发展的质量。绿色发展是高质量发展的动力和源泉，提供巨大的消费创新和经济增长动能。

2.1.1.2　可持续发展进程

21 世纪以来，各国就可持续发展形成共识，可持续发展已成为当今世界国际事务处理的基本准则，并逐渐成为各国的行为准则，是人类应对全球环境污染和生态破坏的现实选择，承认人类征服自然、改造自然是相对的而不是绝对的。美国国土自然资源丰富，但长期以来美国政府限制本土稀土、石油等资源的开采，将这些资源作为战略储备留待后续开发和使用。联合国积极推动和协调各国采取措施消除贫困、保护地球，为人类享有和平与繁荣提供保障，实现可持续发展目标（sustainable development goals，SDGs）。2020年 9 月，国际财务报告准则基金会（IFRS Foundation）发布《关于可持续发展报告的咨询文件》，提出最终构建一套全球通用并能够得到国际承认的可持续发展报告，把低碳和气候放在了优先考虑的位置。世界可持续发展历程见表 2-1。

表 2-1　　　　　　　　　世界可持续发展行动历程

时间	采取的行动或发布的文件	行动或文件的内容及意义
1972 年 6 月	《联合国人类环境宣言》	保护和改善环境
1972 年 1 月	《增长的极限》	经济的增长限制在资源和环境可以承载的范围之内
1987 年 2 月	布伦特兰报告——《我们共同的未来》	提出"可持续发展"理念
1992 年 9 月	《联合国气候变化框架公约》	可持续发展成为国际社会共同推动和遵守的发展战略
1997 年 12 月	《联合国气候变化框架公约》缔约方第三次会议	通过《京都议定书》，规定各国二氧化碳排放量标准，抑制全球变暖
2007 年 12 月	"巴厘路线图"	设定了《联合国气候变化框架公约》时间表
2009 年 12 月	《哥本哈根议定书》	替代《京都议定书》
2015 年 9 月	《2030 年可持续发展议程》	提出可持续发展总体目标和具体目标
2016 年 11 月	《巴黎协定》	对 2020 年后全球气候变化行动作出安排
2017 年 6 月	美国退出《巴黎协定》	对全球气候保护产生极其负面的影响
2018 年 7 月	《2018 年世界森林状况—通向可持续发展的森林之路》	森林对可持续发展目标的实现发挥重要作用

续表

时间	采取的行动或发布的文件	行动或文件的内容及意义
2020 年 9 月	《关于可持续发展报告的咨询文件》	IASB 准备构建一套国际通用和认可的可持续发展报告，会计领域将融入可持续发展进程中
2021 年 11 月	《格拉斯哥气候协议》	全球温度上升不超过 1.5 摄氏度，2030 年前逆转森林退化

可持续发展和绿色发展先后在我国"九五"计划和"十二五"规划中成为国家战略。绿色发展是未来一个较长时期经济社会发展重要理念之一，是可持续发展与社会环境变化相结合的并在科学发展观指导下形成的一种新社会发展理念，将可持续发展理念进一步具体化和可执行化。

2.1.1.3 森林在绿色发展中的作用

联合国《2030 可持续发展议程》要求各国应对所面临的挑战，涉及应对气候变化、建设有抵御灾害能力的社区、实现包容发展以及可持续地管理地球的自然资源。为更好地贯彻实施《2030 可持续发展议程》，FAO 发布《2018 年世界森林状况》白皮书，确定可采取的行动，旨在展示森林和树木对与 10 项可持续发展目标相关的 28 个具体目标所做的贡献。通过将现有各方证据结合在一起的主题指标，森林和树木在许多其他关键的发展领域上的全面影响逐渐变得更加清晰。森林为实现多项可持续发展目标作出贡献，这些目标与许多农村人口的生计和粮食安全、获得负担得起的能源、可持续经济发展和就业、可持续消费和生产、减缓气候变化相关。森林通过非正规部门、混农林业、妇女赋能机会、可持续水资源管理、旅游、可持续城市、气候变化适应和应对土地退化及生物多样性流失等途径为可持续发展目标作出贡献。许多国家已成功将与多项可持续发展目标相关的森林总体经营方法整合到更广范畴的可持续发展计划之中。在制定国家发展政策时把农业和林业统筹考虑是实现可持续发展目标的关键。

森林作为一种重要而独特的战略资源，兼有生态保护和绿色生产功能。

森林覆盖率、森林蓄积量已成为绿色发展和生态文明建设的重要考核指标[①]。森林资源营造的舒适环境、保健休闲、景观游憩都是其创造社会价值的体现。目前，我国森林的数量和质量远不能满足社会对林业不断增长的多样化需求，生态问题依然严重，生态产品短缺，和发达国家相比依然存在很大的生态差距。

绿色发展理念要求林业在构建生态安全防火墙、筑牢生态基础、减缓气候变化、繁荣生态文化、创造绿色财富、积累生态资本等方面发挥重要作用。为贯彻和落实好绿色发展理念，要树立保护森林、关爱动物、亲近自然的生态意识和提升公民生态价值观。绿色发展理念引领森林资源资产负债表从实物量和价值量反映森林生态系统功能价值，推动森林在生态文明建设中发挥更大作用。

2.1.2　生态文明

德国科学家海克尔（Häckel）认为生态是生物群落的生存状态，包括生物群落与生物群落以及与生态环境的关系。马克思和恩格斯提出的"人与自然的和谐"思想对现代生态文明进行了早期启蒙。许涤新（1987）指出生态比经济更重要，生态平衡才会使经济健康发展。生态学家叶谦吉（1988）提出生态文明思想起源于生态学和生态哲学。生态文明倡导发展的绿色、进步、正向、复合。绿色发展是生态文明建设的内在要求，也是我国生态文明建设的推动力量。绿色经济发展的路径与生态文明建设内容相辅相成，共同推动社会的健康、稳定、持续发展。生态文明建设理论成果与实践经验为绿色发展理念的形成奠定了基础，促进了绿色发展理念的丰富和完善，为我国走绿色发展道路指明了正确的方向。

党的十八大将生态文明上升为国家战略。可以说生态文明是人类为保护和建设美好生态环境而取得的物质成果、精神成果和制度成果的总和，贯穿于经济建设、政治建设、文化建设、社会建设全过程和各方面，反映了一个

---

①　在国家发改委等有关部门发布的《绿色发展指标体系》和《生态文明建设考核目标体系》中森林覆盖率和森林蓄积量两项指标分值合计分别达到了5.5和9。

社会的文明进步状态。本书接受并使用这一观点。党的十九大报告提出社会主义生态文明观，即人与自然是生命共同体，必须尊重、顺应与保护自然。习近平同志指出生态就是资源，生态就是生产力①，以及生态兴则文明兴，生态衰则文明衰②。生态文明事关人民福祉、关乎中华民族的伟大复兴，是人类社会发展中的一次重要机遇，在我国社会主义现代化强国进程中发挥独特的作用，功在当代，利在千秋。

自然资源创造的经济价值与生态价值之间存在一种平衡，在这种平衡被打破时，使用自然资源就要付出生态成本。片面追求自然资源的经济价值往往导致其生态价值下降甚至丧失。生态文明建设能够提升自然资源生态价值。我国生态资源总体不占优势，对现有生态资源进行保护具有战略意义。进行自然资源核算，为生态产品定价，合理分配生态产品权益，是生态文明建设的重要保障。森林在环境保护、生态建设方面发挥着重大作用。发展林业是生态文明建设的重要内容。

2.1.3　森林资源

联合国环境规划署（UNEP）提出自然资源是能够产生经济价值并提高人类当前和未来福利的自然环境因素和条件的总称。SEEA（2012）中心框架将自然资源分为矿物与能源、土地、土壤、木材、水产、水及其他生物等类别。《中华人民共和国环境保护法》（以下简称《环境保护法》）规定自然资源包括土地、森林、草原、矿藏、海洋、湿地、水七大类。《中国自然资源手册》将自然资源分为土地、森林、草地、水、气候、矿产、海洋、能源和其他九大类。本书使用《环境保护法》对自然资源的分类。无论哪种分类都将森林作为自然资源的重要组成部分。

按 FAO 标准，森林是指林木覆盖范围在 0.5 公顷以上，树冠高度在 5 米

---

① 习近平总书记考察黑龙江 首站到伊春［EB/OL］. 人民网，http://jhsjk.people.cn/article/28373826，2016 – 5 – 24.

② 习近平：坚决打好污染防治攻坚战 推动生态文明建设迈上新台阶［EB/OL］. 人民网，http://jhsjk.people.cn/article/30000992，2018 – 05 – 20.

以上，树冠覆盖范围在 10% 以上，或者树木生长达到成熟临界值的林地。按我国标准，森林是指由乔木、直径 2 厘米以上的竹子组成且郁闭度在 0.20 以上，以及符合森林经营目的的灌木组成且覆盖度在 30% 以上的植物群落。截至 2020 年底，全球森林面积达 40.6 亿公顷，其中 93% 为原始和次生天然林，人均森林面积为 0.52 公顷（FAO，2020）。

森林资源是对森林、林木、林地以及依托森林、林木、林地生存的野生动物、植物和微生物等的总称[①]。本书接受并使用这一概念。森林资源不仅具有基于自身实物特点的自然属性，还具有一定的社会属性，涵盖了传统三大产业领域，并在新兴生态产业方面发挥重要作用，为人类既提供了众多的物质产品，又提供了丰富的生态产品，还提供了休闲、旅游的重要场所，支撑人类命运共同体的可持续发展。从发展趋势来看，用于社会和生态的森林资源占比在不断增加。

2.1.4　自然资源资产负债表

自然资源具有稀缺性，并且有一个动态变化的过程，一些原来不具有稀缺性的物质，随着经济利用程度加深，可以转化为稀缺的具有价值的资源。不可再生资源总量有限的现实，意味着其未来终有枯竭之日。森林、土地等可再生资源也可能因过度使用或环境的破坏而不可再生。环境与自然资源存在密切的关系，自然资源存在于环境之中，是环境因素重要组成部分，具有自然属性和经济属性（袁广达，2015）。随着时代的发展和社会的进步，人们在关注自然资源能够带来的经济价值的同时，也越来越关注其所产生的生态价值和社会价值。我国政府顺应绿色发展要求正在探索构建以生态系统生产总值（GEP）为核心指标的新型绿色经济核算体系[②]。

自然资源资产负债表（nature resource balance sheet）来源于 SNA 卫星账户 SEEA 中心框架的环境账户（environment account），环境账户也可称为自然资源账户（nature resource account）。SEEA 接受了弗里曼（Freimann）、史

---

① GB/T 26423 - 2010，森林资源术语。
② 详见国家林业和草原局发布的《推进生态文明建设规划纲要》（2013 - 2020）。

密特（Schmied）等人将自然资源和环境资源均作为有价资产的观点，但自然资源账户中尚未使用自然资源负债，一些对环境有负面影响的资源过耗、环境损害、生态破坏作为资产的减项处理。

2015 年，我国自然资源资产负债表编制开始进入有组织的实践探索阶段①。2020 年，自然资源资产负债表被定位为为资源可持续利用提供信息决策支持与保障，编制进程进一步加快②。本书认为自然资源资产负债表是以"资产 = 负债 + 净资产"为理论基础，利用会计、统计、调查与评估数据，客观反映主体在某一时点自然资源状况的报表体系。自然资源资产负债表编制目的是生态考核与评价，编制主体应为生态责任主体，反映的自然资源状况应在实物量的基础上考虑价值量，其价值量应在经济价值基础上考虑生态价值。

2.1.5 森林资源资产负债表

2014 年，国家林业局为了贯彻和响应党的十八届三中全会提出编制自然资源资产负债表对领导干部实行自然资源资产离任审计，建立生态环境损害责任终身追究制的精神要求，联合国家统计局提出编制森林资源资产负债表对领导干部实行自然资源资产离任审计，推动完善森林资源有偿使用和生态补偿制度。森林资源资产负债表是贯彻和实施"绿水青山就是金山银山"理念的一项制度安排，是将"绿水青山"变成"金山银山"的一种核算工具，是森林资源核算发展的一个新阶段，促进森林资源核算信息的系统化、规范化。森林资源资产负债表是自然资源资产负债表的构成要素或子表，是建设生态文明和践行绿色发展理念的重要举措，已成为森林资源核算领域研究热点。

本书认为森林资源资产负债表遵循绿色发展理念，以报告主体的森林资源增减变化为核算对象，以"资产 = 负债 + 净资产"为编制基础，运用会计与统计方法并结合森林资源连续清查与调查数据，以财务报告架构形式反映森林资源某一时点经济、生态、社会服务功能实物量和价值量及其特定期间的变化，是满足相关信息使用者森林资源信息使用需求的一种书面文件。与

---

① 详见国务院办公厅印发的《编制自然资源资产负债表试点方案》。
② 详见国家统计局发布的《自然资源资产负债表编制制度（试行）方案》。

企业财务报表单一反映会计主体商业价值的经济信息不同，森林资源资产负债表反映的是报告主体的经济价值、生态价值和社会价值。森林资源以往价值评估中生态价值、社会价值所占比重远远超出经济价值所占比重，经济价值已不构成森林资源资产价值的主体，生态价值和社会价值核算才是森林资源资产负债表编制的初衷。森林资源资产负债表作为生态服务功能信息披露平台具有社会属性，能够满足社会各界对生态环境的关注与对健康生活的向往，是一种受管制的报告。森林资源资产负债表应遵照自然资源资产负债表的编制要求，考虑森林资源的特性及信息使用者信息需求确定编制流程，既不能照搬照抄企业财务报表编制方法，也不能脱离会计等式原理。通过构建森林资源资产负债表概念框架，解决编制过程中森林资源资产负债表要素确认、计量和列报问题。

2.2　基础理论分析

2.2.1　"两山"理论

生态环境是人类的生存之本、发展之基。目前，我国生态环境局部向好，总体仍不容乐观，与远景生态建设目标相比仍有较大差距。从生态经济学角度来看，人定胜天是不符合社会发展规律的，人虽然能够影响自然环境，但不能完全按自己的主观意愿改变自然环境。

2005 年 8 月，习近平同志以绿水青山指代生态环境，以金山银山指代经济效益，提出如果能够让生态环境在提供生态效益的同时创造经济效益，那么绿水青山就变成金山银山①。绿水青山和金山银山之间的关系经历了三个发展阶段：第一个发展阶段是为了金山银山而放弃绿水青山。第二个发展阶段是绿水青山与金山银山同等重要，但尚未将两者有机地结合，而是形成了一种取舍关系，片面地追求其中的一个方面而忽视或牺牲了另一个方面，将

①　2005 年 8 月 24 日，习近平同志在《浙江日报》"之江新语"专栏发表《绿水青山也是金山银山》。

生态环境与经济发展对立起来。第三个发展阶段是绿水青山本身就是金山银山，可以持续地带来金山银山。"草木植成，国之富也。"森林创造的良好生态环境蕴含着经济社会价值。只要科学设计、合理开发，生态效益就可以转化为经济效益，浑然一体、和谐统一，达到一种更高的境界①。2013 年 9 月，习近平同志指出"我们既要绿水青山，也要金山银山。宁要绿水青山，不要金山银山，而且绿水青山就是金山银山"②。只有将影响生态系统稳定的生态环境要素保持在合理的水平，社会经济才能协调发展；没有必要的生态环境，生存和发展无从谈起。"两山"理论进一步丰富和发展了可持续发展理论和绿色发展理念，是习近平中国特色社会主义新时代思想的重要组成部分，其核心是生态文明，体现了道路自信与理论自信。党的十九大报告强调要树立和践行"绿水青山就是金山银山"理念。

"两山"理论不仅是生态文明建设与绿色发展结合时代特征的清晰表达，更是生态文明建设和绿色发展的本质要求。"两山"理论要求合理配置自然资源，提高包括森林资源在内的自然资源要素配置效率，不断创新自然资源资产价值实现方式，树立自然资源环境有限、有价、有偿使用的理念，构建绿色发展利益导向机制及经济社会可持续发展的评价体系和约束机制（张俊杰等，2020）。为促进"两山"理论的发展并指导实践，应做到以下五点：一是要认识到位，树立坚定的理想和信念，没有信仰就丧失信心，不可能去为之努力和奋斗，"两山"理论的核心是生态文明，森林资源资产负债表的编制就是响应"两山"理论要求和生态文明建设政策号召。二是科学设计、合理开发，寻找生态环境与经济发展的切入点和共同点。三是为绿水青山转化为金山银山建立制度保障。四是深入挖掘绿水青山的生态功能和经济功能。五是要将绿水青山的生态功能转化为金山银山的路径以市场化的方式建立起来，在市场尚未建立起来时要通过政策引导市场行为，必要情况下可以通过政府购买来实现转化。"两山"理论秉承绿色发展理念为森林资源资产

---

① 为了中华民族永续发展——习近平总书记关心生态文明建设纪实 [EB/OL]. 人民网，http：//jhsjk. people. cn/article/26665396，2015 – 3 – 10.

② 习近平总书记论生态文明建设 [EB/OL]. 人民网，http：//jhsjk. people. cn/article/29448757，2017 – 8 – 4.

价值核算特别是生态价值核算提供了依据。

2.2.2　生态保护红线理论

"红线"是指不可跨越的界线或者禁止进入的区域。生态保护红线体现了国家强化生态保护、推进生态文明建设的坚定意志和决心，是维护国家生态安全的底线。这一理论与爱德华·威尔逊（Edward Wilson）在21世纪初提出的半个地球（half-earth）理论异曲同工①。半个地球理论的核心理念是如果我们保护了陆地和海洋一半的面积，85%的物种将免于灭绝。地球生命的进化就是一部生物多样性发展史，人类活动的不断扩张将众多物种带向了濒危与灭绝。每一个物种都是独一无二的，一旦消失，我们便再也无法得知那些永远离我们而去的重要科学知识。人类应该停止为了满足自身的短期需要而继续践踏这颗星球，以遏制物种的大规模灭绝。面对生物界的混乱现象，唯一可行的方法就是尽可能地建立大规模的保护区并对其中物种的生物多样性进行保护。只有为其他生物留下半个地球甚至更大的面积留作储备，人类不去干涉，地球上众多的生命形式才能得以存留，人类生存也能够稳定与发展（爱德华，2017）。该理论提出通过编制全球生物多样性地图，确定已受保护和应受保护的物种及区域。此外，世界自然保护联盟（IUCN）推动的"全球自然保护地建设（construction of global nature reserves）""绿道（green way）""绿色基础设施（green infrastmcture）"等项目都强调对包括森林在内的自然资源和人文资源的保护，构建了包括国家公园、自然遗址等在内的保护地体系。截至2018年7月，IUCN已将世界陆地面积14.9%、海洋面积7.3%列入世界保护区（Ash，2018）。我国学者提出了与半个地球理论类似的具有中国特色的生态保护红线理论并将其贯彻实施，通过划定生态保护红线以维护生态安全与加强环境保护。

生态保护红线提法首见于《珠江三角洲环境保护规划纲要（2004—2020）》，是我国生态环境保护进程中的制度创新与理论创新。生态保护红线

———————

① "半个地球"这一说法首见于托尼·希斯于2014年撰写的《地球上最狂野的思想》一文。

强调在各类资源使用过程中实行严格的保护空间、边界控制与数量限制，促进人口资源环境相均衡、经济社会生态效益相统一，是确保国家和区域生态安全的底线（GAO，2019）。广义的生态保护红线包括生态功能红线、环境质量红线和资源利用红线（高吉喜，2014）。狭义的生态保护红线仅指具有重要生态功能价值的生态空间（郑华和欧阳志云，2014）。目前，我国生态保护红线政策实施采用狭义标准。生态保护红线理论的提出是在生态平衡已经被打破情况下预防生态环境继续恶化的无奈之举，是人类生产活动让位于生态环境的一种对自然界的生态补偿措施，是在特殊情况下采取的保护生态环境比较激进但最为有效的制度。2011 年 10 月，我国首次在重要生态功能区、环境敏感区和脆弱区划定生态保护红线，对主体功能区分并制定相应的环境管控标准和环境保护政策①。生态保护红线并不是无限扩大保护区的面积，而是强调以尽可能少的生态空间，保护尽可能多的自然资源，维护国家和区域生态安全，实现面积—效益最大化。生态保护红线合理划分应首先进行科学评估，为生态红线划定打好基础；其次做到涵盖所有重要保护地；最后做好规划衔接，预留发展区域。2017 年以来，我国政府先后发布了《生态保护红线划定指南》等多份文件指导推进生态保护红线划定与勘界定标工作。

森林资源在生态文明建设和生态治理中发挥重要作用，是生态保护红线划分的重要依据，是生态功能区重要性评估和敏感性评估的重要内容。国家公园、自然保护区、森林公园等区域范围内的森林资源是重要的保护物种。生态保护红线区域的建设与持续发展离不开资金的投入，也需要对保护区域的建立而使生产、生活受到影响的群体给予补偿，投入和补偿的金额基本可以测算。保护与补偿支出是人类社会经济发展中的自我约束和限制，是未来应履行的生态偿还义务，应确认为一项负债，纳入森林资源资产负债表核算范围。习近平同志提出的划定并严守生态红线，不能越雷池一步，否则就应该受到惩罚②为森林资源生态负债核算提供了依据，指明了方向。《中共中

---

① 国务院关于加强环境保护重点工作的意见。
② 习近平：坚持节约资源和保护环境基本国策 努力走向社会主义生态文明新时代 ［EB/OL］. 人民网，http：//jhsjk. people. cn/article/21611332，2013 – 5 – 25.

央、国务院关于加快林业发展的决定》为我国林地和森林划定的红线为：林地面积不少于 46.8 亿亩，森林面积不少于 37.4 亿亩，森林蓄积量不低于 200 亿立方米。目前，我国森林资源规模和质量尚未达到这一要求。

联合国开发计划署（United Nations Development Programmes，UNDP）主任吉多（Guido）指出中国科学地划分红线和实施红线制度，值得全球其他国家借鉴。生态保护红线是特殊时期的特殊政策，在人与自然尚未达到和谐共存的情境下存在，未来会随着生态环境的改变而变化，当生态环境达到无须外力而持续稳定并良性发展时，生态保护红线将不必划定。

2.2.3　外部性理论

生态环境作为公共物品历来存在供给不足与供给过剩的问题。供给过剩情况下，环境污染产生的环境代价由社会承担，生产性污染与产品不相关（如排放大量废水的造纸厂，依然有可能生产高质量、洁净的纸质产品），污染物不能生成价格。供给不足情况下，生态保护导致的福利损失由社会承担，生态产品难以交易，如森林生态系统服务功能无法生成价格。市场机制自我修复的途径如下：（1）外部性问题的内部化。进行产品升级、市场分层、消费转型与产品质量提升。例如，用绿色食品对污染食品进行替代，而绿色食品依赖于环境改善，环境价值体现在食品价值中；房地产商对小区环境与景观的改造，实现功能转型，生态价值反映在房产价格中。（2）外部性问题市场化。通过市场匹配来解决关联产品的生产。（3）外部性难以内部化。对于一些分离性产品必须生成新的市场。

哈丁（Harding，2015）指出开放的公共牧场可能因过度放牧而导致公地悲剧问题的出现，部分森林处于和公共牧场相同的境地。解决公地悲剧应构建可交易的产权主体及其组织，但前提必须让生态负产品（污染）、生态正产品（碳汇）成为可交易产品。培育排污权交易市场（对外部不经济行为的抑制）、碳汇交易市场（对外部经济行为的激励）。将外部性问题转化为缺位主体的培育与可交易产品的开发，由此就可以通过市场来解决外部性问题。生态环境的真正问题是如何将社会意识、潜在需求恰当地表达为社会的现实需求与产品（服务）供给，并由此生成明晰的产权主体与产权交易市场，这是政府的责任。

美国学者埃莉诺·奥斯特罗姆（Eleanor Ostrom）指出公共池塘资源（common-pool-resource）是一种人们共享整个资源系统但单独享用资源单位的公共资源，开发了自主组织和治理公共事务的制度理论，在企业理论和国家理论的基础上进一步发展了集体行动理论，为面临公共选择悲剧的人们开辟了新的路径，避免公共事务的退化，保护和可持续地利用公共事务，为增进人类福利提供了自主治理的资源产权制度基础（穆贤清，2004）。

生态补偿的本质就是生态服务受益者对生态服务提供者的付费行为。在明晰产权的基础上进行生态产品的补偿是必要的。通过生态补偿可以将外部经济转化为企业生态效益，外部不经济转化为企业生态成本，从而真实地评价企业业绩。林业经济活动社会公共属性越来越强，如不能有效地解决"搭便车"等外部性问题，将影响生态文明建设的顺利进行。本书在森林资源资产负债表的设计及应用过程中充分考虑了外部性因素的影响。

2.2.4 资产负债表理论

资产负债表（balance sheet）是一种重要的财务报表，反映某一主体在特定日期的财务状况，随着复式记账法的推广而出现，被认为是近代会计的起点。资产负债表既是复式簿记的数量关系基础，也是基本财务报表的关系基础，编制依据是"资产＝负债＋净资产"会计等式，能够体现会计主体所拥有的经济资源和与之相对应的来源渠道或取得方式（张新民，2014）。财务报表是会计信息列报的主要方式和平台，目标是向会计信息使用者提供满足其需要的信息。投资大师巴菲特曾经说过"我比大多数人更重视资产负债表"，它就是一张财产清单，清楚列明了资产的多少、来源和结构，基本上就是对企业的情况做一个整体评估。

资产负债表的历史比较悠久，随着复式记账法的推广而出现，最先应用在工商业界。资产负债表的雏形最早可以追溯到 15 世纪意大利出现的一种用来申报财产税的财产目录。17 世纪初，西蒙·斯蒂文（Simon Steven）确立了资产负债表的基本格式。1671 年，英国的东印度公司报出了世界第一份准公开的资产负债表。1844 年，英国公司法明确要求股份公司编制年度资产负债表。

19 世纪形成了以资产负债表为核心的资产负债观。20 世纪 30～70 年代投资者更加关注被投资方的短期盈利能力，形成了以利润表为主导的收入费用观。20 世纪 70 年代以来投资者、债权人等报表使用者开始意识到，企业未来的发展趋势比当期盈利能力更重要，又回到以资产负债观为主导的时代。2003 年，美国证券交易委员会（SEC）明确支持以"资产负债观"为基础制定财务报告概念框架和具体准则。我国现行的所得税、财务报表列报等会计准则内容体现了资产负债观。

资产负债观通过资产或负债要素的变动反映主体的收益，认为收益是主体期末净资产与期初净资产的差额，强调经济交易的实质，不仅考虑了已实现的收入和费用，还考虑了未实现的收入和费用，提供的信息具有较强的相关性，公允价值计量方法被广泛采用。在资产负债观下，资产负债表能够发挥的作用越来越大，资产和负债规模的变化反映盈余的多少，资产和负债质量的高低决定着盈余质量的好坏。资产、负债是实际存在的项目，而收入、费用是虚拟的项目，虚拟的项目最终还是要由实际存在的项目来验证。根据编制主体和对象的不同，资产负债表应用于不同的领域，例如，对反映特定时点国家所拥有或控制的资产和承担的负债进行分类列示的构成国民经济核算体系一部分的国家资产负债表，对政府及相关主权部门的资产和负债进行分类汇总而得到的政府资产负债表，展示自然资源权益主体在某一地区自然资源状况的自然资源资产负债表。在财务会计报表体系中，资产负债表将其他报表连接起来，发挥着核心作用。如利润表的盈余转化成资产负债表的留存收益，现金流量表反映了资产负债表中货币资金的增减变化情况。运用资产负债表理论编制森林资源资产负债表能够将森林资源所具有的经济价值、生态价值和社会价值及承担的环境负债以会计等式为原理、以表格为载体展示出来，提升森林资源核算信息列报的科学性和先进性，拓宽森林资源核算信息内容，增强森林资源核算信息质量。

资产负债表中的各项会计要素是构建财务报表的基石，它为记录、分类和汇总经济数据与经济活动提供了一个初始点,成为联系报告目标、主体及信息质量特征的纽带。

2.3 本书理论分析框架

森林资源资产负债表的研究丰富了自然资源资产负债表理论内涵,完善了自然资源资产负债表的内容,充实了森林资源核算体系,为森林资源保护、开发决策提供信息支持,是国家软实力提升的重要标志。在"两山"理论、生态保护红线理论、外部性理论及资产负债表理论指导下,构建森林资源资产负债表理论分析框架见图 2-1。

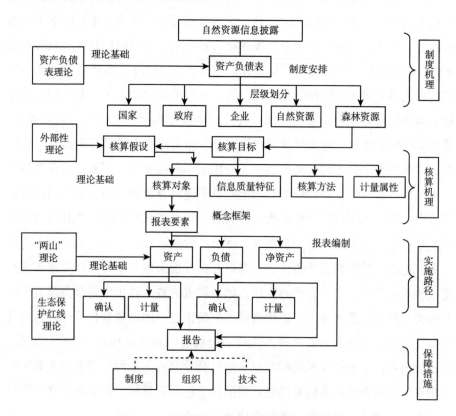

图 2-1 森林资源资产负债表理论分析框架

在资产负债表理论指导下将资产负债表作为包括森林资源在内的自然资源信息披露的载体和平台，研究在披露自然资源信息的过程中国家、政府、企业资产负债表以及满足专门需求的自然资源资产负债表和森林资源资产负债表的制度机理，分析各种类型信息披露平台的功能差异以及在自然资源信息披露方面的内容差异和逻辑关系。在外部性理论指导下研究森林资源资产负债表的核算机理，设计森林资源资产负债表的概念框架体系，确立森林资源资产负债表的目标、核算对象、核算假设、核算方法、信息质量要求等理论要素。在"两山"理论和生态保护红线理论指导下，研究森林资源资产、负债的确认条件和计量基础，构建森林资源资产负债表的项目体系与实施路径，结合林业调查资料和统计数据运用森林资源价值评估方法编制森林资源资产负债表，从制度、组织、技术三个方面提出了森林资源资产负债表编制的保障措施。

2.4　本章小结

本章属于研究内容中的基础概念与理论部分，为了避免研究内容的局限性及概念混淆，明确研究方向与依据，首先对绿色发展、生态文明、自然资源资产负债表、森林资源资产负债表概念内涵进行了界定和分析，确保了后续研究的完整性和一贯性。森林资源对绿色发展理念的实施具有重要意义，森林资源资产负债表是绿色发展的重要考核指标。其次，对"两山"理论、生态保护红线理论、外部性理论、资产负债表理论进行阐述，并通过理论分析框架指出这些理论与本书研究内容之间的逻辑联系，以保证后续研究具有科学的理论依据。

| 第 3 章 |

森林资源生态系统功能及价值核算现状

3.1　森林资源概况

3.1.1　世界森林资源概况

　　人类生存的地球陆地曾经大部分被郁郁葱葱的森林所覆盖，世界人口的持续增长导致森林被开垦为耕地，面积逐年下滑。1990～2020 年，森林占陆地面积的比重从 32.5% 下降至 30.8%，净损失了 1.78 亿公顷，生物多样性快速衰退、消减。世界森林总蓄积量从 1990 年的 5600 亿立方米下降到 2020 年的 5570 亿立方米，单位面积立木蓄积量从 1990 年的每公顷 132 立方米增加到 2020 年的每公顷 137 立方米。森林能够满足社会发展各个方面的需求。世界森林中的 28.3% 用于生产木材和非木材林产品，18.4% 被划分为多用途林，10.4% 用于生物多样性保护，9.8% 用于水土保持，17.9% 处于各类保护区范围内，4.6% 被分配用于娱乐、旅游、教育研究以及文化和精神遗址保护等社会服务。森林具有强大的固碳能力，这种能力与森林规模与质量关系密切。1990～2020 年全球森林总碳储量从 6680 亿吨下降到 6620 亿吨，下降了 0.9%，同期碳密度从每公顷 159 吨增加到 163 吨，上升了 2.5%。大多数森林碳汇存在于活生物量（44%）和土壤有机质（45%）中，其余存在于死木和枯枝落叶中。西方主要发达国家森林覆盖率普遍较高，并且森林面积在一个较高水平上呈现稳定发展态势，森林利用水平较高，呈现可持续发展状态。大部分发展中国家森林面积呈现下降态势，巴西热带雨林的砍伐在带来财富的同时，也使这个国家的环境开始恶化。FAO 警告说，虽然森林面积下降的趋势已有所缓解，但伐木、火灾、风倒和其他活动仍然会导致森林毁损和退化，林木生物量密度下降。《联合国（UN）：2021 年全球森林目标报告》显示减少森林砍伐和促进森林生长以及植树造林固碳能使全球二氧化碳净排放下降30%，再过一个十年，会在此基础上进一步减少50%。在世界范围内森林面积总体下降的背景下，世界各国已积极行动起来，遏制森林资源进一步下降。森林净损失率从 1990 年到 2020 年每十年年均下降额度分别为 780 万公顷、520 万公顷、470 万公顷。[①]

3.1.2　我国森林资源概况

我国国土上曾经森林茂密，据考证夏代森林覆盖率达到了 64%，受人类活动的影响，到了新中国成立初期，我国的森林覆盖率已经下降到了 8.6%。改革开放后，我国林业建设开始步入跨越式发展时期，通过植树造林，森林覆盖率不断增加。同期，我国森林面积增长速度和增长数量位居世界各国首位。我国森林资源清查总量及质量见表 3 – 1。我国森林资源清查生态功能服务实物量见表 3 – 2。我国第九次森林资源清查按类别资源量情况见表 3 – 3。

表 3 – 1　　　　　　　　中国森林资源清查总量及质量

项目	第九次清查	与上次清查比较变化		第八次清查	与上次清查比较变化		第七次清查
		绝对额	相对额（%）		绝对额	相对额（%）	
森林面积（亿公顷）	2.18	0.1	4.81	2.08	0.1223	6.27	1.95
森林覆盖率（%）	22.96	1.33	6.15	21.63	1.27	6.24	20.36
森林蓄积（亿立方米）	170.58	19.2	12.68	151.37	14.16	10.32	137.21

---

① 相关信息自联合国粮食及农业组织（FAO）发布的 2020 年《全球森林资源评估报告》中查询得到。

续表

项目	第九次清查	与上次清查比较变化		第八次清查	与上次清查比较变化		第七次清查
		绝对额	相对额（%）		绝对额	相对额（%）	
每公顷森林蓄积量（立方米/公顷）	94.83	5.04	5.61	89.79	3.91	4.55	85.88
每公顷年均增长量（立方米/公顷）	4.73	0.5	11.82	4.23	0.28	7.09	3.95

资料来源：《中国森林资源报告》（2004~2008年）、《中国森林资源报告》（2009~2013年）、《中国森林资源报告》（2014~2018年）。

表 3-2   中国森林资源生态服务实物量

生态功能服务项目	第八次清查	第九次清查	变化量	变化率
总生物量（亿吨）	170.02	188.02	18	10.59%
总碳储量（亿吨）	84.27	91.86	7.59	9%
年涵养水源量（亿立方米）	5807.09	6289.50	482.41	8.31%
年固土量（亿吨）	81.91	87.48	5.57	6.8%
年保肥量（亿吨）	4.30	4.62	0.32	7.44%
年吸收污染物量（亿吨）	0.38	0.40	0.02	5.26%
年滞尘量（亿吨）	58.45	61.58	3.13	5.36%
年固碳量（亿吨）	4.02	4.34	0.32	7.97%
年释氧量（亿吨）	9.51	10.29	0.78	8.2%

资料来源：《中国森林资源报告》（2009~2013年）、《中国森林资源报告》（2014~2018年）。

表 3-3   中国第九次森林资源清查分类资源量

项目	类别		所有权		来源		林种			合计
	公益林（%）	商品林（%）	国有林（%）	集体林和个体林（%）	天然林（%）	人工林（%）	乔木林（%）	竹林	特灌林	
蓄积量（亿立方米）	68.22	31.78	59.04	40.96	80.14	19.86	100	—	—	170.58
生物量（亿吨）	65.47	34.83	53.24	46.76	78.8	21.2	93.38	2.54	4.08	166.11
面积（万公顷）	56.65	43.35	37.92	62.08	63.55	36.45	82.43	2.93	14.63	21822.05
碳存储量（亿吨）	65.03	34.97	53.10	46.9	78.60	21.40	93.23	2.6	4.17	91.86
固碳量（亿吨）										4.34

资料来源：《中国森林资源报告》（2014~2018年）。

从表中数据可知，近年来我国森林资源总量不断增加、结构有所改善、质量持续提高，森林生态功能进一步增强。根据第九次森林资源清查结果核算我国林地、林木资产价值分别为 9.54 万亿元、15.52 万亿元，总计 25.06 万亿元。其中，年度森林生态系统服务总价值为 15.88 万亿元，与第八次清查相比增长 25.24%。[①]

经过几代林业工作者的辛勤努力，我国林业发展和建设取得了巨大的成绩，国土绿化、沙化土地治理等生态保护和修复工程以及大江大河重点防护林工程创造了震惊世界的生态奇迹。退耕还林工程实施 20 年累计造林 4.47 亿亩。天然林保护工程实施 20 年共有效保护天然林 19.44 亿亩。全国土地沙化面积已由 20 世纪 90 年代末年均扩展 3436 平方千米转变为目前年均缩减 1980 平方千米。截至 2018 年，已启动 40 年的三北防护林工程区域内森林覆盖率由 5.05% 提高到 13.57%，区域内毛乌素等几大沙地沙化土地逐年减少；黄土高原年度输入黄河泥沙减少 4 亿吨，林草植被覆盖率接近 60%；农田防护林年增产粮食 1057.5 万吨，用材林产生经济效益 9130 亿元。我国国家森林城市总数达到 166 个。[②]

目前，我国森林覆盖率、人均森林规模和人均森林蓄积与世界平均水平相比尚有较大差距，要完成《"十四五"林业草原保护发展规划纲要》提出 2025 年我国森林覆盖率达到 24.1%、森林蓄积量达到 180 亿立方米、森林生态服务价值达到 18 万亿元的目标需要付出很大的努力，林业发展仍面临着压力和挑战。

3.2　森林生态系统功能与服务价值

生态系统（ecosystem）是指在一定的范围内，环境中的生物成分和非生

---

① 我国林地林木资产总价值达 25.05 万亿元［EB/OL］. 中国政府网，http：//www. gov. cn/xinwen/2021 – 03/13/content_5592714. htm，2021 – 03 – 13.

② 相关信息均来自国家林业和草原局发布的《中国退耕还林还草二十年（1999 – 2019）》白皮书，以及中国社科院完成的《三北防护林体系建设 40 年综合评价报告》。

物成分在物质循环和能量流动中相互影响而构成的生态学功能单位，由英国生态学家坦斯利（Tansley）于 1935 年首次提出。自 1992 年世界环境与发展大会召开以来，森林在经济社会可持续发展中作出的贡献日益引起重视，尤其在通过储碳、吸碳和放碳对温室气体进行调控方面受到普遍的关注。

3.2.1　森林生态系统功能

生态系统功能（ecosystem function）是指与生态系统维持其完整性的一系列状态和过程相关的生态系统的内在特征，是生态系统组成部分的质量。森林生态系统主要功能见图 3 - 1。

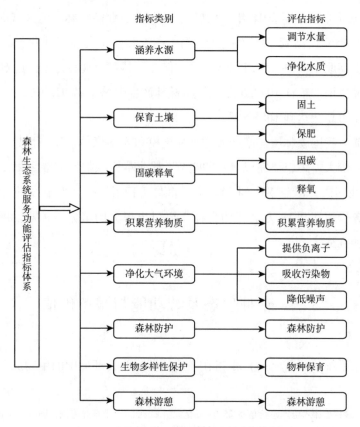

图 3 - 1　森林生态系统服务功能评估指标体系

资料来源：《森林生态系统服务功能评估规范》（GB/T 38582 - 2020）。

（1）生物多样性保护。生物多样性让地球充满生机和活力。森林具有丰富的生物多样性，特别是受人类干扰最少的天然林有助于物种的生存、演化并能动地适应不断变化的环境条件，从而增强动物和植物的基因库并为林木育种提供基因贮存。保护生物多样性对世界森林的长期健康和生产力发展至关重要。FAO 在《2015 全球森林资源评估》报告中指出森林生物多样性指标为原生林面积、主要划分为生物多样性保护区的森林面积和保护区内的森林面积。森林生态系统通过优化生物多样性结构、提升生物多样性关系的复杂性和生物群落内种群的遗传多样性，加强对生物多样性的控制，提高系统的环境效率，呈现出最大化稳定性的趋势。

（2）固碳释氧。自 1997 年《京都议定书》被联合国气候变化框架公约采用以来，森林作为陆地碳沉积地和二氧化碳来源地的作用日益受到重视。森林通过光合作用使大气中二氧化碳和氧气维持动态平衡，减少温室效应。地球植被每年通过光合作用新增 7.0×10^{10} 吨氧气，在过去 32 亿年漫长岁月中已积累了 1.2×10^{25} 吨氧气。森林是陆地生态系统最大的碳库，存储全球陆地总碳储量的 46%（Watson et al.，2000）。2001～2019 年，全球森林吸收的二氧化碳约为其排放的 2 倍，每年净吸收 76 亿吨二氧化碳（Lebling et al.，2020）。森林生态系统碳储量优于相同面积农地的碳储量，第九次森林清查统计结果显示我国森林植被总碳储量为 91.86 亿吨[①]。

FAO 发布的 2020 年《全球森林资源评估报告》指出纬度的升高会导致森林植被碳密度下降，但土壤碳密度变化则与之相反。碳密度最高的森林在南美、西非和中非，仅活生物质的碳储量一项就几乎达到每公顷 120 吨，超过全球平均值 62.16%。森林每年形成 5～6 亿吨的碳汇，在完成应对气候变化的目标过程中作出了贡献，有助于碳达峰、碳中和目标的实现。2020 年我国单位 GDP 二氧化碳排放比 2019 年下降约 1.0%，较 2015 年下降 18.8%，超额完成"十三五"下降 18% 的目标。我国 1990～2019 年主要年份二氧化碳排放量见图 3－2。

森林的可持续经营有助于减少森林的碳排放并在应对气候变化方面产生

---

① 我国森林资源"家底"如何 [N]. 光明日报，2021－03－15（10）.

重要影响。《巴黎协定》将森林作为一种减缓气候变暖的重要手段，要求各国采取切实有效的行动，提高森林碳汇规模，支持发展中国家实施"减少毁林和森林退化排放及通过可持续经营森林增加碳汇行动"。

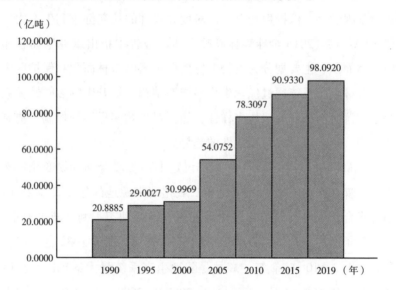

图 3 - 2   中国 1990~2019 年主要年份二氧化碳排放量

资料来源：牟瑛，张贤明，陈欢，等．我国多年来温室气体排放情况及对策研究［J］．河南科技，2021，40（9）：128 - 130.

（3）涵养水源。森林是地球之肺，能够截留、吸收和贮存大气降水，有利于地下水的形成，并确保恒定和规则的流速，增加可利用水源、净化水质和调节径流。森林是抵御水侵蚀的最强屏障，也是预防洪水最佳和最有效的方法。森林与水之间存在着重要的关联，通过影响降雨模式、调节水流以及减少土壤和泥沙流失对水力发电产生影响。我国部分地区森林资源涵养水源价值见表 3 - 4。

（4）保育土壤。森林的树冠、树下枯枝落叶层及强大的根系能够减少雨水对土壤表层的直接冲击，防止土壤移动、坍塌、流失，减缓雪崩和山体滑坡造成的破坏。森林参与土壤内部的能量转换与物质循环，生长发育及其代谢对土壤产生物理及化学影响，提高土壤肥力。森林能够降低到达土壤的太阳热量，使森林附近的土壤比空旷土地的土壤更湿润。

表 3 - 4　　　　　　　　部分地区森林资源涵养水源价值

地点	研究者	时间（年）	涵养水源价值（万元/公顷）	计算方法
长江上游八省区	程根伟	21 世纪初	0.51	水库修建价格 0.33 元/立方米
贵州西庄河	艾希辉	2001	0.70	水库库容成本 0.67 元/立方米
山西	程宣静	2009	1.20	含净化水质
江西万年县	陈典强	2009	5.85	水库库容成本 5.714/立方米，净化水质成本 1.98/立方米
江西赣江源	江捷	2009	4.11	水库库容成本 5.714/立方米，净化水质成本 1/立方米
贵州峡江	王明方	2009	3.45	调节水量净化水质 6.71/吨
江西武功山袁河流域	严淑梅	2009	5.40	水库库容成本 5.714/立方米，净化水质成本 1.98/立方米
吉林	石小亮	2011	2.13	自来水价格 2.5 元/吨
云南	石晓亮	2012	1.65	自来水价格 3.45 元/吨
四川	赵海凤	2012	0.26	—
内蒙古扎兰屯市	张颖	2014	1.27	水库蓄水成本 5.945 元/立方米
吉林露水河林业局	董秀凯	2014	4.44	水库蓄水成本，净化水质成本
内蒙古呼伦贝尔市	潘金生	2014	1.35	水库蓄水成本，水污染应纳税额
全国	国家林业局	2014	1.53	—
内蒙古重点国有林区	王兵	2018	1.60	水库蓄水成本，水污染应纳税额

资料来源：笔者根据诸多学者研究资料整理得到。

21 世纪以来，黄土高原持续植树造林，黄河中上游流域森林植被得以恢复，黄土高原水土流失的现象得以扭转，经过实验沟壑地的径流和泥沙分别减少 58% 和 78%[1]。黄河主要干流水文控制站实测水沙特征值见表 3 - 5。陕西省经过 70 年的不懈努力，水土流失综合治理率达到 68% 以上[2]。

（5）调节气候。森林通过改变气流结构和风速影响附近的热量收支，引

———————

① 潘家华. 新中国 70 年生态环境建设发展的艰难历程与辉煌成就 [J]. 中国环境管理，2019，（4）：17 - 24.

② 陕西林业十大成就 [EB/OL]. 陕西省林业局官网，http://lyj. shaanxi. gov. cn/zwxx/lydt/201909/t20190928_2040281. html，2019 - 09 - 28.

起温度的变化。如防护林可以减弱防护范围内风速和气流交换，导致植物蒸腾和土壤蒸发的水分在附近区域逗留时间延长。在某一区域，森林与海洋起着相似的作用，如夏季降低温度，冬季提高温度，减缓温度的剧烈变化。夏季一棵5米高的树木每天靠蒸腾作用就能蒸发50千克的水，这些水由液体变成气体所吸收的能量导致周边温度降低。吉林省德惠市曾经做过测算春季在林带背风面0~25倍树高范围内，空气温度提高0.2~0.8℃，土壤温度提高0.6~1.4℃。[①]

表 3 - 5　　　黄河主要干流水文控制站实测水沙特征值对比情况

水文控制站		唐乃亥	兰州	头道拐	龙门	潼关	花园口	高村	艾山	利津
年输沙量（亿吨）	多年平均	0.119	0.633	1.00	6.76	9.78	8.36	7.49	7.23	6.74
	近10年平均	0.112	0.236	0.572	1.31	1.72	1.16	1.38	1.46	1.26
	2019年	0.172	0.210	1.44	1.25	1.68	3.28	3.30	3.17	2.71
年含沙量（千克/立方米）	年平均含沙量	0.592	2.05	4.67	26.2	29.1	22.4	22.6	21.8	23.0
	2019年	0.554	0.440	4.08	3.29	4.04	7.17	8.09	8.58	8.68

资料来源：2019年《中国河流泥沙公报》。

（6）防风固沙。森林最显著的小气候效应是防风效应或风速减弱效应。森林的地上部分能够增加地表粗糙程度、降低风速、阻截风沙。防护林带能够防护树高20~25倍的距离，平均降低风速20%~30%。北京周边的库布齐沙漠的有效治理使得北京市沙尘天气的天数大为减少，年均沙尘日数由20世纪50年代近70天降到2008~2017年平均4.3天。[②]

（7）农田防护。森林有助于提升附近牧场、草地和作物的产量，垂直于风向林带会显著降低其速度。在冬季，森林降低风速能够使地面上的积雪留在田间。在林带庇护范围内温度较周边旷野提升，种子可提前3~5天出土，温湿状况的改善使农作物发芽出土率提高46%~66%，无霜期延长10~15天。在正常年份，林带保护的农田使谷类作物产量平均高出25%~30%；在干旱年份，要比没有林带保护的农田作物的产量增加30%。[③]

---

① 鲁红成. 农防林对于经济社会发展的效益分析 [J]. 现代园艺, 2013 (20): 167.
② 相关信息自中国天气网（http://www.weather.com.cn/zt/tqzt/2859615.shtml#p=1）查询得到。
③ 陈廷, 马琼, 张新华. 宁夏风沙区生态环境综合治理创新实践 [M]. 银川: 宁夏阳光出版社, 2012.

（8）净化空气。森林能够有效吸收有害气体、阻滞沙尘和粉尘、杀菌、增加空气中负离子及保健物质含量、释放氧气与萜烯物、增加空气中的负氧离子容量。森林中很多植物分泌的特殊物质能杀灭伤寒、白喉等多种病菌，杀菌能力要比无林地带高 3 ~ 7 倍[①]。

森林还具有很重要的文化、宗教和娱乐价值，对地质结构也会产生影响，如在石炭纪（公元前 3.5 亿年 ~ 公元前 2.8 亿年）中，森林对大型煤炭矿床的堆积起到了关键作用。中国森林资源核算研究项目组（2015）根据第八次森林森源清查数据计算出我国森林生态系统每年提供的生态服务价值达 12.68 万亿元。其中，生物多样性保护 4.33 万亿元/年，占 34.20%；涵养水源 3.18 万亿元/年，占 25.10%；保育土壤 2.00 万亿元/年，占 15.81%；净化大气 1.18 万亿元/年，占 9.29%；固碳释氧 1.07 万亿元/年，占 8.47%；森林游憩 0.85 万亿元/年，占 6.70%；森林防护 0.07 万亿元/年，占 0.43%。

森林还为人类提供了就业机会，FAO2007 年发布报告显示全球直接从事森林种植和森林开发的约有 1230 万人。据测算，木质能源与太阳能、水力发电和风力发电的总和大致相当。这一信息有力地证明了来源具有持续性的木质能源可以为世界可再生能源组合作出贡献。森林及其价值链对可持续经济增长、充分的生产性就业和人人有体面的工作至关重要。

3.2.2　森林生态系统服务价值

生态系统服务（ecosystem services）是人类从各种生态系统中获得的所有惠益，是生态系统与经济活动和其他人类活动之间关系的核心，是连接生态系统和社会系统之间的桥梁，提供了自然资源之间以及自然资源与人类之间的利益联系，是 SEEA 描述的重点。森林生态系统服务（forest ecosystem services）是森林生态系统在物质循环与能量流动过程中形成及维持的人类赖以生存的自然环境条件与效用[②]。

---

① 刘世荣. 感恩森林 珍视森林［N］. 中国纪检监察报，2020 - 03 - 12（7）.
② 联合国《千年生态系统评估》（MA）所做的分类。

科斯坦萨等（Costanza et al., 1997）通过 ESI 测算全球自然环境为人类所提供的价值。只有对人类社会直接有益并被社会享用的森林生态系统功能才能转化为"服务"。生态系统服务就像是一种社会从自然资本获取的红利，具有期间属性，一般以 1 年为时间单元计量。维持自然资本的存量可确保未来能持续提供生态系统服务。

联合国《千年生态系统评估报告》提出森林生态系统服务包括供给、调节、文化以及支持服务。支持服务是生态系统服务的基础，为其他服务提供支持。调节服务从对生态系统过程的调节中获得收益。供给服务从生态系统中直接获得产品。文化服务通过精神生活、认知、思考、娱乐以及美学欣赏等方式，使人类从生态系统获得包括知识体系、社会关系以及美学价值等方面的非物质惠益。近年来随着对可持续发展和绿色发展在全球范围内重要性的认识不断提高，人们越来越依赖生态系统提供的这些"免费"服务，导致森林生态系统服务得到了更高评价。

森林生态系统服务的总体经济价值计算如下：

$$VET = VUD + VUI + VO + VNU \qquad (3-1)$$

VET（total economic value）：总体经济价值。

VUD（direct use values）：直接使用价值，与人类直接使用的生态系统商品和服务有关，包括消费品中使用的商品和服务的价值，如食品、燃料木材或建筑、药品原材料、用于消费的狩猎动物；以及不消费的使用量，如不需要进行物品消费的娱乐和文化活动。

VUI（indirect use values）：间接使用价值，源自生态系统服务，为生态系统本身以外的人提供利益。例如，森林的保护和调节功能，包括湿地的自然滤水功能、沿海红树林的风暴保护功能和森林碳汇功能，通过减缓气候变化惠及整个全球社会。这些功能通常直接影响活动的可测量值，从而允许间接估计其价值。

VO（option value）：期权价值，源于保护生态系统商品和服务的选择权或未来使用的可能性，这些商品和服务目前既不能用于自身（选择价值）也不能用于其他人/继承人（遗产价值）。

VNU（non-utility values）：不可利用价值，主要是指人们可能仅仅知道某个资源的存在值得愉悦，即使不期望自己直接使用该资源（Platon，2015）。

值得注意的是，生态系统的服务和功能不一定完全重叠。在某些情况下，单个生态系统服务是两个或多个生态系统功能的产物，而在其他情况下，单个生态系统功能有助于两个或多个生态系统服务。强调并认识到生态系统功能的相互依赖性是很重要的。森林生态系统总经济价值或全面价值的概念主要是在环境保护、经济效益和可持续发展具体标准的互补性基础上，对自然资源特别是森林资源实施可持续综合管理的方法提供支持。

生态系统服务的经济评估有助于证明生态系统产生的效益，以及增加这些生态系统的经济效益（或避免损失），保护这些生态系统可以给人们和利益相关者带来的好处。自然环境和生态系统服务具有公共属性，对私营部门不具有吸引力，需要政府采取差异化的政策进行合理的干预，如对产生负外部性的活动征收税费，对产生正外部性的活动提供补贴，对生态系统服务的经济评估有助于评价环境政策的合理性和有效性。生态系统服务的经济量化与否取决于生态系统是否可以在市场上交易，即取决于衡量经济价值构成。森林是一个由生物种群组成的生态系统，任何生物种群的大小和结构都只能估计，不能高精度量化。无论市场是否存在，总体经济价值只能以较高或较低的准确度进行估算，这取决于评估预算。此外，森林生态系统的多功能重要性决定了需要使用不同类型的经济评价原则来实现其自然效益。虽然森林是一个完整的生态系统，但不能通过单一的手段来评估其经济价值。因此，必须将森林生态系统作为资源和服务的整体进行检查，每个资源和服务都要单独评估。目前森林资源生态研究从森林资源生态估值以说明森林资源的重要性向森林生态服务市场发育以促进森林生态价值实现转变。本书主要根据《森林生态系统服务功能评估规范》涵盖的森林资源生态系统服务功能探讨森林资源生态系统服务价值核算。

3.3　我国森林资源价值核算及资产负债表编制实例

为响应对领导干部实行自然资源资产离任审计、推动完善森林资源有偿使用和生态补偿制度、促进地方政府关注生态增长和经济增长的质量、帮助领导干部树立新的政绩观等政策号召。内蒙古、河北、贵州、广东、湖南等省份以及呼伦贝尔、丽水、扎兰屯、湖州等市县政府或森工企业开展了森林资源资产负债表编制的试点工作。

3.3.1 内蒙古自治区森林资源资产负债表编制

作为国家林业和草原局指定的全国首批森林资源资产负债表编制试点单位，内蒙古自治区林业厅牵头组织各单位，根据翁牛特旗3个国有林场2014年会计、统计、业务数据编制了森林资源资产负债表。编制区域内共有林地面积3万公顷，活立木总蓄积量430万立方米，森林覆盖率82.22%。利用已有基础数据进行实地调查和价值计算最终评估区域范围内林木、林地经济价值为3.42亿元，森林生态系统服务价值为11.23亿元，价值总量为14.65亿元。[①] 平均每公顷林木、林地经济价值为11400元，平均每立方米森林蓄积林地、林木经济价值为79.53元。平均每公顷林地、林木生态系统服务价值为37433.33元，平均每立方米森林蓄积生态系统服务价值为261.16元。[②] 编制过程中各部门分工协作，林业主管部门负责编制方案，林业监测规划部门负责实物量调查，业务管理部门负责初始数据登录，林业科研单位负责生态价值核算。通过森林资源调查，获取了有林地、疏林地、未成林地等地类的面积和林木的蓄积量、立地等级、优势树种、郁闭度等详细数据。评估指标体系含涵养水源等8项功能、13类指标。该林业厅借鉴了国家林业和草原局和国家统计局联合开展的"中国森林资源核算及绿色经济评价体系研究"项目研究成果，采用分布式测算法、等效替代法、权重当量平衡法等生态价值计算方法，将实物量信息转化为价值量信息。通过设立一般资产账户、森林资源资产账户、森林生态系统功能账户，建立资源管理部门和财务管理部门的联系，通过账务处理系统、报表生成系统，汇总生成综合资产负债表，

① 东淑华. 内蒙古自治区积极探索编制森林资源资产负债表 [J]. 国土绿化, 2017 (7): 8－19.

② 耿国彪. 自然资源资产负债表在内蒙古林业起航——内蒙古森林资源资产负债表编制纪实 [J]. 绿色中国, 2016 (3): 14－23.

实现森林资源资产的分户核算、动态管理和信息化管理。一般资产账户核算常规财务收支情况；森林资源资产账户核算林木、林地、湿地等资产；森林生态系统功能账户核算森林生态系统服务价值。计算结果显示，森林资源资产账户和森林生态功能系统资产账户金额合计占资产总额比重超过 90%，账户金额远远超过一般资产账户。森林生态系统服务价值是林地、林木总价值的3.3 倍。

在森林生态功能资产账户核算过程中对资源消耗、环境污染损失、避免灾害发生或环境污染而支付的成本等抵减森林资源资产价值。使用市场价值核算森林中发生的自然火灾造成的损失及恢复植被费用开支。此次森林资源资产负债表编制具有以下几个特点：（1）将林业单位的日常核算资产账户信息纳入核算体系中。日常会计核算具有方法的科学性、信息披露的持续性和稳定性，有利于报表编制的持续进行。但将日常财务收支与其他统计数据在报表中汇总是否存在核算口径的差异，以及日常核算信息与森林资源资产负债表特定信息使用者是否具有相关性也值得进一步探讨。（2）将自然资源资产统一到货币层面，借助于货币这一价值尺度将森林资源的各项功能服务的价值完整反映出来。（3）本次森林资源资产负债表的编制未考虑森林资源负债要素，将其作为资产减项处理。（4）国内最早进行了森林资源资产负债表的编制，为其他行业、其他类别自然资源资产负债表编制起到了示范引领作用。

2018 年，内蒙古大兴安岭重点国有林管理局与中国林业科学研究院（以下简称中国林科院）合作完成了辖区森林生态系统服务价值评估及森林资源资产负债表编制工作。评估区域森林面积为 837.02 万公顷，森林覆盖率为78.39%，活立木蓄积量为 103286.41 万立方米，森林蓄积总量为 94080.03 万立方米，每公顷森林蓄积量为 114.49 立方米。森林生态系统服务价值为5298.82 亿元，平均每公顷森林资源生态系统服务价值为 63305.78 元，平均每立方米森林蓄积生态系统服务价值为 563.23 元。根据 1998～2008 年森林资源清查和森林资源生态系统服务价值量核算结果，采用分布式测算方法编制的森林资源资产负债表见表 3 - 6。内蒙古大兴安岭重点国有林区每公顷森林资源生态系统服务价值为 2015 年翁牛特旗清查数据的 1.69 倍，平均每立方米森林蓄积生态系统服务价值为 2015 年翁牛特旗清查数据的 2.16 倍。①较短时间内组织的两次森林资源价值评估结果上存在的差异既可能是方法、评价指标选取不一致造成的，也可能是森林的群落结构、林种、林龄及生长状况不同造成的。此次评估以货币方式直观地呈现了森林生态系统提供的生态产品和服务的价值，阐释了林区由木材生产为主转向生态保护科学发展道路和成效。

表 3 - 6　　　　　　　　　　综合资产负债表　　　　　　　　单位：亿元

资产	期初数	期末数	负债及所有者权益	期初数	期末数
流动资产			流动负债		
营林、事业费支出			应付森林资源资本		
森林资源资产	1785.77	2411.72	应付生态资本		
林木资产	1574.17	1902.71	涵养水源		
林地资产	2115.96	5045.14	保育土壤		
林产品资产		4.50	固碳释氧		
应补森林资源资产			林木积累营养物质		
生量林木资产			净化大气环境		
应补生态资产			生物多样性保护		
生态资产	3755.79	5298.82	森林游憩		
涵养水源	950.16	1341.32	长期负债		
保育土壤	563.37	760.11			
固碳释氧	740.55	1015.59	所有者权益		
林木积累营养物质	175.22	286.12	实收资本		
净化大气环境	549.40	795.82	生态资本	3755.79	5298.82
生物多样性保护	777.09	1090.34	森林资源资本	1785.77	2411.72
森林游憩		4.97	生态交易资本		
提供林产品		4.50			
生量生态资产					
长期投资					
固定资产			所有者权益合计		
资产总计	5541.56	7709.55	负债和所有者权益合计	5541.56	7709.55

　　资料来源：王兵等．内蒙古大兴安岭重点国有林管理局森林与湿地生态系统服务功能研究与价值评估 [M]．北京：中国林业出版社，2020：176 - 180.

---

　　① 王兵等，内蒙古大兴安岭重点国有林管理局森林与湿地生态系统服务功能研究与价值评估 [M]．北京：中国林业出版社，2020.

3.3.2　吉林省露水河林业局森林资源生态价值评估①

　　吉林省露水河林业局在中国林科院指导下进行了所属八个林场的森林资源生态服务功能价值评估。区域有林地面积 115300.33 公顷，森林覆盖率 95.4%，森林蓄积量 21367849 立方米。在评估过程中分别按林场、优势树种、起源种类、林龄确立四级测算单位，最终确定相对均质化的生态服务评估单元 1360 个。森林生态服务指标体系为中华人民共和国林业行业标准《森林生态系统服务功能评估规范》，选取了 7 类 12 项指标。采用森林生态系统连清体系和分布式测算方法，以森林资源二类调查数据和吉林省松江源森林生态系统定位观测研究站的生态连清数据为依据。以 2013 年林业清查数据和价格指数为基准，露水河林业局森林生态系统服务年度总价值为 99.15 亿元，每公顷森林年度价值量为 8.56 万元，每立方米森林蓄积年度价值量为 464.01 元。林产品及林副产品年度价值为 28993 万元，森林资源年度价值总量为 102.05 亿元，每公顷森林年度价值量为 8.81 万元，森林生态系统服务价值占森林资源总价值量的比重为 97.16%。露水河林业局森林生态系统服务价值指标见表 3-7；按类别计算的森林资源生态系统服务功能价值见图 3-3。

表 3-7　　　　　露水河林业局森林生态系统服务功能实物量

项目	调节水量 （亿立方米）	净化水质 （亿立方米）	固土量 （万吨）	保持氮量 （万吨）	保持磷量 （万吨）	保持钾量 （万吨）
实物量	4.74	4.74	382.36	0.95	0.36	7.63
项目	保持有机质量 （万吨）	固碳量 （万吨）	释氧量 （万吨）	林木固氮量 （万吨）	林木固磷量 （万吨）	林木固钾量 （万吨）
实物量	17.84	32.61	79.55	3600.89	610.44	586.82
项目	提供负氧离子数（个）	吸收二氧化硫量（万吨）	吸收氟化物量（万吨）	吸收氮氧化物量（万吨）	滞尘量（万吨）	
实物量	8.79×10^{23}	5790.77	767.33	1425.17	302.11	

　　资料来源：董秀凯，王兵，耿邵波.吉林省露水河林业局森林生态连清与价值评估报告［M］.长春：吉林大学出版社，2014.

---

　　①　董秀凯，王兵，耿邵波.吉林省露水河林业局森林生态连清与价值评估报告［M］.长春：吉林大学出版社，2014.

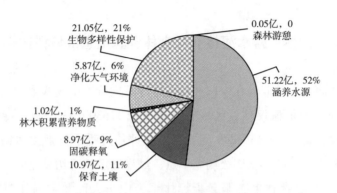

图3-3　露水河林业局森林生态系统服务功能价值量

资料来源：董秀凯，王兵，耿邵波. 吉林省露水河林业局森林生态连清与价值评估报告［M］. 长春：吉林大学出版社，2014.

核算结果显示，露水河林业局森林资源生态系统服务价值与森林面积、森林蓄积成正比。在涵养水源方面，河流径流速度越快森林涵养水源量越低，各林龄树种蒸散量差异导致过熟林涵养水源单位面积最高，幼龄林和近熟林最低。在保育土壤方面，山地发挥生态效益好于平地；优势树种中榆树林单位面积生态效益最高，白桦林最低；林龄增加生态效益呈现下降趋势。在固碳释氧方面，生态效益与优势树种类别决定的林分净生产力有关，云杉的净生产力高于其他林分类型30%~50%；林龄增加生态效益下降；人工林生态效益好于天然林。在积累营养物质方面，不同林分类型林木积累营养物质单位面积价值量有所差异，云杉林最高，榆树林最低；天然林的生态效益高于人工林；林龄与生态效益成正比关系，但过熟林营养元素开始下降。在净化大气方面，林分类型中针叶混交林生态效益最高，落叶松最低；近熟林、成熟林生态效益发挥效果较好。在生物多样性保护方面，对于单位面积价值量指标，混交林高于纯林，乔木高于灌木。此次森林资源生态系统服务价值的计算分类比较全面，方法比较规范，基本形成了一套价值计算的范式，核算中未涉及森林资源负债问题。

3.3.3　扎兰屯森林生态系统综合效益评估与生态资产负债表编制

北京林业大学张颖教授以《森林资源资产评估技术规范（试行）》（1996）

等法规文件为评价依据，主持完成了"内蒙古扎兰屯市森林生态系统综合效益评估及生态资产负债表编制研究"项目，评估扎兰屯市森林生态系统存量和流量经济效益。数据来源于扎兰屯市 2012 年森林资源二类清查数据资料、相关年份国民经济和社会发展统计公报、2011～2014 年政府工作报告、林业局和统计局相关数据和实地调查问卷等资料。2013 年，扎兰屯市森林面积 112.3 万公顷，森林覆盖率67.8%，森林活立木蓄积量 0.61 亿立方米。林种结构以防护林和用材林为主，幼龄林、中龄林比重高。研究运用林地期望价格法按不同林地类型地租平均租赁价格计算林地价值，按造林面积计算林地流量价值；分别采用重置成本法和现行市价法评估幼龄林、中龄林存量价值和成熟林、过熟林存量价值。根据扎兰屯市优势树种和各树种的生长率、蓄积量资料确定的林木生长量及相关林木的立木价格计算林木流量价值。指标计算以 2013 年底结存数据为存量，以 2013 年变动数据为流量。存量和流量指标划分是对 SEEA（2012）核算方法的一种传承，有利于对业务开展情况进行考核，但对于林地指标这种划分意义不是很大，以报告期期末数据作为指标即可，变化数据通过前后两期指标对比而获取。一般情况下，林产品价值体现为期间流量指标，但部分林产品如沙果、榛子、山杏等的价值指标在经济林的价值中已经得到了体现，在存量指标的基础上继续计算流量指标作为整体生态价值有些不妥。各项林产品价值口径应保持一致，流量价值指标不能简单和存量价值指标相加。研究过程中遵循《森林生态系统服务功能评估规范》，计算了扎兰屯市森林资源涵养水源、保育土壤、积累营养物质、净化大气环境、防护、物种保育、固碳释氧 7 大类森林生态系统的生态服务功能价值，相关指标见表 3-8。

表 3-8　　　　　　　　　2013 年扎兰屯森林资源价值估算

类别	内容	存量价值（亿元）	流量价值（亿元）	单位面积价值（元/公顷）	单位蓄积价值（元/立方米）
林地、林木、林产品价值	林地	273.185	0.40	23204.83	—
	林木	154.69	11.297	14078.63	272.11
	林产品	—	221.232	18764.38	—
	小计	427.875	232.929	56047.84	272.11

类别	内容	存量价值（亿元）	流量价值（亿元）	单位面积价值（元/公顷）	单位蓄积价值（元/立方米）
森林生态服务价值	涵养水源		150.85	12794.74	247.30
	保育土壤		605.39	51347.75	992.44
	积累营养物质		0.58	49.19	0.95
	净化大气环境		1386.03	117559.79	2272.18
	森林防护		98.02	8313.83	160.69
	物种保育		89.47	7588.63	146.67
	固碳释氧		2572.15	218163.70	4216.64
	小计		4902.49	415817.64	8036.87
森林社会服务价值	森林游憩		5.47	463.95	—
	森林就业		3.74	317.22	—
	森林科学文化价值		14.02	1189.14	—
	小计		23.23	1970.31	—
合计		427.875	5158.64	437543.68	8308.98

资料来源：张颖等. 生态效益评估与资产负债表编制：以内蒙古扎兰屯市森林资源为例 [M]. 北京：中国经济出版社，2015.

3.3.4　试点地区森林生态效益核算结果评价

上述试点地区严格遵循《森林生态系统服务功能评估规范》，进行了科学的森林资源调查，取得了森林资源连续清查和森林资源规划设计调查数据，开展了森林资源生态价值评估。其中，露水河林业局主要开展了森林资源生态价值评估；翁牛特旗 3 个试点国有林场以及大兴安岭重点国有林区编制的森林资源资产负债表涵盖了森林资源经济价值和生态服务价值；扎兰屯市林区森林资源核算包含了林地、林木经济价值，森林生态服务、社会服务价值。上述区域森林生态系统服务价值评估都是在政府或政府部门的主导下，科研部门提供编制指导，多个部门参与，数据资料较为充分和翔实。露水河林业局提供的生态价值信息未以资产负债表形式来披露。扎兰屯市森林生态效益评估结果形式上以资产负债表展示，本质上并未采用资产负债表架构。大兴安岭重点国有林区编制的森林资源资产负债表格式与翁牛特旗试点国有林场相近，编制的报表形成了一个体系，包括一般格式资产负债表、森林资源资产负债表、森林生态系统服务功能资产负债表、综合资产负债表。综合资产负债表将日常财务信息与森林资源经济价值、生态价值、社会价值评估信息汇总到一张表格中，信息量丰富、全面，但日常财务数据和森林资源生态价值指标编制原理、方法与用途存在较大差异，相关信息整合难度较大。从结果来看，森林资源生态服务价值的绝对值和结构占比存在较大的差异，以每立方米森林蓄积生态价值为例，翁牛特旗 3 个试点林场为 261.16元，大兴安岭重点国有林区为 563.23 元，露水河林业局为 464.01 元，扎兰屯市国有林区为 8336.87 元。存在上述差异的原因是计算过程中的参数及产品或服务价格的使用不同，露水河林业局森林资源生态系统服务价值中涵养水源占比最高达到 52%，固碳释氧占比为 9.05%；扎兰屯森林资源生态服务价值中固碳释氧占比最高达 52.46%，而涵养水源只占 3.08%。翁牛特旗 3 个试点林场森林生态系统服务价值占森林资源总价值量的比重为 76.66%，露水河森林生态系统服务价值占森林资源总价值量的比重为97.16%，扎兰屯市森林生态系统服务价值占森林资源总价值量的比重为95.03%。上述单位森林生态系统生态价值评估对于推动生态效益科学补偿和生态 GDP 核算体系构建具有支撑作用。上述试点地区的森林资源生态系统价值评估结果诠释了绿水青山的巨大价值，彰显了林业的生态地位，数据计算经得起检验具有科学性，评估体系和框架逻辑清晰具有严谨性，为绿色发展提供了决策依据具有前瞻性。森林资源资产负债表是优化经济发展环境的重要途径。

　　我国森林资源资产负债表的编制起始时间较晚，理论研究尚不够深入，实践经验的积累尚不够充分，结构框架和报表项目并未统一，尚未出台森林资源资产负债表的编制方案，非持续、政策导向特征比较明显，编制工作尚未常态化，近几年研究和编制遇到了一些瓶颈，呈现停滞状态。森林资源生态价值评估的合理性，森林资源资产、负债确认和计量的科学性与可行性等问题尚未完全解决。从表 3 - 9 中可以看出我国不同区域的单位面积森林资源生态系统服务价值差异情况，出现差异的原因除地域、林种、林龄的因素外，还有方法、参数等选择的因素。森林资源生态价值核算方法的一致性、规范性还需进一步协调。

表 3 - 9　　　　　　　不同地区单位面积森林资源生态系统服务价值

评估地区	单位面积价值量 （万元/公顷）	资料来源
北京山地森林	4.09	（徐成立，2010）
黑龙江丰林	6.17	（刘林馨，2011）
安徽九华山	18.87	（张乐勤，2011）
黑龙江省	8.98	（王兵，2011）
甘肃小陇山	4.61	（李惠萍，2012）
河北雾灵山	3.55	（张志绪，2013）
重庆缙云山	14.46	（刘勇，2013）
全国	4.09	（第八次森林资源清查，2013）
吉林省露水河林业局	8.56	（吉林林业勘察设计研究院，2014）
内蒙古翁牛特旗国有林场	3.74	（内蒙古林业厅，2014）
内蒙古扎兰屯市国有林区	43.75	（张颖，2015）
吉林省白石山林业局	8.37	（王兵，2015）
内蒙古大兴安岭国有重点林区	6.33	（内蒙古大兴安岭国有重点林区管理局，2018）
吉林省延吉市	5.80	（金学天，2019）
全国	7.28	（第九次森林资源清查，2018）

　　资料来源：董秀凯．吉林生露水河林业局森林生态连清与价值评估报告 ［M］. 长春：吉林大学出版社，2014.

3.4　我国森林资源会计核算现状及存在的问题

　　森林资源核算从核算的主体及发挥的功能可以分为微观核算和宏观核算，微观核算涵盖了林业企业的核算体系，宏观核算涵盖了国民经济核算体系中与森林资源有关的部分。从核算的主导部门及内容可以分为会计部门开展的会计核算，管理部门与营林生产作业部门开展的统计核算，调查设计部门开展的调查业务核算。不同核算形式的侧重点有所不同，会计核算以价值量为主，统计核算价值量与实物量并重，业务核算以实物量为主。森林资源资产负债表的部分数据来源于会计核算信息或在会计核算信息基础上加工得到。因此，森林资源会计核算方法的科学和合理有助于森林资源资产负债表编制工作的顺利开展，信息质量高低将影响资产负债表编制效果好坏。

3.4.1　我国森林资源会计核算现状

我国林业存在森工企业和国有林场与苗圃两个系统，森工企业先后执行《林业会计核算规程》（1950）、《国营森林工业企业会计核算办法》（1981）、《农业企业会计制度》（1993）、《企业会计制度》（2001）、《企业会计准则》（2006）。国有林场与苗圃从 1995 年开始执行《国有林场与苗圃会计制度》，2019 年起执行《政府会计制度——行政事业单位会计科目和报表》。

3.4.1.1　森工企业林木资产核算

目前，国有森工企业会计核算执行的 CAS 5 将核算林木的生物资产分为消耗性生物资产、生产性生物资产和公益性生物资产。消耗性生物资产是指正在生长中或已成熟可销售的产品，如林业企业的用材林；生产性生物资产是指为了生产产品或出租而持有的生物资产，如林业企业的经济林、能源林；公益性生物资产是指以防护、环境保护为主要持有目的的生物资产，如林业企业的防风固沙林、水土涵养林、景观林。

森工企业的林木类资产按照历史成本即取得成本作为入账价值，其中，人工营造的用材林等消耗性林木资产入账价值包括郁闭前发生的直接费用和间接费用。人工营造的经济林等生产性林木资产入账价值包括达到预定生产经营目的和用途前发生的直接费用和间接费用。人工营造的公益性林木资产入账价值为郁闭前发生的直接费用和间接费用。自然生长的林木应当按照名义金额（人民币 1 元）计量。林木类资产成本还包括择伐、间伐或抚育更新等补植林木支出。

森工企业生产性林木资产应当在资产入账后的下一个月开始计提折旧以体现资产的自然损耗和经济损耗。基于谨慎性信息质量要求，消耗性林木资产和生产性林木资产应当每个会计期末进行减值测试，自然灾害或市场需求变化是产生减值迹象的主要原因。目前，森工企业林木类资产在经济价值的核算方面比较全面和完善，但在社会效益和生态效益核算方面基本还是空白。

3.4.1.2　林场林木产品核算

我国国有林场与苗圃（以下简称林场）① 执行政府会计制度后履行政府管理和提供公共产品职责的定位在经费保障和核算制度方面进一步明确。林场等会计主体林木资产的入账价值包括直接营林成本和间接营林成本，其中，育苗、造林、抚育、林木和苗木管护等各种支出构成直接营林成本，并按"消耗性林木资产""生产性林木资产""公益性林木资产"进行明细核算以分类反映不同用途的林木资产。林场在林木采伐、自主出售成品苗木或因自然灾害等致使林木资产发生损毁时应结转林木资产的账面余额。生产性林木资产应在达到预定使用状态后按期摊销。林木资产报经批准有偿转让时，收到的价款扣除相关费用后的差额，按规定上缴财政或纳入预算形成单位收入。单位计提的育林基金可用于造林、森林抚育及相关基础设施建设和设备购置等活动支出。

3.4.2　我国森林资源会计核算存在的问题

资产负债表作为一种会计核算方法应遵守会计核算规则与政策，其项目金额来自日常会计核算，但林业系统会计核算存在的缺陷与不足导致会计信息质量低下，不能满足信息使用者的需要，束缚和制约了森林核算领域资产负债表功能的发挥，无法实现森林资源资产负债表编制目标。长期以来，我

---

① 林场是指不以营利为目的、独立核算的公益性事业单位性质国有林场和苗圃。

国各类、各级林业机构和组织职责定位不够清晰，会计核算滞后。既不能满足自身业务活动发展的需要，也不能满足社会经济发展对林业单位会计核算提出的新要求。20 世纪 90 年代以前，林木资源未纳入森工企业资产核算范畴，林业系统的财务和经营状况无法得到准确体现，账实不符现象较为严重，资产监督与管理无法实现（雷艳丽，2018）。

3.4.2.1　确认和计量手段较为单一

我国森工企业与国有林场的会计核算长期游离于主流会计核算体系之外，在会计基本概念、基本理论、核算方法方面存在着较大的缺陷。森工企业长期参照制造业会计工作模式，在会计核算体系中对林木资产的确认强调经济利益，对于不能带来经济利益或者天然滋生的公益林、生态林确认和计量缺少依据与方法。在政府单位会计制度中不同主体对森林资源的核算并不相同，林场等单位可以设置林木资产反映森林资源，对其确认虽不再强调必须产生经济利益，能够产生服务潜力也可，但对服务潜力的理解和认识是一个发展的过程。在林木资产的计价方面，用材林、经济林、防护林、能源林、特种林等林木资产账面价值仍以历史成本为主，体现为累计成本。在非林业系统，作为景观、园林等的林木资源一般通过固定资产、公共基础设施等项目核算，计价方面存在着与林木资产类似的情况。林木消长变化只能靠资源清查抽样估算，林木资产无法准确计量，核算难度很大，导致对林木资产的核算并不全面，成本无法反映林木资产的实际价值。

3.4.2.2　核算体系不健全

目前，涉林主体森林资源核算工作流程设计不合理，负责进行价值核算的会计部门与负责统计核算的资源管理部门及负责业务核算的调查设计部门在工作中缺少衔接和配合，存在信息孤岛现象，统计数据和业务数据不能在会计核算中合理地运用。目前，主要依赖森林资源资产评估进行森林资源价值计量，日常会计核算无法提供较为全面的价值指标。森林资源核算主体之间的信息传递与共享缺少制度保障与措施，森工企业、其他类别企业、国有林场、政府及相关职能部门等主体涉林业务处理存在差异，有的作为流动资产，有的作为费用，有的作为非流动资产。政府综合财务报告和政府部门财务报告对森林资源的价值核算不够全面和完整，缺少能够将森林资源全面、完整反映的信息披露平台。目前，国务院每年编制的涵盖全民所有土地、矿产、森林、草原、湿地、水流、海洋等自然资源资产的国有自然资源专项报告只提供实物量数据，而企业、金融、行政事业等单位国有资产按货币计量，无法实现计量手段的统一。林权制度改革还在不断深入中，森林资源归属于不同的产权主体。不同主体对森林资源的核算方法并不相同，导致森林资源价值量信息因口径不同而汇总困难。森林资源三类调查中，一类清查在各省份滚动展开，每5年循环一次，导致此类清查信息量较为滞后，不同年度的清查结果在全国层面汇总信息并不具有口径上的一致性，基于实物量清查结果测算的价值量计算也会出现差异。在计算价值量的过程中，计量手段和方法的不稳定性也会导致结果产生差异。

现行森工企业在基本业务核算和天保资金核算中使用的会计核算方法不同，在会计账簿、会计报表以及核算体制方面差异较大。基本业务核算采用企业会计核算办法，天保资金则一直按事业单位会计核算。随着天然林的全面禁伐，森林抚育和保护成了某些森工企业的主要业务，采伐森林资源的会计核算工作已所剩无几，天保资金会计核算业务量比重不断上升，天保资金相关业务在企业整体业务中的比重不同决定了其分属于经常性业务或是非经常性业务。此外，由于各项财政资金要求专款专存，分别进行账务处理和报表编制，形成了一个会计主体、多个会计核算制度和会计核算方法并存的局面。林场生产性林木资产的摊销直接冲减林木资产账户余额，无法将生产性林木资产的原值和净值分别体现出来。

3.4.2.3 生态价值尚未纳入核算体系

价值核算是森林资源核算不可缺少的一个方面。目前，林业企业森林资源会计核算尚不能将现有资源价值全面和完整反映出来，人工培育的林木资产按实际成本入账，天然起源的森林资源按名义金额入账，符合条件也可以按公允价值计量，公允价值主要以经济价值为基准，应用并不普遍。随着森林资源在生态文明和绿色发展中越来越受到重视，森林的生态价值日益引起人们的关注。目前，各级森林资源清查过程中对森林资源生态价值的实物量核算已经开展，但在实物量转换成价值量的过程中一些生态产品或服务尚无法准确地计量。森林资源的生态价值和社会价值的价值量体现没有权威性的标准，生态价值及其构成指标尚不规范，一些地方所使用的森林资源价值核算方法并不统一，单位面积价值量差异较大，不能得到业界的普遍认可。

3.4.2.4　公益林价值失真

林场公益性林木资产按取得成本核算，从经济价值角度考虑这些投入属于沉没成本，无法反映其在社会经济发展中的作用。国有森工企业执行的生物资产准则规定天然起源的林木资产（主要针对公益性林木资产）可按名义金额核算。林场执行的政府会计制度也规定资产可以采用名义金额（人民币1元）计量。虽然名义金额本身不是说明林木无价，而是其计价的准确性无法保证情况下的一种权宜之计。但从会计信息披露的效果来看，没有附注说明，无法反映其社会价值和生态价值，信息使用者会误解公益林的真实价值，所以其在生态文明建设中发挥的独特作用被掩盖，无法以价值量反映生态文明建设成果，林木分类差异导致价值计算结果差别较大。在有些情况下，森林资源的经济价值、生态价值是冲突和矛盾的，生态价值的体现往往是以经济价值的牺牲为代价的，如生态公益林一般不做皆伐，间伐和择伐也有严格的限定，放弃经济效益最大化，一旦通过砍伐出售实现了经济价值，生态价值和社会价值就不存在了。因此，从会计角度来看，持有资源的目的决定了价值的实现方式，但现有的核算体系中这种差异尚不能很好地体现。

3.4.2.5　信息披露不充分

林场执行政府会计制度，核算信息纳入政府综合财务报告体系，进而融入国家资产负债表体系，最终服务于国家治理体系。执行政府会计制度的林场苗木资产和消耗性林木资产以及生产性林木资产和公益性林木资产在报表中未做区分，无法通过报表全面了解和掌握林木资产信息。政府会计制度补充规定要求林木资产项目按营林工程、生产性林木资产、公益性林木资产等科目期末余额计算填列，未能区分已竣工项目和未竣工项目，未能在资产负债表中将生产性林木资产的原值体现出来。虽然规定林木资产可以按市场化的公允价值计量，但在实践应用中限制条件很多，只有在特殊情况下才采用公允价值计量模式。且这种公允价值的确定方式基本以经济价值为基准。在政府部门财务报告和政府综合财务报告的资产负债表正表中没有单独列报林木等自然资源资产，只是在报表附注中披露自然资源资产的种类和实物量信息。

会计核算质量的提高对森林资源资产负债表的编制起到很好的推动和促进作用。目前，森林资源日常核算对森林资源资产负债表编制的作用还不是很大，存在"两张皮"的现象，账是账、表是表，主要是通过业务、统计、评估等数据编表，直接来自会计账目和报表的数据较少，会计信息质量不高，可预测价值较低。如果会计核算体系健全，核算方法改进，资产、负债核算完整、全面，公允价值得以广泛应用，将来可以将会计核算数据作为编制森林资源资产负债表的基础，通过林业清查来进行数据的校对和调整，形成常态化的机制，提高日常核算的准确性和简化森林资源资产负债表的编制流程。

森林资源日常会计核算存在的上述问题导致其提供的信息不能够满足森林资源资产负债表编制需要，两者之间存在的信息壁垒使得森林资源资产负债表的编制只能更多地依赖于统计调查、业务清查以及资产价值评估等提供的信息。森林资源资产负债表的进一步应用和推广要求编制能够实现常态化，需要森林资源日常核算提供更多满足报表编制需要的高质量信息。应加快建立森林资源核算规则，完善森林资源核算办法。

3.5　本章小结

首先，介绍了世界和我国森林资源发展现状，提出了森林资源保护具有现实性和紧迫性。其次，分析了森林生态系统服务功能种类及所能提供的服务价值。再次，总体介绍了我国森林资源资产负债表编制的试点情况，并对内蒙古自治区翁牛特旗 3 个国有林场及大兴安岭重点国有林区、吉林省露水河林业局、内蒙古自治区扎兰屯市等试点编制单位的森林资源资产负债表进行了分析。最后，分析了我国森林资源核算的现状，总结了我国森林资源会计核算存在的问题，指出现有的森林资源会计核算不能满足基于绿色发展的信息需求。本章为后续章节的研究做好了准备，打下了基础。

第4章

基于绿色发展的森林资源
资产负债表制度机理

　　绿色发展理念要求人类社会更加注重良好环境与自然资源节约、高效使用，引导和促进国家治理体系不断更新与完善，发挥更多功能，产生更大能力。自然资源信息能够为国家治理提供决策支持与绩效评价，在国家治理体系中的地位与作用不断提升。资产负债表作为传统财务报表体系的核心，因具有强大的信息披露功能已广泛应用到国家治理体系的各个方面，在经济、政治、生态等领域发挥作用。国家治理体系的推进需要构建良好的制度环境。资产负债表作为治理体系下的一种制度安排，能够满足不同制度环境下的信息披露机制和要求，可以成为自然资源信息披露工具和平台。目前，国家治理体系中自然资源信息披露机制包括国家资产负债表、政府资产负债表、企业或单位资产负债表、自然资源资产负债表。国家资产负债表的研究持续多年，但目前尚未以官方名义对外发布。政府资产负债表、自然资源资产负债表也都处于试编、信息仅供内部参考使用阶段。自然资源资产负债表作为绿色发展理念下反映自然资源存量状况的专门报表在自然资源信息披露方面起到不可替代的作用。森林资源从属于自然资源，在信息披露方面遵从自然资源信息披露要求。鉴于森林资源在国家各项治理体系的制度安排中尚未单独进行信息披露，包含森林资源在内的自然资源资产、负债信息披露机制与制度安排构成了森林资源资产负债表的制度机理研究内容。

4.1　财务报告自然资源信息披露制度安排

4.1.1　企业财务报告自然资源信息披露机制

人们对资产概念的理解和认识是一个不断深入的过程，在严格的环境保护政策下，企业为了治理生产过程中产生的有害物质，需要投入环保设备，表面看起来这些环保设备不能创造价值，但因成为特定产品或服务价值创造的必要条件，在符合资产确认条件时应确认为一项资产。国外会计学界对资源性资产价值计量的研究主要集中于资产的确认、计量以及列报。目前，与自然资源核算有关的会计准则主要有《国际财务报告第 6 号——矿产资源的勘探和评估》（IFRS 6）、《国际会计准则第 41 号——农业》（IAS 41）、美国《财务会计准则第 19 号——石油天然气生产公司的财务会计与报告》（SFAS 19）、美国《财务会计准则第 69 号——有关石油天然气生产活动的揭示》（SFAS 69），中国《企业会计准则第 5 号——生物资产》（CAS 5）、中国《企业会计准则第 27 号——石油天然气开采》（CAS 27），分别就某些特定的自然资源开采、勘探、培育等业务的会计核算进行了规范。中国《企业会计准则第 30 号——财务报表列报》（CAS 30）及相关具体准则规定只有通过有偿方式取得的矿产、森林、土地等自然资源纳入资产核算范围。其中，符合 CAS 30 确认条件的有生命的动物、植物计入生物资产；矿产资源勘探权及土地资源使用权计入无形资产；申请取得石油、天然气矿区权益支付对价，并及相关设施计入油气资产；已收获或已开采的可以对外销售的木材、粮食、果蔬、牲畜、水产品、煤炭、石油、天然气、矿石等计入存货；项目勘探及评价开支（包括购买探矿权证发生的成本）具有技术和商业可行性确认为勘探及评价资产；观赏性植物、役用动物等可计入固定资产；预付矿区前期支出计入其他非流动资产。随着人们对自然资源认识程度的不断深入，勘探、开采、使用技术的不断提升，自然资源的经济价值越来越得到市场的重视和认可，计量方法不断改进，能够确认和计量的自然资源将更加丰富。

企业会计核算中与自然资源直接相关的负债并不多，自然资源负债在微观层面的核算往往和环境负债一并考虑，如石油、煤炭、矿产、核电等企业计提环境污染整治费用、复垦地面及矿井相关估计支出、资产弃置治理支出等计入预计负债。

目前，企业对自然资源核算并不全面和完整，自然资源资产计量仅限于经济价值。未开采的石油、天然气以及各种矿产资源仅以取得勘探、开采权益支付对价计入相关资产成本，资源本身所具有的内在价值并没有体现。未支付对价或尚未确定权益主体的自然资源并未确认为资产。具有生态价值、社会价值以及以防护、环境保护为主要目的的防护林、特种林等公益性林木资产价值量信息在财务报告中要么没有体现，要么仅以名义金额体现。一些上市公司仅通过财务报表附注、社会责任报告、可持续发展报告、环境报告等方式披露与自然资源生态价值有关的实物量信息。负债方面仅是体现了部分与自然资源保护或恢复的相关支出，一些未来不确定性支出项目还没有被确认和计量。

企业财务报告信息是国家资产负债表的组成部分。国有企业财务报告信息构成了政府综合财务报告的内容。为更加科学、准确、全面反映自然资源信息，需进一步规范自然资源在企业财务报告中的列报，设置自然资源资产项目，核算自然资源价值量信息。基于营利组织与公共部门的职能差异，自然资源资产、负债的概念应分别遵循中国企业会计基本准则 IASB 概念框架与中国政府会计基本准则以及国际公共部门会计准则理事会（IPSASB）概念框架对资产、负债的界定。营利组织自然资源资产是指由主体控制的，能够带来经济利益的自然资源。会计主体对自然资源的控制权体现为围绕自然资源产生的占有、使用、收益、处置等方面的权利。在自然资源属于国家所有的情况下，企业会计主体没有自然资源的所有权，因此，资产的确认不强调所有权。根据自然资源自身属性与持有目的差异，自然资源资产可分为消耗性自然资源资产、生产性自然资源资产、循环性自然资源资产。消耗性自然资源资产核算可再生自然资源如植物、动物等以及不可再生自然资源如化石能源、矿产等。生产性自然资源资产是指通过繁殖、一定期间内重复生长创造价值的可再生自然资源，如植物、动物等。在现有环境体系下，水资源、空气资源等能够循环往复使用的自然资源称为循环性自然资源。生产性自然资源可以采用成本模式或公允价值模式进行后续计量。成本模式下自然资源应按合理的方法进行折耗，并根据未来创造价值的变化情况计提减值准备。公允价值模式下自然资源资产期末按公允价值计量，公允价值与账面价值的差额计入当期损益。对于能够产生经济价值的循环性自然资源按支付的对价计量，期末按成本计量，不涉及折耗等问题。考虑现有企业目标主要为追求以经济效益为核心的企业价值最大化，为确保信息传递的可比性、持续性，更好地满足信息使用者的需要，自然资源资产生态系统服务价值量信息也可暂不列入财务报表正表，以报表附注形式披露或在社会责任报告、环境报告以及未来可能出现的经济、社会、治理（environment，social and governance，ESG）报告中列示。

4.1.2　政府资产负债表自然资源信息披露机制

4.1.2.1　政府自然资源资产和负债信息披露范围

美国联邦政府会计准则咨询委员会（FASAB）于 2000 年发布的《讨论稿：联邦政府自然资源会计》指出，自然资源是指在自然界发生的（包括可再生与不可再生的自然资源），联邦政府对资源的勘探和开发可以行使主权权利，有权从资源的使用中获取收入，联邦土地上的资源或者联邦政府实质上管理或控制的资源。自然资源能够帮助政府公共部门发挥服务潜能，履行社会职能，创造社会效益，实现经济文明、社会文明、生态文明，其经济价值、生态价值、社会价值核算使自然资源的供给、环境承载、生态服务基础性功能得以体现。自然资源创造的生态价值是各类主体服务潜力提升的一种表现形式，在追求生态文明的时代背景下，这种生态价值对政府服务潜力提升作用更加明显。

我国矿产和水资源属于国家所有，土地、森林资源属于国家或集体所有。各级政府代表国家使用、管理自然资源，相应地产生向国家权力机关披露自然资源信息的义务。政府通过收取土地出让金、矿产资源补偿费、水资源费等实现自然资源有偿使用，将收取的款项纳入公共财政体系。自然资源有偿使用说明其能够给政府公共部门带来经济利益，满足作为资产核算的条件。政府宏观层面的自然资源核算，应纳入政府会计核算体系，政府及其组成机构应成为自然资源核算的主体。自然资源资产、负债应按政府会计准则确认和计量。

长期以来，对于政府负债核算范围，理论界并未形成共识，相关法规制度较为滞后，适用于政府决算报告的收付实现制不能科学、完整、准确地对政府债务确认、计量、记录和报告，政府债务数据不够全面，不同部门提供的政府债务信息口径不尽一致。随着社会的发展与进步，政府治理国家和地方的难度更大，社会公众对政府的期待和要求更高，为履行不断增加的社会管理与公共服务职能，政府债务规模不断增长。全面披露政府债务信息，有助于政府会计信息使用者获取充分和高质量信息；了解各级政府的债务规模与风险，评价政府偿债能力，有助于政府相关部门加强政府债务风险防范与预警。政府履职过程需要承担和面对的不确定事项越来越多，如企业对周边环境造成了损害，在责任方无力承担时，政府最终要为环境治理买单。为保护水源地，政府将水源地周边林木划为公益林，禁止采伐，需要给林木的所有者一定的补偿，这种补偿的金额会随着整个社会生态环保意识的增加而增长。我国政府资产负债表中已经设立预计负债项目反映具有不确定性的或有事项。随着政府会计核算规则对不确定性事项的信息披露方法和手段逐步健全，越来越多与自然资源有关的负债将纳入表内核算或通过报表附注披露。

4.1.2.2 政府资产负债表自然资源信息披露现状

政府所处公共环境决定政府会计改革的轨迹和方向（Day，2009）。随着时代的发展，政府在经济社会生活中发挥着越来越重要的作用，在这种情况下，对公共部门资产的认定范围进行扩展是大势所趋。我国政府关注民生，注重自然资源、环境等与民众生活质量密切相关的领域，致力于构建和谐社会，努力实现中华民族伟大复兴，积极建设生态文明。上述目标的实现，政府需要依赖全面、完整、准确、及时的信息作出科学的预测与决策。2018 年3 月，全国人民代表大会通过的政府机构改革方案在减少政府组成部门的背景下，通过设置自然资源部、生态环境部强化政府对自然资源与环境的管理职能，自然资源与环境保护工作日益得到重视。目前，民主、法治观念和生态意识已深入人心，民众参与政府决策以及监督政府行为的意愿更加强烈，对公开、透明政府信息需求更加急迫。服务型、管理型和绩效型政府需要建立包括自然资源开发与利用的政府绩效评价体系。基于政府宏观管理信息需求，政府综合财务报告、国家资产负债表的编制提上日程。

在政府综合财务报告中反映政府控制各项资源及承担各项债务情况的是资产负债表。[①] 近年来，中央和地方政府债务不断得到清理与规范，各级各类行政事业单位国有资产进行了全面的清查，为政府会计改革及综合财务报告编制打下了基础。在借鉴美国联邦政府综合财务报告和国际公共部门会计准则经验基础上，我国政府会计理论研究和实践活动也取得了一定的成果，政府会计改革不断深入。但由于诸多因素的影响，截至 2021 年底，政府综合财务报告仍处于试编阶段，各级政府编制的政府资产负债表尚未对外公布。

2018 年，财政部发布的《政府部门财务报告编制操作指南（试行）》《政府综合财务报告编制操作指南（试行）》规定了政府综合财务报告的格式、内容及编制方法，明确了报表项目，特别是资产项目的完善和上下级政府之间以及同级政府各预算单位之间财务数据重复事项的抵消处理。但政府部门资产负债表和政府资产负债表主表没有单独列示自然资源资产信息，仅在报表附注中要求披露政府部门管理的重要自然资源资产的种类和实物量等信息。政府资产负债表的进一步推广有赖于政府会计、国有资产管理、政府绩效评价与考核等制度的完善，在相关配套政策和措施不完善的情况下，我国政府综合财务报告体系构建不可能一蹴而就。自然资源资产和政府隐性债务的确认和计量是未来一段期间需要解决的主要问题。

我国政府会计基本准则为政府会计核算体系建立打下了坚实的理论基础，对自然资源核算进行了要素界定，首次提出自然资源资产是政府资产的组成部分。2017 年发布的《政府会计制度——行政事业单位会计科目和报

---

① 2010 年，我国政府启动了权责发生制政府综合财务报告试编工作。

表》因"自然资源资产的核算范围和计量问题十分复杂,相关研究还在推进之中",没有将自然资源资产单独列示。① 上述表态可以理解为:一是自然资源确认为资产应该没有异议;二是自然资源如何确认和计量比较复杂,目前从会计上尚未找到合适的方法和手段;三是自然资源的确认和计量正在研究中,待未来条件成熟时将纳入表内核算。

目前,自然资源的勘探储量、公允价值、勘探和开采成本等的确定还存在障碍,经济价值信息尚无法完整地表达出来,森林、湿地、沼泽等自然资源的生态价值和社会价值短期也难以准确计量,有些自然资源的生态价值和社会价值还在不断探索和研究中。自然资源负债的缺失导致自然资源资产的取得途径或来源渠道无法准确界定,无法形成真正意义上的自然资源资产负债表。结合和借鉴我国政府会计基本准则和 IPSASB 概念框架对资产的界定,政府层面自然资源资产是指由政府或其他公共部门控制的,能够带来经济效益、生态效益或增强服务潜力的自然资源。自然资源资产的确认条件为:一是可能带来经济效益、生态效益或服务潜力;二是金额能够可靠地计量。其计量属性可以为实际成本、重置成本、公允价值、现值、可变现净值、名义金额。在日常账务核算中可以考虑按名义金额对资产计价,名义金额计价能够在资产管理与控制方面发挥作用,但在编制报表时名义金额是没有意义的,应将名义金额计量的自然资源资产转换为其他计量属性。在以追求企业价值最大化的企业财务报告中仅需自然资源所带来的经济价值,在以追求社会价值和生态价值最大化的政府综合财务报告和自然资源资产负债表中除考虑自然资源预期可实现的经济价值,还应考虑自然资源潜在的经济价值,并至少要考虑部分生态价值。

自然资源资产入账价值应包括自然资源取得成本或能够实现的经济价值及提升主体服务潜力所带来的价值,取得成本一般为达到预定用途或预定可使用状态前发生的各项支出,如通过自然资源交易场所挂牌交易方式有偿取得的土地、森林、水域等自然资源使用权或矿产资源勘探权等支付的价款。一些自然资源在开发之后需要后续的环境治理与还原,确认的弃置费用也应

① 财政部会计司负责人就政府会计制度发布答记者问。

计入自然资源资产价值。在自然资源持有期间发生的各项维持与保障支出应分配计入其受益对象成本，如受益对象不明确，可以计入费用。对于提升自然资源价值的各项支出可以资本化，在自然资源达到预定可使用状态或预定用途所发生的专门借款利息费用可以资本化。站在政府角度，自然资源负债是指为自然资源价值的实现或提升到预定目标将要发生的各项支出。自然资源负债是一种间接负债，自然资源本身不能成为一个债务主体，自然资源负债实际上是人类基于对自然资源的使用而给予的一种补偿，这种补偿维持着自然资源生态系统的平衡。自然资源负债的确认条件应满足：一是在国际法律、条约或本国法律、规章规定与约束下的现时义务，经济利益可能流出；二是能够可靠地计量。为实现或达到法律、法规要求或遵守自身承诺而预计付出的环境治理支出应确认为一项负债。

我国政府资产负债表中没有单独列示自然资源资产，但在其他资产项目中包含了一部分自然资源。例如，将动植物分别列示为库存物品和固定资产，这里的动植物主要是政府相关部门种植、饲养用于科学研究、公众观赏等动植物资源；将林木和苗木的生产成本计入存货；将活立木资产和苗木资产的累计成本计入林木资产。① 这些资产的计价金额也仅仅以开发和使用成本即获取资源所支付的对价确定，这种对价与自然资源自身的价值关联度不大，不是资源本身所能创造的价值。根据资产的定义，资产的计价金额应该体现为其所能实现的价值，实际成本为什么能作为资产的计价金额，主要基于以下三个方面的考虑。一是取得成本对于资产的出售方而言是处置价格，价格是价值的表现形式，从交易的时点看这种成本能够体现交易时点资产价值。二是体现了等价交换原则，在市场经济体制下，交易遵循公平、等价原则，资产的取得方所支付的对价应为自身角度所认可的资产的价值，资产的出售方收到的对价应为自身角度所认可的资产的价值。三是支付对价是客观的，能够如实反映交易发生时双方所认可的价值。资产高度私有化的美国，联邦政府掌控了全国近30%的土地，作为预留土地体现在联邦政府合并财务报表（即综合财务报告）中，在这些土地中与森林资源有关的超过50%。

---

① 关于国有林场和苗圃执行《政府会计制度——行政事业单位会计科目和报表》的补充规定。

这些土地资源也只是按成本计价，甚至相当一部分因通过战争等方式取得，形式上没有花费任何代价，取得成本为零。① 政府会计对于自然资源及环境保护的各项开支一般并没有通过负债体现，而是在发生支出的期间直接计入费用。

4.1.2.3　政府资产负债表自然资源信息披露发展趋势

为了实现党中央提出的绿色发展目标以及履行对国际社会作出节能减排的庄严承诺，我国政府正在大力发展水能、风能、太阳能、潮汐能、生物质能等可再生清洁能源，力争 2030 年非化石能源比重达到 30%。目前，清洁能源的生产成本还高于传统能源，政府只有对这些清洁能源的生产给予财政补贴才能使之继续生存，才能通过规模效应和技术进步降低成本。从成本角度看清洁能源资产价值高，传统能源资产价值低，从能源使用价值看两者之间没有差异，考虑环境保护因素，传统能源对环境的负面影响远大于可再生清洁能源，需要我们投入大量的财力和物力去治理。因此，传统能源的低成本往往伴随着环境治理的高负债，这些信息也应该在政府资产负债表中有所体现。

目前，国际公共部门会计准则（IPSAS）已不再强调资产的经济利益或服务潜力很可能实现，对自然资源资产的核算提供了更加广阔的空间。企业对自然资源的控制是通过购买、租赁、承包等方式实现的，政府对自然资源的控制除上述方式外还可以通过法律法规赋予无偿取得。政府资产负债表中列示的自然资源资产包括政府和国有企业控制的自然资源，这就要求政府与企业在自然资源资产的计价方面应采用相同或相近的方法。在自然资源资产核算范围方面也有不同的观点，有观点认为自然资源资产的核算应仅限于几种特定的自然资源，也有观点认为应将全部自然资源纳入资产核算范围。目前，将全部自然资源纳入资产核算范围并不现实，遵循先易后难的原则，可将在未来期间变现和出售的具有商业价值的自然资源确认为自然资源资产，待时机成熟时再将经过开采、挖掘、采集、饲养、培育、砍伐等方式能够获

---

① 美国会计总署首席会计师菲利普·凯特 2002 年在中国北京讲座内容。

得经济价值的所有自然资源确认为自然资源资产。我国官方发布的自然资源资产负债表编制试点方案中自然资源资产只核算土地、林木、水、矿产四项自然资源。在对自然资源进行核算时还要考虑持有自然资源的目的和意图，为了公益目的而控制的自然资源经济价值的核算意义不大。应积极探索生态价值表内核算，规范具有生态功能的自然资源的种类以及生态功能的类别。从生态功能效益明显的森林资源入手，逐步增加生态系统服务价值核算类别，逐步扩大纳入表内核算生态系统服务价值的自然资源种类。自然资源具有的经济价值和生态价值应分别确认，提供的经济功能和生态系统服务功能的实物量应在表内完整和全面体现。在自然资源生态系统服务价值不能满足表内核算的情况下，作为一种过渡安排，可以将自然资源的生态系统服务价值在表外披露。目前，围绕自然资源资产账户设置与主体资产负债表项目列示不能完全对应，根据自然资源日常核算资料编制报表需要进行调整。

自然资源生态系统服务价值的体现与公民的生态意识、政府的生态保护政策、生态价值核算技术、国家环境损害程度、社会物质财富规模、自然资源生态功能挖掘程度等有密切的关系。公民的生态意识越强，对自然资源提供的生态产品和生态服务的认可程度就会越高，愿意支付的对价就会越多，自然资源生态价值相应地提升。人们使用了自然资源提供的物质产品，意味放弃了其提供的生态产品和生态服务，机会成本会相应增加。政府对生态保护法规、政策越严格，破坏环境与消耗自然资源支付的罚款与补偿也会越高，这些罚款、补偿作为自然资源生态产品和生态服务价值的替代时会提升生态价值。自然资源的生态价值核算技术越先进，生态价值核算的准确性、完整性、全面性越能够体现，对信息使用者而言更有意义，愿意接受和使用生态价值信息。目前，我国自然资源资产核算未纳入政府资产负债表很大程度上与核算技术不过关有关。国家所面临的环境损害程度提高，社会公众对环境与自然资源保护意识会逐渐增强，促使政府加大环境与生态保护力度，出台环境与生态保护政策，从而推动自然资源生态价值核算技术的改进和提高进而提升生态价值。物以稀为贵，环境的破坏、自然资源的匮乏会引发公众对良好环境与自然资源生态产品的渴望与追求，从而提升自然资源生态价值。当社会物质财富积累到一定规模，公众的温饱问题已经解决，人们开始关注自身的生存质量与社会问题，对环境保护日益重视，愿意付出更多的精力和金钱换取生态产品和服务。当社会公众知晓的自然资源的生态功能越多，与人类社会发展关系越密切，自然资源生态价值的认可程度越高，生态价值提升的空间越大。

4.2　国家资产负债表自然资源信息披露制度安排

4.2.1　国家资产负债表的基本结构

资产负债表反映特定主体资源配置、资本结构、债务负担状况，所依据的会计等式具有永久的平衡性以及内在逻辑关系的合理性，反映了主体拥有或控制的资源规模和结构，以及这些资源的来源渠道或取得途径。20世纪中叶，歌德史密斯（Goldsmith）将资产负债表的财务风险评估等功能应用到国家治理层面并进行了分部门以及综合国家资产负债表编制工作。国家资产负债表反映了某一特定时点整个国民经济资产和负债的总量规模、分布、结构和国民财富及总体经济实力的状况和水平（曹远征和马俊，2012）。按照编制主体所属经济部门的不同，国家资产负债表分为政府、居民、非金融企业、金融机构、对外部门五个子表。自然资源是其中不可或缺的项目，是政府偿还债务的资金来源渠道之一。有些国家政府通过授予特定对象自然资源的所有权、开采权、使用权、勘探权、采伐权获取收益，维持财政收支平衡。国外并无"自然资源资产负债表"这一提法，但在"自然资源核算""国家资产负债表"等相关领域的理论研究与实践应用已进行了较长时间探索。自然资源在宪法中的公有产权属性决定了其作为非金融资产在国家资产负债表中的重要地位。自然资源资产负债表是编制国家资产负债表的基本前提和重要构成，两者存在包含与被包含、汇总与分类的关系。

支撑人与自然和谐发展的 ESG 机制越来越引起人们的关注，逐渐从自愿披露向强制披露转变。国家资产负债表是推进国家治理体系和提高治理能力的重要举措和制度安排，自然资源资产负债表是我国推进国家治理体系和治理能力现代化在生态文明建设领域的具体落实。包括森林资源在内的自然资源资产负债表体系提供的宏观治理信息越充分、越完善、越连续，就越能将自然资源资产负债表从"微观"推向"宏观"，不断推动国家治理体系和治理能力的现代化。目前正在推进的 ESG 信息披露制度构建离不开包括森林资源在内的自然资源信息的全面、科学、准确地生成与传递。

李扬、曹远征和马俊等学者为了衡量和评价政府的债务规模是否在合理的范围，政府可以用来偿还债务的资源规模与结构，从 2012 年开始对国家资产负债状况及国家资产负债表进行研究。编制国家和地方资产负债表可为提高宏观调控科学性和有效性提供信息服务和决策保障，已成为一项国家战略任务。① 目前，国家资产负债表中列示政府所拥有的资源性资产仅限于国有建设用地资产，其他自然资源尚未纳入。马俊（2012）将三年的土地出让收入之和作为土地储备价值。李扬（2020）在其报告中将国土资源（不含油气矿产资源）的现实总价值按未来一定时期从国土资源中获取的净产出（总收益扣除成本费用，即资源租金）的折现值之和计算，没有对耕地、草地、林地等不同资源收益进行详细分类。马俊通过研究给出的 2010 年土地储备指标值为 5 万亿元，占国家总资产 358.3 万亿元的 1.40%，李扬在报告中给出同期土地储备指标值为 44.34 万亿元，占国家总资产 468.65 万亿元的 9.46%。② 两份报告中对土地资源价值的列示金额差距较大。截至 2021 年底，我国国家资产负债表的编制工作仍处于理论探讨和实践探索阶段。

在编制国家资产负债表过程中企业资产负债表、银行资产负债表、国际投资头寸表等数据来源较为稳定和可靠，居民资产负债表利用现有统计数据基本能够满足需求，政府资产负债表数据弹性很大。已编制的国家资产负债表中环境整治等政府隐性负债以及自然资源资产价值尚未全面列报，净资产

---

① 党的十八届三中全会通过的《中共中央关于全面深化改革若干重大问题的决定》将编制国家和地方资产负债表作为一项国家战略任务。2017 年 6 月国务院办公厅发布的《全国和地方资产负债表编制工作方案》推动国家和地方资产负债表编制进一步开展。

② 此为广义土地资源价值，狭义的用当年土地出让金收入替代，两者差异巨大，从理论上前者更合理，符合资产的确认和计量条件，也是联合国等国际组织等采用的方法。

均未作分类只是一个差额指标。自然资源核算工作深入开展能够推动政府资产负债表和国家资产负债表编制工作迈上一个新的台阶。不考虑自然资源状况编制国家资产负债表是没有意义的，不体现森林资源在国家经济社会发展中发挥作用的国家资产负债表是不完整的。

4.2.2 SEEA—EA 体系框架

《环境经济核算体系——生态系统会计》（*System of Environmental-Economic Accounting—Ecosystem Accounting*，SEEA—EA）白皮书提出在编制纳入国民账户体系的国家资产负债表基础上增加包含自然资源环境资产内容的扩展资产负债表。SEEA—EA 虽没有明确提出自然资源资产负债表的概念，但报告中提及的环境资产、生态系统资产与自然资源高度相关，给出的扩展资产负债表的基本结构见表 4－1。国家资产负债表编制已经从关注社会的物质财富向包含物质财富、生态财富等全方位的国民财富转变。SEEA—EA 与 SEEA 中心框架相比增加了生态系统资产的内容并将其作为非常重要的一项内容，强调了生态系统资产的价值量核算，但仍未考虑环境负债或生态资源负债的内容，扩展的国家资产负债表负债部分只包括金融负债。

表 4－1 扩展国家资产负债表结构

类别	项目	货币金额	
		期初	期末
资产			
实物资产	固定资产		
	房屋		
	其他建筑物和构筑物		
	机器与设备		
	武器系统		
	知识产权产品		
	存货		
	贵重物品		

续表

类别	项目	货币金额	
		期初	期末
环境资产——生态系统	陆地生态系统 （包括天然木材资源和其他非生产生物群的 SNA 值）		
	淡水生态系统 （包括天然水生资源和其他非生产生物群的 SNA 值） （不包括水资源的价值）		
	海洋生态系统 （包括天然水生资源和其他非生产生物群的 SNA 值）		
	地下生态系统		
	培育生态资源		
	固定资产		
	在产品（存货）		
	土地 （包括建筑物下土地的国民账户体系价值）		
	可再生能源		
	水资源		
其他非实物资产	合同、租约和许可		
金融资产	商誉和营销资产		
金融负债			
净值			

资料来源：System of Environmental-Economic Accounting— Ecosystem Accounting（SEEAEA）. White cover publication，pre-edited text subject to official editing［EB/OL］. https：//seea. un. org/ecosystem-accounting.

4.3　自然资源资产负债表信息披露制度安排

4.3.1　自然资源资产负债表结构

自然资源资产负债表起源于自然资源核算，传承于国家资产负债表与政府资产负债表，作用于生态文明建设，服务于领导干部自然资源资产离任审计，由统计学家首先提出，运用了会计等式原理，与环境经济综合核算存在着勾稽关系。自然资源资产负债表是环境会计与政府会计的深度融合，是构建政府宏观会计体系的重要组成部分，也是国家资产负债表的重要内容，核算自然资源资产质和量的变化，偏重运用会计等式原理反映考虑了自然资源资产负债关系之后的生态文明建设水平，是加强生态文明建设的重要制度创新。国民经济核算体系所涉及的环境经济核算可以称为自然资源核算的 1.0 版本，SEEA 自然资源资产账户的设置可以称为自然资源核算的 2.0 版本，自然资源资产负债表的编制可以称为自然资源核算的 3.0 版本。自然资源资产负债表的编制还涉及很多暂时无法用价值量衡量的实物量指标与数据，离不开业务部门的参与，编制过程中需要会计部门提供会计核算资料，统计部门提供统计核算资料，业务部门提供业务调查资料。自然资源资产、负债是自然资源资产负债表的主要构成要素。自然资源资产是指权益主体经过法定、授权或交易取得并能够管理、使用或者控制的，预期能够带来经济效益或生态效益的稀缺性自然资源。自然资源负债是指由于自然资源权益主体过去的不当行为，预期会导致自然资源在开发和使用时造成的损失或付出额外代价的现时义务。

自然资源资产负债表内部各要素存在期初存量 + 本期增加量 − 本期减少量 = 期末存量等式关系。期初存量即为前期期末数据，期末存量来自自然资源统计调查数据。影响自然资源变化的因素有两类：一是人为因素，如林木的抚育和采伐引起的森林资源变化；二是自然因素，如林木的生长造成林木蓄积量的变化。这种平衡关系是对组织经济关系的描述，而不是针对组织所拥有的某项资源。不是所有自然资源都能够实现价值量化，在量纲不能统一到"价值"时，平衡关系就不可能存在。如果未来自然资源的产权和交易关系有了重大理论突破，自然资源资产负债表的平衡关系可能会进一步加强。从长远来看，如果能够解决自然资源资产和负债日常核算中的确认、计量、记录问题，自然资源资产负债表的编制将大为简化，其编制工作将由统计部门或业务部门转为会计部门。未来一段期间，需要各部门协同配合开展自然资源资产负债表的编制工作。编制自然资源资产负债表所使用的方法、指标和分类，应尽量采用国家标准，尚未制定国家标准的，可暂时采用行业标准，没有行业标准的可借鉴已有实践成果或权威理论研究成果。

国家资产负债表的侧重点是金融资产和实物资产，将央行数据与政府数据、居民数据汇总。政府资产负债表是存量与流量指标的结合，侧重政府实际掌控的各种资源，包括各项金融资产、实物资产，以及需要承担的各项债务，只要方法得当，结构设计合理，可以比较全面完整地反映政府的资源构成与来源渠道。居民资产负债表主要是企业资产负债表汇总和居民个人财产、债务的统计调查数据。自然资源资产负债表既是对自然资源存量的盘点，也可以反映自然资源资产、负债的变化及原因，反映各级政府环境保护、资源开发与利用方面的工作成效，反映领导干部的生态工作业绩。自然资源所包含的水、土地、矿产和林木等资源是自然资源账户（总账）下的个体账户（明细账），是对自然资源总账的补充，既受自然资源资产负债表的管理与影响，也受国家资产负债表的制约。在结构上应遵循国家资产负债表的编制要求，在实物量方面按照自然资源自身的性质和管理要求来填列，在价值量方面应以资产评估数据为基准，全面清查和重点抽样清查相结合，运用统计分析方法，将数据落实到具体年度或者期间。

4.3.2　自然资源资产负债表要素特征

如果承认自然资源资产和自然资源负债核算具有必要性，自然资源净资产核算也理所当然，其在金额上等于自然资源资产与负债的差额，仅限于价值量的核算，不存在实物量的核算。自然资源净资产的经济含义是自然资源所能创造的价值扣除为维持自然资源资产的存续而付出的各项代价后而无须补偿的由主体享有的资源净额，是对社会所能作出实际贡献的价值。不排除某些自然资源在特定情况下净资产为负，如沙漠、戈壁等，在目前情况下开发这些资源成本小于其所能创造的价值。或者某些自然资源对人类生存和发展带来了负面影响，必须在较短的期间内对其进行治理，治理投入成本大于其当前价值。自然资源净资产分为自然孳息、权益资本和其他，权益资本为上期末的自然资源净资产，自然孳息为自然资源如草木等自然生长所带来的自然资源价值提升而导致净资产的增加，包括除存量和自然增量外的其他变动因素，如自然灾害、勘探成果等。自然资源净资产可以按权益人不同分为国有、集体、个人等权益结构。自然资源资产与自然资源负债虽然没有像企业资产负债表中资产、负债那样形成较为紧密的对应关系，但自然资源负债的核算也是必要的。任何事物的存在和发展必然具有其两面性，例如，只谈创造的收益，不讲为了收益的实现而付出必要的成本费用；只注重享用，不注重保护与治理；只考虑经济效益，不考虑生态代价。这样的发展难以持续，从长期看目标也难以实现。

从我国已经公布的自然资源资产负债表编制结果看，土地价值偏大，林木资源价值偏低，土地价值应根据土地用途进行价值测量。单独计算天然林土地价值意义不大，应计算其发挥效用那一部分。矿产资源价值计算中土地并不一定能够用于其他用途，其价值计算意义不大。水域面积属于国土面积，计算水资源价值即可，不必计算土地资源价值。城市土地利用租金或土地交易价值计算，但需要考虑成本因素，将一块土地进行交易要首先进行收储，收储成本在收益中减去还是单独体现需要明确。资产负债表更注重结果，所以以土地交易价格减去土地交易成本计价较为合理。农村的土地可以参考土地承包价格、土地租金、农作物产量折现金额、土地种植等级（如土地土壤肥力变化情况）等计算资源价值。

各类自然资源的国家勘查间隔时间较长，有的是在期间内分区域按期进行，核算时点与实物勘查时点不一致。勘查指标与报表列报指标不一致，导致所需信息无法得到。应尽量将实物勘查时点和报表编制时点统一。持有自然资源资产目的不同，价值量的体现形式也应有所差异，如基于生态价值创造设立的公益林是否不计算经济价值而只计算生态价值。生态价值核算要遵循谨慎性信息质量要求，不能为了夸大生态效益而采取不切合实际的计算方法和手段。要做好日常核算制度与财务报告编制方法的规范与统一。

政府作为民众的代理人，承担着自然资源管理的受托责任，对自然资源的合理配置和保护负责。与财务报告中的资产负债表相比，自然资源资产负债表融合了财务信息的受托责任与决策有用的双重目标。"受托责任"和"决策有用"是财务信息的两个目标，"受托责任"强调信息应该反映受托人受托责任的履行情况，"决策有用"则强调信息应该为信息使用者决策提供依据。自然资源资产负债表的一个重要作用是为评价政府自然资源管理责任提供依据，这体现了"受托责任观"的要求。但自然资源资产负债表的信息使用者不仅仅是政府，还包括利用自然资源的其他组织及公众，自然资源资产负债表也需要为他们决策提供有用的信息。因此，自然资源资产负债表编制的目标是"受托责任"与"决策有用"的有机结合。资产负债观下财务报告主体最终应该关注的是以资产、负债的变化，体现所能控制的资源数量和质量变化，所应该承担的现金偿还义务和社会、环境治理责任。

4.4　森林资源资产负债表信息披露制度安排

4.4.1　森林资源资产价值形成机制

在林业领域，自然资源资产负债表的编制依据是森林资源账户或森林资源资产负债表。从结构上比较，森林资源资产账户是"自然资源"账户下的子账户，其账户信息比较单一，容量有限；森林资源资产负债表以表格形式反映森林资源有关信息，信息量比较丰富和全面，能够体现资源的占用形态或资源价值分布以及资源价值形成需要付出代价的情况。森林资源资产负债表更适合全面反映森林资源价值信息，但结构也较为复杂，在表格中具体项目分类以及内部项目的结构平衡与逻辑性的构建难度较大。森林资源资产负债表可以通过纳入自然资源资产负债表间接对国家资产负债表的编制提供信息支持，也可以直接为国家资产负债表的编制提供数据。

森林资源资产负债表与自然资源资产负债表存在逻辑上的包含关系，可以在自然资源资产负债表中以项目的形式列报，也可以以子表的形式作为自然资源资产负债表的附表。自然资源资产负债表作为主表反映自然资源比较概括的信息，各单项自然资源资产负债表作为附表提供比较具体和详细的信息，共同构建一个比较完整的自然资源资产负债表体系。自然资源资产负债表的子表和主表之间不是简单相加的关系，首先，要考虑单项自然资源价值交叉的问题，森林资源对水资源、土地资源、大气资源等的生态价值的提升有促进作用，单项资源资产价值的核算有时无法准确区分。其次，单项自然资源的负债合计与自然资源负债金额之间也存在着交叉确认的问题。再次，两者应具有时间和地域口径一致性。最后，要考虑森林资源的经营模式与生态模式。经营模式决定了森林资源经济价值实现方式，如用材林通过砍伐出售实现价值、经济林通过果实采摘实现价值。生态模式决定森林资源的生态价值实现方式，森林资源的生态模式往往是复合的，如防风固沙不排斥碳汇，但植物种类上的不同导致生态模式选择具有差异性，呈现弱排斥的关系。生态模式是复合的，影响是微弱的，不必强求单一模式。经营模式上的差异对经济价值的影响是存在的，如用材林、经济林、防护林等。单独编制的森林资源资产负债表应用于以森林资源为考评主体所在区域的领导干部自然资源离任审计和自然资源绩效评价。

4.4.2 森林资源资产负债表的制度环境

在自然资源资产负债表的编制中，森林资源价值核算的技术方法和手段最为成熟和可行。森林资源资产负债表财务报告概念框架体系的建立能够指导价值量型森林资源资产负债表编制，引领和推动其他类型自然资源资产负债表编制，进而促进国家资产负债表与政府综合财务报告体系的构建与完善。森林资源资产负债表与国家治理体系中国家资产负债表、政府资产负债表、自然资源资产负债表关系见图4-1。图中实线代表连接的两方之间具有直接的上下主导与从属关系或出处关系，虚线代表连接的两方中一方对另一方具有影响关系。

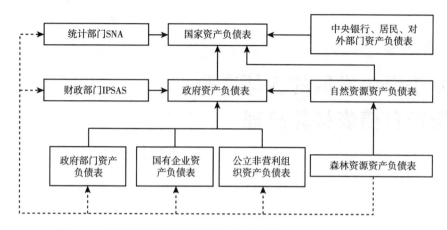

图 4 – 1　森林资源资产负债表在国家治理体系中与其他报表的关系

注：实线代表直接作用，虚线代表间接影响。

4.5　本章小结

本章首先探讨了企业、政府层面财务报告中自然信息披露的制度安排；其次研究了自然资源资产负债表和森林资源资产负债表的结构与内容。包括森林资源在内的自然资源资产负债表是构建完整国家资产负债表、政府资产负债表的重要组成部分，森林资源资产负债表是森林资源核算的高级形式和更高阶段。本章对森林资源资产负债表的制度机理进行了分析，厘清了治理体系中自然资源信息披露的制度安排，为后续森林资源资产负债表的构建打下了基础。

| 第 5 章 |

基于绿色发展的森林资源
资产负债表核算机理

5.1　森林资源资产负债表概念框架体系构建

5.1.1　核算目标

　　森林资源资产负债表是森林资源核算的成果，也是生态文明建设的重要考核指标，对于绿色发展理念的贯彻和实施具有推动和促进作用。核算目标是核算所要达到的效果、应实现的功能及努力方向，在森林资源资产负债表的理论体系中居于核心和逻辑起点地位，指导和影响了其他概念、假设、方法、要素等的形成和构建。森林资源资产负债表的目标即为森林资源核算的目标，反映特定区域某一特定时点森林资源经济价值、社会价值、生态价值的信息，核算一定期间森林资源消长和森林生态环境变化的状况，满足信息使用者决策与受托责任评价需要。决策是指信息使用者的购买、回收、出售、转让或持有报告主体森林资源行为；以有偿或无偿方式向报告主体提供资金或其他资源；对影响森林资源状态的管理者、使用者的活动、行为行使权力或者作出其他反应。受托责任评价是指报告主体的责任单位或责任人管理或使用报告主体森林资源尽职责任的评价。

　　森林资源资产负债的外部信息使用者主要包括政府及其组成部门、立法机关、社会组织与公众。我国森林资源所有权分别归属于国家、集体，使用权分别归属于单位和个人。各级政府及其组成机构在森林资源可持续发展中发挥主导作用，相关单位或个人在森林资源保护中承担主体责任。各类信息使用者利用森林资源资产负债表信息评价主体经理的森林资源价值量与实物量变化情况。具体包括：政府根据生态保护的需要回收单位或者个人所使用的森林资源以及改变森林的用途，对具有生态功能的防护林、特种林等森林资源管护者或经营者提供奖励或生态效益补偿。政府和社会组织因经济建设或社会发展的需要对现有的森林资源进行有偿征收。社会组织或个人基于经济利益考虑对森林资源进行转让和交易。立法机关、上级政府、审计机关根据森林资源生态效益发挥情况对各级政府、下级政府的工作进行考核和监督，也包括政府对所属机构、部门或其主要负责人的考核与评价。社会公众也高度关注具有公共属性的森林资源发挥的各种社会效益与生态效益。在生态文明建设时代，对森林资源社会贡献的价值衡量愈发重要，基于对各级领导干部环保绩效考核的自然资源资产离任审计将成为常态，森林资源的管护者或者经营者也需要对自己的管护或经营对象基本情况进行准确的掌握，以加强和改善经营管理，提高工作绩效。森林资源资产负债表的一个重要作用是为评价政府森林资源管理责任提供依据，这体现了"受托责任观"的要求。编制森林资源资产负债表融合了财务信息的受托责任与决策有用的双重目标。

5.1.2 核算假设

为确保森林资源资产负债表预定的目标能够实现，编制森林资源资产负债表前应设定一些前提条件，对除核算目标外的其他相关理论进行引导和规范，并影响报表要素的确认、计量、报告。借鉴传统会计理论对会计假设的阐述并考虑森林资源自身特点，森林资源资产负债表的核算假设应包含报告主体、永续发展、报告期间、复合计量。

5.1.2.1 报告主体

无论是统计核算还是会计核算都要将主体范围内的业务活动和相关事项

通过一定的核算方法以系统性的信息表达出来。会计主体是会计理论体系四大假设之一，指会计核算为之进行服务的特定单位或组织，界定了会计核算的空间范围，能够区分不同主体活动或主体与其所有者的活动或事项。会计主体能够自主开展经营活动或业务活动，独立进行会计核算，可以分为比较完整进行会计循环的核算主体和强调以报告形式向信息使用者提供信息的报告主体。核算主体假设一般侧重从法律或产权角度限定会计核算的边界，报告主体假设侧重于协作、协同的角度拓展财务报告的边界。报告主体是在核算主体的基础上形成的以报告（报表）的形式将特定主体的信息进行列报，是核算主体的一种特殊类别。报告主体提供的报告根据核算主体提供的信息加工整理而成，不需要使用一般会计核算惯常的凭证、账簿等基础核算方法。森林资源资产负债表是在现有森林资源会计核算与统计核算体系之外的报表体系。因此，森林资源核算主体与森林资源资产负债表的报告主体并不相同，前者开展日常核算，后者只需要编制报表。森林资源资产负债表传承于森林资源经济价值与生态价值评估，需要明确报告为谁服务以及报告内容的空间范围。区别于传统的会计核算，本书认为，报告主体这一提法更符合森林资源资产负债表的核算形式。因此，在核算假设中使用报告主体一词。

森林资源各组成部分之间存在相互依存、互为条件的关系，林木是森林的主体，林地是林木生存的基础，林木又展现了林地的价值，三者构成一个有机的整体。林地的所有权归属于国家或集体，林木的所有权和林地的使用权归属于各类组织、单位或个人，林业主管部门负责辖区内林业领域职能管理。森林资源所有者或使用者依法享有经营权、收益权、补偿权，并衍生出林木采伐权、林下资源采集权、林业资源补偿权、景观开发利用权、林业资源抵押权等权利。同时，森林资源使用者要履行森林资源的经营管理和生态保护责任，承担森林资源质和量稳定提升的义务。这些权利和义务对于森林资源所有者、使用者产生核算的客观要求。森林资源的统计核算主体实质上是根据行政辖区来划分的"虚拟"主体，这些"虚拟"主体间的统计制度所核算的数据相互独立，缺乏必要的可比性与完整性。森林资源权属划分最重要的"不是归谁所有，而是由谁所用"。基于实质重于形式信息质量要求，"使用权主体"应成为森林资源资产负债表报告主体认定问题解决的关键。

森林资源使用权的厘清促进了使用权主体责任清晰化，推动以使用权来管理森林资源政策目标的实现，并使得"以界定的自然资源使用权主体来认定会计核算主体"更具现实可行性。

森林资源中森林、林木、林地效用发挥及价值创造离不开特定的区域，在这个区域内森林、林木、林地的有机结合才形成了森林资源系统。国家所有的森林资源一般由国有森工企业、国有林场或苗圃、各级森林公园、各类自然保护区等负责开发、使用、保护与管理，这些机构一般具有法律主体地位，同时作为核算主体开展自身业务活动核算，有绩效评价与生态考核需要时还应作为报告主体编制森林资源资产负债表。部分分布在上述组织区域范围外森林资源，如乡村集体林木，其所有权属于全体村民，这种情况下村或者代表村民自治的村委会应该成为森林资源的核算主体或报告主体。由于森林资源资产负债表在我国还不是强制性编制报表，其报告主体应为有信息披露要求或意愿的特定区域范围内森林资源的所有者或者使用者。

森林资源资产负债表的报告主体和编制主体不是同一概念，编制主体是负责组织森林资源资产负债表编制的单位或机构。报告主体可以是编制主体，也可以不是编制主体。政府在国家治理体系中承担生态管理和自然资源管理职能，负有编制森林资源资产负债表的法定职责。作为具有监管职责的管理机构，林业管理部门掌握森林资源实物量信息比较全面，具有编制森林资源资产负债表的便利条件，在其他价值核算部门的帮助和支持下，可以代表政府完成编表工作。基于领导干部自然资源离任审计要求，审计部门可自行或委托第三方编制森林资源资产负债表，但主要数据还是由森林资源的所有者和使用者提供。从生态文明建设成果展示的角度，森林资源的使用权主体可以编制森林资源资产负债表。如某一区域范围内的森林资源管护者是某一国有林场，这一林场应为森林资源资产负债表的报告主体，但森林资源资产负债表的编制主体可能是统计部门，也可能是审计部门，还可能是林场的上级主管部门。编制主体组织专业人员，收集数据资料，开展林业清查，选择核算方法，进行森林资源资产负债表数据计算。编制主体不一定是确定的，森林资源所有者、使用者或监管者可以成为森林资源资产负债表的编制主体，但报告主体是唯一的。编制主体和报告主体应有一定的关系，如后者是前者的管理对象或监督对象。

目前，森林资源资产负债表的编制还在试点中，尚未上升到法定强制披露层面，报告所覆盖的领域与范围并不同：从编制的主体看，有所有者或监管者主导，如各级地方政府；也有使用者或经营者主导，如某些森工企业。在森林资源资产负债表的编制过程中，报告主体或编制主体可直接组织人员或委托专业机构、专业人员进行报表编制，但报告主体一定要参与其中，提供必要的数据资料，否则，编制工作难以顺利完成。森林资源资产负债表的目标主要是满足外部信息使用者的需要，目前存在着编制方法不规范、专业人员缺乏、流程设计不统一、结果的可比性相对较差、主观意念较强、信息质量难以保证等问题。森林资源资产负债表的编制要受到政府的监管并遵循政府制定的统一规则。

5.1.2.2 永续发展

森林资源经济价值与生态价值形成是一个累加的过程。例如，森林蓄积量是在以前年度蓄积量基础上的动态调整，不考虑自然灾害、人为砍伐等因素的影响，将随着林木的生长而不断增加，这个过程是以森林的持续生长与永恒发展为前提的，在可预见的未来森林资源能够持续不断地创造经济效益和生态效益。与传统会计理论中持续经营假设不同，森林资源资产负债表所要披露的生态价值和社会价值不是在经营活动中产生，本书称这种前提为永续发展。只有坚持永续发展，社会各界才会认可保护森林资源而发生的各项支出会产生预期回报，从而持续不断地对森林资源进行投入，森林资源核算提供的信息才具有预测价值。只有永续发展，森林资源使用现值等核算方法才有意义。一项资产在资产负债表信息披露时点起一年内能够维持其原有用途和状态，可以认定其处于持续发展期间。原有用途和状态是指森林资源系统中的各组成部分在未来一年内仍按其原有的用途使用，实物状况除可预见自然因素的影响外不会发生其他的改变。永续发展假设要求计量基础的选择不应过分拘泥于历史成本，更多地利用公允价值计量森林资源资产，促使永续发展假设更好地反映生态文明时代森林资源价值的易变性、不确定性、复杂性和模糊性等环境特征。永续发展也是绿色发展理念在森林资源核算中的贯彻和实施。当森林资源不能持续发挥其效用时，生态价值确认和计量失去意义，只需按公允价值考虑其经济价值。永续发展假设界定了森林资源资产负债表编制的时间长度，在未来期间报表的编制是持续的。

5.1.2.3　报告期间

在永续发展的基础上，信息使用者对森林资源资产负债表所提供的信息是有期间要求的，每隔一段时间，需要了解并分析相关数据的变化，以便作出决策和评价。根据间隔期间是否相等，可以分为固定期间报告和非固定期间报告。固定期间报告主要是指报告和与森林资源清查期间一致，如我国森林资源连续清查（一类清查）五年组织一次，与清查同步编制的森林资源资产负债表可称为一类清查期间森林资源资产负债表，因时间较长也可称为长期森林资源报告，应由中央政府或地方政府组织编制。省级政府层面应强制性定期编制报告，省级以下地方政府可根据自然资源职能管理要求选择性编制。固定期间报告与森林资源清查同步，节约了编制成本，能够比较客观地反映出某一特定区域中长期森林资源发展变化情况。森林资源资产负债表信息在短期内变化并不明显，另外，受季节性因素影响以及成本效益原则，间隔期限较短的报告用处不大，森林资源资产负债表的编制周期最短应为 1 年。虽然我国相关行政法规也规定了各级领导干部的任期，并要求一般情况下领导干部应干满一个任期，但很多情况下领导干部任职时间并非与任期同步。因此，领导干部自然资源离任审计报告属于一种非固定期间报告。作为其中一个子项目的森林资源报告的编制所运用的方法和手段可以在基于连续清查形成的森林资源资产负债表数据的基础上进行调整与转换，无须重新进行一个完整的编制流程。随着大数据和互联网等技术的发展、信息技术的进步、森林清查技术的规范、信息共享的普及，报告期间假设可能弱化。大数据时代信息披露的滞后性会逐渐降低，实时报告将是未来信息使用者的愿望，但真正零时滞的森林资源资产负债表短期内尚无法实现。

5.1.2.4　复合计量

传统的会计核算强调货币计量，这是资源创造经济价值至上观念使然，森林资源价值的多元化一方面需要以货币计量汇总其社会贡献总额，另一方面也需要通过实物量计量不同价值创造效果。森林资源资产负债表可参照自然资源资产负债表的结构，分为实物量计算表和价值量计算表，两者分别编制，以反映各自的特色。实物量表应反映实物量的增减变动的数量及原因，不仅包括森林资源的面积、蓄积、覆盖率、单位面积蓄积量、成熟度等的变化，还应该反映森林资源所发挥的社会效益，如涵养水源、防风固沙、固碳释氧等生态服务量。价值量表反映以货币表现的森林资源存量价值，包括经济价值、社会价值、生态价值。实物量应尽量全面、完整、客观、准确，价值量应尽量科学、客观、可行、合理、精准。与价值量核算存在技术和观念上的选择与变化不同，实物量的信息可以更加丰富。报表要素信息是基于货币计量的，因此，价值量要按会计等式关系体现要素信息；实物量可以不体现会计要素信息，存量和变量可放在一张表中进行反映。编制森林资源资产负债价值量变动表作为附表，以反映资产、负债变化的详细信息，在附表中可以详细列示报告主体不同所属区域、不同资源种类的资产信息。

森林资源创造的价值难以全部用货币计量情况下只能辅以非货币计量反映价值创造驱动因素。借助移动互联网、大数据、区块链、云计算、物联网和人工智能等技术的赋能，森林资源核算实现货币与实物双重计量具有现实可行性。实物量是价值量核算的基础，森林资源资产负债表应披露实物量和价值量两个方面的信息以满足信息使用者需要。森林资源的蓄积量、覆盖率、碳汇储量、成熟林和过熟林比例等指标客观反映了森林总体规模与质量的变化情况。森林资源价值量信息能够反映以货币计量的森林资源社会属性和经济属性，将不同类型、不同形式的自然资源在一个统一的度量平台上进行不同项目横向比较分析，体现社会对森林资源认可程度和接受程度。只有价值核算才能获得相对应的总量指标，对森林资源发展过程和结果作出综合性的评价。在经济社会里这种价值计量还有发现价格和对受托责任人绩效评价功效。为便于信息披露，森林资源资产负债表与纳入综合自然资源资产负债表的其他资源资产负债表一样应提供价值量信息，价值标准有时需要主观估计或用其他间接方法取得，精准程度较差。目前，生态价值及生态和环境的债务影响认知还需要一个过程，要想实现准确的价值量计算还需理论上的突破和方法上的探索。虽然森林在功能上有以追求经济效益为主的用材林、经济林等商品林，有以追求生态效益和社会效益的特种林、防护林等公益林，但两者在很多情况下存在功能上的交叉，为更好贯彻"绿水青山就是金山银山"理念，在目前情况下应一并对各种用途的森林进行经济价值、生态价值和社会价值核算，体现森林资源核算的复合性。

5.1.3　报告客体

客体是主体认识和实践的对象，既包括客观存在并可以主观感知的事物，也包括思维开拓的事物。森林资源资产负债表客体是某一特定区域范围内森林资源各组成部分的变化情况，是森林资源核算的对象和内容，不反映社会组织或单位一般经济活动及其所引起的债权、债务关系。目前，世界范围内尚无统一的森林资源核算内容体系，有些国家从森林资源实物量、价值量指标进行分类核算；有的学者提出从木材及其他林产品形成森林有机物的价值以及生态功能价值分类核算。与会计核算对象是会计主体的资金增减变化过程及结果不同，森林资源资产负债表的报告对象不仅是基于森林资源规模、结构、质量变化引起的以货币表现的森林、林木、林地的经济价值、社会价值、生态价值的数值变化，也包括森林资源的自然生长、灾害毁损、过熟死亡、人工植树、人为砍伐等实物量变化。

森林资源资产负债表是践行绿色发展理念的需要，如不考虑生态价值，则违背了报表编制的初衷。但在未来一个时期内，森林资源资产负债表社会价值、生态价值计量难以规范和统一，在全国范围内普遍推广困难较大，森林资源实物量计量也是一个比较现实的选择。实物量信息能够反映森林资源发挥的各种相当于资产的功效以及相当于负债的实现生态发展目标的差距和不足。

5.1.4 报告信息质量要求

森林资源资产负债表作为一个信息披露平台，要提供高质量的信息以满足信息使用者的需要。为实现核算目标，约束和规范森林资源资产负债表信息披露，提高信息质量，应制定信息质量标准。高质量的信息应当是有用的、恰当的，具有相关和如实反映性质。可比性、可验证性、及时性和可理解性也是辅助检验信息质量的要求。借鉴 IASB 财务报告的概念框架（2018），森林资源资产负债表的信息应具备以下质量特征。

相关性，指森林资源资产负债表提供的信息具有预测价值、证实价值、决策价值。预测价值是基于任何事物的发展具有规律性，这种规律的探寻需要在以往和当前信息的判断基础上实现。通过既有森林资源信息，可以预知其未来发展趋势，为相关信息使用者围绕森林资源而进行的决策行为提供依据。证实价值是指信息能够提供关于之前评价的反馈（证实或更改），前期的预测在当期是否能够实现，判断以往预测是否准确，并根据差异调整相关信息处理方式，提供预测准确性，如根据之前编制森林资源资产负债表得出结论而采取的一些相关政策措施，本期是否已经取得实施效果。相关性同时考虑了信息的重要性，强调信息披露在全面、完整基础上，又要有所侧重，考虑成本效益原则，如目前我国的一类森林资源清查采取抽样方式，选取具有典型性的地块作为清查区域，在确保信息有效的基础上降低清查费用。

如实反映，指森林资源资产负债表以文字和数字如实反映其意图反映的经济和生态环境现象，具有完整、中立和无误特征。完整描述，应包括对森林资源资产和负债的完整描述，如森林资源资产、负债性质和量化描述以及对量化描述所采用的方法（例如历史成本或公允价值）进行必要说明和解释。不完整的信息一方面是核算能力与水平不足导致，如对于森林资源生态价值核算需要一个不断探索的过程；另一方面是选择性信息披露所导致，如为了迎合信息使用者需要而在信息披露方面有所侧重，这两个方面都会影响信息使用者所作出的决策。在一定时期内，受森林资源清查及核算技术条件和认识水平的限制，全面提供完整的森林资源资产、负债信息可能还无法做到，但作为一种导向、一种追求，完整性不可放弃。很多情况下，经济现象的实质与其法律形式是相同的，在两者存在差异时，仅提供有关法律形式的信息无法如实反映经济现象。例如，森林资源的所有者、经营者、使用者中，森林资产负债表的编制主体有些情况下不一定是所有者，可能是经营者或使用者。

中立描述，指在选择和列报信息时客观公正、不具有主观倾向性、不带偏见，不依靠权衡轻重、片面强调、故意弱化等方式提高信息使用者接收信息的可能性。中立的信息并不是折中、妥协乃至对行为没有影响的信息；相反，使用者根据这些信息能够作出不同的决策。森林资源资产负债表的编制基于信息使用者的需求，这种需求的实现过程不能有先入为主思想理念，不能为了达到某种事先设定好的结果而去人为创设方法和预设结果。目标只能在精心计划和认真准备基础上靠脚踏实地努力与奋斗而实现。

谨慎性，指在不确定条件下作出判断时审慎行事，要求不能高估森林资源建设成果，不能低估为维持森林资源系统平衡而付出的代价。谨慎性并不回避森林资源的生态效益，要求在绿色发展理念指引下循序渐进地开展森林资源生态价值和社会价值核算。无误不强调核算结果的精确性，要求在描述现象时不存在错误或遗漏，生成所报告信息的流程没有发生差错。例如，在森林资源资产计量中一些价值量和实物量的确定需要在方法科学、态度端正基础上进行人为估计和主观判断。合理的估计要好于不估计，不能因为估计影响了精确性而放弃，要尽量做到合理估计。

可比性，能够帮助信息使用者识别和理解各项目之间的相似性和差异，要求不同编制主体之间以及同一主体不同期间在方法和口径上保持一致。信息具有可比性才能够对同一主体不同期间相同事项的发展变化以及不同主体同一期间相同或相近事项的优劣高低进行分析与判断。森林资源资产负债表应提供前后期间资源存量信息，以使相关利益者了解资源的价值量和实物量变化情况。可验证性是指不同的信息提供者就某一特定事项的描述能够达成共识，有助于使用者确信有关信息如实反映了其意图反映的经济现象，增强信息使用者的信心。可验证未必是单个点的估计，也可能是一系列可能金额区间或者相关的概率。缺乏可验证性会导致信息使用者可能会因该信息未能如实反映其旨在反映内容的风险更高而更为谨慎。及时性要求应在规定或尽可能短的时间内向信息使用者提供对决策有用的信息。可理解性要求报表对外提供信息简洁、清晰、明了。森林资源资产负债表是为具有合理林业经济管理知识以及能够投入一定精力认真审阅和分析报表的使用者而编制的。

5.1.5　计量基础

在森林资源价值量核算中，应根据计量基础将确认的各项报表要素以货币形式量化。一种计量基础具有一项被计量项目的已识别特征。森林资源资产负债表主要是披露森林资源价值量信息。根据经济学原理，对价值量的计量主要从生产成本的节约和剩余价值的增加两个方面来考虑。森林资源资产和负债的计量基础包括历史成本、公允价值、使用价值（资产）、履约价值（负债）、当前成本。

历史成本，以交易或其他事项中产生的价格反映有关资产、负债的一种货币信息，一旦形成，后续计价金额一般不会发生改变。资产初始计量时，历史成本是取得或生成该资产时发生的实际成本，包括所支付对价加上交易费用。负债初始计量时，历史成本是所收取对价减去交易费用。人工林可采用种植和达到郁闭前培育成本计量。

历史成本是站在资源投入角度以围绕森林资源实际支付符合条件的对价为森林资源资产入账价值，以未来应承担付款或资源流出义务金额为森林资源负债入账价值，具有较强的可验证性、客观性和一致性。森林资源生态价值核算常用机会成本评价法，将生态系统的消费看成一种"生产"，其成本由维持、恢复或维护生态系统的直接成本和间接成本两大部分构成。直接成本是指消费者对生态系统服务或产品购买的实际支出，如到森林公园游玩发生的各种饮食、住宿、出行、购物等项开支；而间接成本则是消费者消费过程所产生的机会损失，即消费时间的价值，如不去旅游而参加工作而可能获取的福利或报酬。

森林生态产品的公共属性使得政府在其生产、供给、调整和分配中起到至关重要的作用。公共产品的产权界定，政府购买、政府补贴显得尤为必要，这种购买与补贴价格按成本比较容易操作。其他常见成本计价方法还有重置成本法、影子工程法、恢复和防护费用法、享乐价格法等。重置成本法是按照所评价生态系统的现时重置成本，扣除生态系统各项损耗确定生态系统服务价值的一种评估方法。生态系统损耗类似于生态折旧。

历史成本在森林资源资产和负债核算中的运用也存在一些困难，如在会计核算中森林资源资产核算基础较为薄弱，受森林资源无价值论的影响，包括天然林在内的许多森林资源资产，尚未进入表内核算，人工林也有类似的情况。现有的会计准则对天然林计价入账金额的确定采用的是名义金额，导致历史成本缺乏应有的价值基础。构成森林资源资产价值重要内容的自然增值，其价值测定涉及林木的自然生长规律及原始数据的积累和相应数据库的建立，难度很大。

公允价值，指市场参与者之间在计量日进行的有序交易中，出售一项资产所能收到或转移一项负债所需支付的价格。中外会计概念框架都强调资产是能够带来经济利益或服务潜力的资源，即资产的价值取决于资源所能产生的经济效益与服务潜力，与资产取得方式和付出代价无关，而与资产能够实现效用有关。公允价值正是站在产出角度衡量资产价值，更适合资产计价。公允价值具有的公开性、公正性、市场性特征符合绿色发展理念要求并有助于其推广和应用。公允价值与森林资源资产之间具有天然的内在联系，符合森林资源资产价值核算要求。《国际会计准则第41号——农业》（IAS 41）要求生物资产无论是初始计量还是后续计量都采用公允价值，需要对交易市场进行界定，而我国生物资产公允价值仅限于后续计量，且规定了严格的使用条件。不按公允价值进行计量，账面价值和实际价值差异较大，信息的相关性受到影响。森林资源多样性和复杂性使得其组成部分不具有同质性和可比性，缺少相关的交易市场及公允价值计量参数。相较历史成本，公允价值具有一定周期性和波动性，容易使信息使用者作出错误的决策或对主体评价失当。采用第三层次公允价值计量会加大核算人员的工作量及工作难度，核算结果准确性很难保证。此外，从会计角度考虑公允价值变动产生的利得和损失是一种未实现的损益，最终能否实现还有不确定性。在可观察价格不存在的情况下，独立、合格的专业评估机构评估价值成为公允价值计量的重要依据。活跃交易市场不存在，决定了森林资源生态系统公允价值只能采用第二层次或第三层次不可观察价格。

在某些情况下，公允价值可以直接通过活跃市场中的可观察价格来确定。在其他情况下，它间接通过计量使用价值和履约价值来确定。使用价值和履约价值包括主体预期资产最终处置或负债最终履约所发生交易成本的现值，不包括取得资产或接受负债所发生的交易费用。森林资源负债中的资源过耗、环境损害和生态破坏主要基于预期修复或治理需要付出的代价可以采用履约价值法。生态系统服务的消费，实际上是社会福利的增加，是一种社会收益。基于收益的估价方法又可以分为收益现值法、消费者剩余法、生产者剩余法。收益现值法是根据生态系统在生命周期内的预期收益，用适当的折现率计算生态系统评估基准日现值。

当前成本，如历史成本一样，是一个进入（入手）价值，反映主体取得资产或承担负债可能获得的市场价格。因此，它不同于公允价值、使用价值和履行价值等退出（脱手）价格。与历史成本不同的是，当前成本反映了计量日的条件。

计量基础的选择应考虑计量结果能够反映森林资源现实的价值、价值的自然增值和未来的经济利益或现时义务，也应考虑获取资产、负债数据成本。历史成本与公允价值不是完全排斥的，交易或事项发生时的历史成本在那个时点就是公允价值，在公允价值不能合理确定时，历史成本也是公允价值的一种替代形式。森林资源日常核算中，对一些未经人工栽培的天然生态林资产在日常账务核算中用名义金额计量。名义金额虽然在金额上不能反映相关资源实际价值，但能够解决财产清查和账实核对的问题，有利于资源管理和保护，但从报表信息披露角度按名义金额列报没有意义。从森林资源资产负债表功能和作用看，日常会计核算数据不能满足需要，还应通过专业测算与职业判断确定其实物量与价值量。根据森林资源资产负债表编制目的，森林资源资产生态价值和社会价值以公允价值为主，经济价值应以公允价值为主，历史成本和当前成本为辅。森林资源负债应以历史成本和当前成本为主，公允价值为辅。历史成本和公允价值的计量结果或属性见表 5-1。

表 5－1　　　　　　　森林资源历史成本和公允价值计量结果或属性

项目	历史成本	公允价值
计量是否反映了现实的价值	不反映	反映
计量结果是变动的还是固定的	固定	变动
计量结果是否反映了价值的自然增值	不反映	反映
计量属性是否反映了未来的经济利益	不反映	反映

资料来源：祖建新．林业生物资产公允价值计量与披露研究［D］．上海：同济大学，2010.

5.1.6　核算方法

经济学家兼统计学家凯恩斯非常推崇复式记账法，认为其促进了国民收入核算的发展，能够用来核实账目，是一项非常有价值的技术。资金流量核算的开拓者 M. A. 科普兰（M. A. Copeland）认为，整个经济统计资料按财务报表形式编制和解释的这种程序，就叫作社会会计。会计所固有的核算方法能够提高信息披露的规范性和有用性，在 SNA 和 SEEA 体系中也部分运用了会计逻辑框架和结构。森林资源核算体系包含统计核算和会计核算，两者提供不同的信息。统计和会计同起源于数学，早期两者并不区分，随着社会生产力的发展，统计和会计才各自成为独立的具有计量特征的应用科学。两者的主要区别为：（1）会计是管理活动，统计是方法论科学。会计核算对象是经济活动中资金增减变化的过程及其结果，其核算和监督以货币表现的交易或事项，追求个体经济效益。统计通过对数据资料进行搜集、整理和分析、推断等揭示事物的本质特征，满足国家治理需要。统计研究对象是总体，会计研究对象是个体。（2）会计计量单位是货币，统计计量单位多元化。会计计量具有连续、系统、全面等特点，统计计量具有及时、综合、灵活等特点。（3）会计核算流程比较规范，统计核算流程具有一定灵活性。会计严格按照设置账户、填制凭证、复式记账、登记账簿、财产清查、成本计算、报表编制等方法进行核算，必须遵守相关法律、法规和制度。统计核算虽然也有统计设计、统计调查、统计整理和统计分析预测等程序规定，但可以利用次级资料或先验信息进行分析预测。

为便于统计数据的获取，现行统计制度中统计核算与会计核算在很多方面保持一致性。例如，完工产品成本核算是否需要计算自制半成品、在制品成本，统计以会计处理为基础，两者口径一致。很多统计数量分析方法在会计核算中得以运用，丰富了会计的内容，扩展了会计的职能。宏观经济核算中资产、负债和资金流量核算都借鉴了会计方法和原理。微观领域会计核算发挥基础和主导作用，统计核算、业务核算广泛使用会计信息。宏观领域统计发挥主导作用，其他核算应满足统计核算的要求。会计核算和统计核算固有的差异产生了宏观与微观信息不一致、信息无法共享等问题。统计核算没有考虑资产计价模式、跌价损失以及林木生长特点等因素，导致总产出、增加值、中间消耗等指标反映社会经济价值的作用减少。会计与统计密切配合，才能更好地发挥会计在微观层面的企业经营管理功能以及在宏观层面的国民经济管理功能。森林资源资产负债表不可避免地要结合业务数据进行统计核算和会计核算，结构和项目之间的逻辑关系遵从于会计核算规则，统计和会计两种方法共同运用。

资源配置与应用中，会计制度在提供信息方面应保障各利益相关方在组织内部的意愿得到充分表达和应有尊重（杨雄胜，2021）。会计的主要职能是核算和监督，运用会计核算方法得到的信息经过实践证明能够满足各类组织和单位的信息需求。会计核算能够对经济活动或事项留下痕迹，还原业务活动的本来面目，从而对经济活动或事项进行监督，确保各项工作依法、依规进行。社会经济发展已经证明会计核算所提供的信息是其他手段和方法无法比拟的，它具有系统性、完整性、可核实性等优点。从会计的发展情况看，会计核算兼容并包了很多其他学科领域的方法，核算领域越来越宽广，会计人员的职业判断能力越来越强，核算的触角开始向自然资源领域延伸。会计核算方法在信息处理和披露方面具有公认的优越性，凡是可以用货币计量的交易和事项都应遵循会计核算规则，使用实物量计量的交易和事项也可以借鉴或使用会计核算方法，如 SEEA 中自然资源资产实物量账户表应用了会计核算中"期初余额 + 本期发生额 − 本期减少额 ＝ 期末余额"等式原理。不可否认，现有的会计核算方法还存在僵化滞后现象，资产负债表和利润表的格式与内容多年来几乎未变，不能跟上时代发展步伐，应对环境变化。正如会计核算以无法可靠计量为理由未将推动新经济企业快速发展的以人力资源和技术为核心的智慧资本考虑在内，导致会计信息缺乏相关性，无法真实体现华为、阿里巴巴、腾讯、百度、小米等新经济企业价值，无法解释企业乃至产业发展变化的真实原因，披露的会计信息质量越来越让人诟病。在绿色发展理念已经成为引导社会经济发展重要推动力量的时代背景下现有的森林资源会计核算并不能满足信息使用者的需要。

　　森林资源资产与人为投入财务资本有关，也与森林资源自然增值有关。没有财务资本投入但能够形成森林资源资产的资本称之为自然资本，自然形成的森林资源资产主要侧重生态价值的发挥，因此也可将其称之为绿色资本。森林资源受益对象具有广泛性和不确定性，不仅包括森林资源的所有者和使用者，也包括森林资源所在区域及周边甚至一个较大区域范围内的群体或环境。例如，森林周边居民能够享受到清新的空气，森林保持了河流上游水土，河流下游径流就会稳定并且水质也得以改善。森林已不是纯粹的私人物品，公共产品属性不断增强。政府应组织和规范森林资源核算与信息披露，以使社会公众认识到森林资源所创造的巨大价值，自觉参与森林资源的保护与合理开发。森林资源具有的外部性，可以通过界定产权，建立碳交易市场，开征绿色税等方式消除。传统会计核算重视财务资本而轻视人力资本和其他资本；重视交易而忽视事项；重视实物而忽视权利；重视经济价值而忽视生态价值和社会价值；对于能够以货币计量的权益资本和债务资本核算比较全面，而对于人力资源和自然资源投入往往视而不见。交易是基于法律契约而发生的市场交易，如买卖、投资、借贷等涉及产权交换，具有客观性和可验证性，资产及负债变动金额容易计量。事项一般是指不涉及产权交换的内外部事件，对价值创造和竞争力产生影响，但不够客观且较难验证。长期以来，会计核算对于森林资源相关交易核算较为全面和完整，而对于非交易事项因缺乏明确的法律凭据或明确证据而核算不够全面和准确。森林资源确权除了基于交易外，还有很多是基于未发生交易的政策规定。交易形成的森林资源资产计价较为容易，而非交易形成的森林资源资产计价则较为困难。森林资源的价值并不完全是由交易而引起，与森林资源事项有关的非交易未实现利得或损失未予确认。会计对森林资源经济价值核算方法比较成熟，而对生态价值和社会价值核算面对的是一个相对较为陌生领域，导致森林资源生态价值无法体现，须知经济价值最终还是要转化为社会价值，创造各种价值的目的是人类生存质量提高。人的生存离不开自然环境，人与自然和谐共生是价值创造的终极目标之一。人类生态文明建设的成果需要得到体现，这是一种健康价值观的导向。

长期以来，国民经济核算（GNP）关注生产性资产所发挥出的变量经济增值，国家资产负债表（NBS）主要体现生产性资产的存量价值，自然资源作为非生产性资产，并不是两者的核算重点。在绿色发展理念下，自然资源的地位不断提升，其核算重要性不断增强。环境经济核算中环境资产账户内容日益丰富和完善，在环境资产账户的基础上进一步发展为更全面以及系统反映自然资源发展、变化情况的自然资源资产负债表。我国森林资源资产负债表的编制已在部分地区进行了试点，在试点编制过程中业务主管部门、统计部门都发挥了重要的作用，数据采集过程中应用了会计核算资料。

费雪在其1906年出版的《资本与收益的性质》一书中提出，资本的估值为资本预期服务给买主带来的收益，等于其现值、贴现价值或资本化的金额。SEEA（2012）（中心、框架）提出的自然资源核算表构架建立在实物量基础上，是为 SNA 服务的，以统计视角核算，内容上也应用了会计账户结构，在期初数据基础上，经过本期发生额的变化，形成期末余额。但明显可以看出，此自然资源核算表非本书提到的自然资源资产负债表，没有使用资产负债表提法，没有使用自然资源负债的概念，从结构看并不存在一般意义上的"资产＝负债＋净资产"的等式关系，充其量只能算作运用账户核算原理编制的账户计算表。SEEA（2012）（中心、框架）提供的森林和其他林地资产实物量账户表、森林资源资产实物量账户、林木资源资产价值账户见表 5 - 2、表 5 - 3 和表 5 - 4。

SEEA（2012）设置了林木资产的实物量和价值量核算账户，分别人工培育和天然形成两大类型核算森林资源资产；设立了森林和其他林地资产实物量账户，没有单独设立林地价值量账户，而是与农业用地、建筑及其他土地和水域并列为整体；设置了实验账户对森林生态系统服务进行核算。

表 5 - 2　　　　　　　森林和其他林地资产实物量账户核算表　　　　　单位：公顷

项目	森林和其他林地类型				
期初森林和其他林地存量	原始林	其他天然次生林	人工林	其他林地	总计
存量增加					
造林					
自然扩张					
存量总增加					
存量减少					
毁林					
自然退化					
存量总减少					
期末森林和其他林地存量					

資料来源：SEEA（2012）。

表 5 - 3　　　　　　　　　森林资源资产实物量账户　　　　　　　　单位：立方米

项目	森林资源类型		
	培育性森林资源	天然林木资源	
		可供应木材	不可供应木材
期初森林资源存量			
存量增加			
自然生长			
再分类			
存量总增加			
存量减少			
采运（出）			
采伐剩余物			
自然损失			
灾害损失			
再分类			
存量总减少			
期末林木资源存量			
补充信息			
采伐			

資料来源：SEEA（2012）。

表 5 - 4 林木资源资产价值账户

项目	森林资源类型		总计
	培育性林木资源	天然林木资源（可供应木材）	
期初林木资源存量			
存量增加			
自然生长			
再分类			
存量总增加			
存量减少			
采运（出）			
自然损失			
灾害损失			
再分类			
存量总减少			
重估价			
期末森林资源存量			

资料来源：SEEA（2012）。

上述账户的类别划分可作为森林资源资产负债表编制的参考和依据。

5.2 森林资源资产负债表要素概念界定及等式关系

5.2.1 报表要素概念界定

报表要素是对报表客体即核算对象所做的分类，从会计角度也可称为会计要素。国际公共部门会计准则理事会（International Public Sector Accounting Standards Board，IPSASB）认为，会计要素是构建财务报表的基石，它为记录、分类、汇总经济数据和经济活动提供了一个初始点，成为联系报告目标、主体及信息质量特征的纽带。国际财务报告准则概念框架将会计要素分类为资产、负债、净资产、收益、费用，我国企业会计基本准则将会计要素分类为资产、负债、所有者权益、收入、费用、利润，我国政府会计基本准则将财务会计要素分类为资产、负债、净资产、收入、费用。在资产负债观下，资产负债表根据会计恒等式原理编制，包含资产、负债、净资产三项要素，在财务报表体系中居于核心地位，构成要素之间逻辑关系既奠定了复式簿记的理论基础，也奠定了财务报表的编制基础。资产和负债代表了资金的占用形态和来源渠道，两者的逻辑关系通过复式借贷记账规则和会计等式表现出来，在复式借贷记账规则中资产和负债之间存在借、贷之间的对应关系，在会计等式中存在同增、同减的变化关系。有关资产、负债会计要素的界定主要由会计概念框架（我国称之为基本准则）决定。

5.2.1.1　企业会计准则体系下资产和负债要素概念界定

在会计准则体系中处于核心和主导地位的基本准则是制定具体准则的依据，具体准则中涉及的资产、负债确认和计量不能违背基本准则的规定。企业会计基本准则规定，资产是企业过去的交易或者事项形成的、由企业拥有或者控制的、预期会给企业带来经济利益的资源；负债是指企业过去的交易或者事项形成的、预期会导致经济利益流出企业的现时义务。强调资产、负债的确认应满足经济利益很可能流入或流出且金额能够可靠地计量。资产和负债的计量属性有历史成本、重置成本、可变现净值、现值、公允价值。特殊情况下，资产也可以按名义金额计价。

旨在为全球制定高质量会计准则的国际会计准则理事会（IASB）发布的《财务报告概念框架》（*Conceptual Framework for Financial Reporting*，以下简称 IASB 概念框架），虽然与同为 IASB 制定的国际财务报告准则（IFRS）没有直接的从属关系，但其统驭和指导各项 IFRS 的制定，是 IASB 研究制定 IFRS、作出各项技术决策的理论源泉和概念基础（陆建桥，2018）。IASB 概念框架（2018）规定，资产是主体由于过去事项而控制的现时经济资源，这种经济资源具备产生经济利益潜力的权利，具有经济属性。相较早期概念框架版本，IASB 概念框架（2018）对资产的确认不再强调经济利益很可能流入，只要满足经济利益的定义，就可确认为资产。资产核算范围变得更加宽泛，使原有一些无法纳入资产范畴的自然资源有了核算的可能。IASB 概念框架（2018）将负债界定为主体由于过去事项而承担的转移经济资源的现时义务。这种现时义务包括法定义务或推定义务，并且无论债权人是否确定，主体最终都无法避免。资产、负债确认要满足未来经济利益可能流入或流出主体并且成本或价值能够可靠地计量。此外，资产和负债的确认应能够向投资者、贷款人和其他债权人提供满足其需要的同时具有相关性和如实反映质量特征的信息。IASB 概念框架中会计要素的计量属性包括历史成本和公允价值、使用价值（资产）、履约价值（负债）、现行成本。IASB 概念框架指出，核算财务信息离不开合理的估计，如果这些估计得到了清楚并准确的描述和说明，就不会降低财务信息的有用性（IASB，2019）。

5.2.1.2 政府会计准则体系下资产和负债要素概念界定

我国政府会计基本准则是制定具体准则及应用指南、会计制度、准则解释的依据和规范，规定资产是政府会计主体过去的经济业务或者事项形成的、由政府会计主体控制的、预期能够产生服务潜力或者带来经济利益流入的经济资源。其中，服务潜力是有助于政府履行职能的潜在能力。政府会计主体不追求经济效益，而是通过向社会提供公共产品和服务实现社会效益。资产的计量首先考虑历史成本；其次考虑重置成本、现值、公允价值；最后在无法使用其他计量属性时使用名义金额计量。我国《政府会计准则——基本准则》规定，负债是指政府会计主体过去的经济业务或者事项形成的，预期会导致经济资源流出政府会计主体的现时义务。这种现时义务是当前义务，包括确定事项义务和或有事项义务。负债的计量也首先考虑使用历史成本，在保证负债金额能够持续、可靠情况下也可采用现值、公允价值。

美国联邦会计准则咨询委员会（FASAB）于 1995 年将自然资源准则列为"高度优先项目"（high priority project），最终只出台了《联邦石油天然气资源会计》（SFFAS 38）一项准则。相关自然资源资产的信息只能作为"必要的补充信息"（required supplementary information，RSI）予以披露（吴杰等，2020）。

约束和规范各国政府及其所提供财政资金支持的公共部门会计和财务报告

的《国际公共部门会计准则》（IPSAS）采取了与 IFRS 趋同策略，IPSASB 于 2014 年发布的《公共部门主体通用目的财务报告的概念框架》（以下简称 IP-SASB 概念框架）与 IASB 概念框架的联系日益紧密，前者在制定过程中借鉴和参考了后者适用于公共部门的一些内容。IPSASB 概念框架主要解决公共部门财务报告主体、会计核算基础等会计和财务报告关键性问题，构建了公共部门会计准则体系的基本框架，为具体准则的制定提供了理论基础（梅元清等，2017）。IPSASB 概念框架规定，资产是过去事项形成的，主体目前控制的、能产生服务潜能或经济利益流入的资源。与 IASB 概念框架比较，IPSASB 概念框架所规定的资产要素定义除了强调经济利益的流入外，还指出能够产生服务潜能的资源也可以被认定为公共部门（主要指政府）的资产。IPSASB 概念框架规定，负债是主体因过去事项而承担的现时义务。该项义务不考虑不确定性因素的影响，在履行时无法避免服务潜能或经济利益流出主体。资产和负债的确认还应能以实现质量特征和考虑公共财务报告信息约束的方式进行计量。在 IPSASB 概念框架下，资产的计量属性包括历史成本、市场价值、重置成本、净销售价格和使用价值；负债的计量属性包括历史成本、履约成本、市场价值、解除成本和假定价格。使用价值是主体持续使用一项资产而获取经济利益的潜力与能力的现值和主体报废处理该资产所获得的净额之和，履约成本是主体以最低成本形式来履行负债义务时所发生的成本（李桂萍，2016）。

5.2.1.3　中外会计准则体系下资产和负债要素比较

目前，中外会计概念框架均将资产界定为一项资源，对于营利组织（主要指企业）强调资产是一项能够产生经济利益的经济资源，对于公共部门（主要指政府）指出除经济利益之外能够对政府职能的履行提供帮助的具有服务潜力的资源也可被确认为资产。与我国《政府会计准则——基本准则》《企业会计准则——基本准则》以及 IASB 概念框架强调资产必须是经济资源不同，IPSASB 概念框架规定，能够带来服务潜力的资源也可确认为资产。与我国《政府会计准则——基本准则》相比，IPSASB 概念框架未明确各计量属性使用的先后次序，只是强调了在评估主体财务能力、运营能力和服务成本以及满足质量特征和财务报告目标的有用性时应对计量属性进行具体分析。负债的解除成本是主体立即解除负债义务的金额，表现为债权人放弃要求权而收到金额，或第三方接受义务方转移的负债而要求的对价，与资产的净销售价格类似；负债的假定价格是主体理性上愿意交换某一现有负债所获取的金额。与资产的重置成本类似，IPSASB 概念框架未将公允价值作为计量属性，但市场价值可以应用公允价值模型计量。

与《企业会计准则——基本准则》不同，我国《政府会计准则——基本准则》以及 IPSASB 概念框架和 IASB 概念框架没有强调"拥有"，而只强调了"控制"。在资产负债观会计理念下，控制权的形成或转移成为资产确认或终止确认的条件，而不再拘泥于形式上所有权的确立，这一规定能够应对一些资源产权不清的状况。对于公共部门而言，以控制权作为确认条件更能体现政府代表国家或民众控制资源的现实情况。与我国两项基本准则不同，IPSASB 概念框架和 IASB 概念框架中对于资产和负债也不再强调资源的预期流入和流出，只考虑了债务存在的现实，而没有强调未来资源的变化。IASB 概念框架对于资产和负债也不再强调经济利益很可能流入或流出，只要达到可能即可。

从发展趋势看，资产、负债会计要素的界定范围将更加广泛，为自然资源的核算提供了空间，并且 IPSASB 概念框架不再强调资产必须是经济资源为自然资源生态价值的核算提供了政策空间。但由于存在着经济利益流入的可能性较低和计量不确定性的影响，在计量方面需要大量运用会计估计，需要明确可供选择的估计方法，确认方面也还需要进一步细化条件和标准。自然资源生态价值和社会价值在现行财务报告体系中的确认和计量的实现还需要一个较长过程。不同概念框架下资产要素的确认与计量比较见表 5-5。

表 5-5　　　　　不同概念框架下资产要素的确认与计量比较

项目	中国政府会计基本准则	中国企业会计基本准则	IASB 概念框架	IPSASB 概念框架
资源属性	经济资源	经济资源	经济资源	资源
权属或影响力	控制	拥有或控制	控制	控制
影响程度	很可能	很可能	可能	很可能

续表

项目	中国政府会计 基本准则	中国企业会计 基本准则	IASB 概念框架	IPSASB 概念框架
价值体现形式	服务潜力或经济利益	经济利益	经济利益	经济利益或服务潜能
计量属性	历史成本、重置成本、现值、公允价值、名义金额	历史成本、重置成本、可变现净值、现值、公允价值	历史成本和现值（公允价值、使用价值、现行成本）	历史成本、市场价值、重置成本、净销售价格和使用价值
计量属性的次序	历史成本优先	基于谨慎原则，部分具体准则要求历史成本优先	公允价值应用比较普遍	没有次序安排

5.2.2　森林资源资产和负债要素的属性特征

随着人类社会的发展，自然资源从单纯的自然属性逐渐形成了兼有自然属性和社会属性的二元属性。自然属性先是以实物量体现，随着社会的进步开始以价值量来体现。社会属性体现的价值量与自然资源的自然属性所具有的功能和社会对自然资源的认知程度存在密切的联系。传统的会计核算重点在于已开采、消耗、砍伐后的自然资源，而对尚未开发、开采、采伐的自然资源不进行核算或仅以其获取成本进行核算。为更好地保护人类的生存环境，理论界和实务界开始探索未开发或不准备进行传统经济开发的自然资源自然属性和社会属性价值量的核算。森林资源的自然属性和社会属性可以通过复式借贷记账方法和会计等式关系反映出来。基于会计视角的自然资源核算主要是对自然资源资产和负债进行确认、计量、报告。

5.2.2.1　森林资源资产属性特征

森林资源资产是过去的事项所形成，主体所控制的，能够带来经济利益、生态效益或增强服务潜力的森林资源，代表了森林资源的占用形态。资产的自然属性为人类提供了生存的物质基础，衍生和进化了经济价值；社会属性为人类提供了休闲娱乐等精神产品和固碳释氧等生态产品，在单一经济价值的基础上衍生和进化了社会价值、生态价值。

依据"两山"理论和绿色发展理念,森林资源不仅具有经济价值,还具有生态价值。森林资源资产的确认条件为:一是可能带来经济利益、生态效益或服务潜力,二是金额能够可靠地计量。可能是一项设定的可收回阈值,指未来事项发生的可能性从概率角度小于50%。借鉴 IASB 概念框架对资产带来经济利益可能性的判断,森林资源经济利益实现的可能性达到可能即可满足要求。经济利益是指森林资源提供的产品、服务所带来的资源总流入。狭义的经济利益指森林资源投入小于森林资源产出而形成的净收益,一般能以货币计量。生态效益是指森林资源在生态领域对社会作出的贡献,包括生态产品与服务。服务潜力是主体控制的森林资源能够增强未来服务的效果与品质以及服务对象满意度的提升。

森林资源资产化的合理性在于:首先,森林资源的所有者或经营者都被法律法规赋予了所有权或使用权,享有资源的权利是资产的基本特征之一。其次,森林资源的所有者或经营者享有的权利能够有效实施对森林资源的控制,体现为占有、使用、处置、收益等方面,主体对资源的控制也是资产的基本特征之一。再次,森林资源的所有者或经营者能够根据享有的控制权通过相关活动获得经济利益或社会效益。私有化的森林能够为其所有者或控制者带来经济利益,公共部门所拥有或控制的森林资源不一定为某一特定主体带来经济利益,但可能为不特定的主体带来经济利益。公共资源是全民所有或集体所有,其所创造的价值要取之于民用之于民,政府只是公共资源价值创造的名义受益者,社会公众才是最终受益者。此外,森林为社会提供的生态产品和服务能够产生具有公共属性的生态效益,不特定的社会群体或个体从中受益,所创造的生态价值在一定条件下可以用货币计量。森林生态产品和服务价值随着生态文明建设的深入而被不断地感觉和认知,价格会不断上涨。森林作为一种资源具有内在经济属性,基于绿色发展理念和自然资源生态价值理论,森林资源生态价值应当而且可以通过对森林资源资产确认和计量实现。不进行森林资源资产核算,就无法全面、准确地获得森林资源价值信息。森林资源资产应为能够直接发挥效益并能以货币计量的森林资源功能项目类别,必须是森林系统中有生命的生物资源,不包括主体掌控的其他资源，一旦离开了这个系统，资产价值将不复存在。例如，主体为开发和使用森林而建设的管护人员居住和办公的房屋及建筑物、区域内的道路和桥梁以及已经砍伐的林木等均不属于森林资源资产的范畴。

5.2.2.2　森林资源负债属性特征

森林资源负债是指过去事项发生的，主体为森林资源价值实现或提升到预定目标将要发生的各项支出，是为维持森林资源的价值实现或功能恢复需要付出代价，具有自然属性和社会属性。自然属性是指对于自然因素导致的森林资源的死亡、毁损，如果恢复到其原有物质形态而需要自然投入；社会属性是指为修复人为因素导致的森林资源的毁损而需要付出的代价。

森林资源负债是人类基于对森林资源的使用而给予的一种补偿，这种补偿维持着森林资源乃至自然资源生态系统的平衡。森林资源负债的确认条件应满足：一是存在现行法律、制度、政策下导致经济利益可能流出的现时义务；二是金额能够可靠地计量。在维持森林资源价值实现或生态功能恢复过程中，需要投入的资源必将导致经济利益的流出，森林资源负债是以价值量衡量的生态补偿投入，如森林资源不需要任何投入和补偿支出，将无负债产生。主体承担的与森林资源功能恢复或维持价值支出无关的其他负担将不纳入森林资源负债的范畴，如主体应付员工的薪酬，向银行取得借款而发生的利息支出等，但这些支出如果用于上述森林资源负债项目，则可计算在内。森林资源负债不强调未来支出的性质，而强调功能上与森林资源维持与恢复有关。森林的病虫害或火灾等自然灾害本身不属于森林资源负债，应体现在森林资源资产价值的减少与降低，但为森林病虫害防治或火灾预防而发生的支出应计入森林资源负债项目。森林资源净资产是森林资源资产减去森林资源负债后的净额，体现了森林资源未来自我发展的持续能力。

5.2.3　报表要素逻辑关系

5.2.3.1　一般资产负债表要素逻辑关系

运用会计方法编制的资产负债表由资产、负债、净资产等会计要素构成。受会计恒等式及复式借贷记账法的影响，资产、负债、净资产之间存在内在的逻辑关系见表5-6。

表5-6 资产、负债、净资产增减变动的内在联系

业务类型	资产		负债		净资产	
	借方	贷方	借方	贷方	借方	贷方
1	增加			增加		
2	增加					增加
3		减少	减少			
4		减少			减少	
5	增加	减少				
6			减少	增加		
7					减少	增加
8			增加		减少	
9			减少			增加

会计等式可以理解为资金来源与资金运用之间的平衡，也可以理解为会计主体拥有的经济资源与资财提供者对主体资源的索取权之间的平衡。会计主体清算时投资者和债权人都具有对剩余经济资源的索取权，但债权人索取权占优，投资者索取权劣后。一般资产负债表揭示了资产负债表日会计主体财务状况，即资产、负债、净资产的规模及结构关系。资产的变化与负债和净资产的变化有关，可能因举借债务、资本投入、资本增值而增加，可能因偿还债务、资本减值而减少，也可能发生内部结构的改变。从最终结果看，导致资产规模扩大的原因是负债、资本投入与资本增值。在资本投入一定的情况下，比较理想的情况是不断实现资本增值。在资本投入有限或资本被不断侵蚀的情况下，必然依赖于负债推动资产的增长。森林资源资产负债表与自然资源资产负债表编制原理和项目逻辑关系基本相同，均遵循会计恒等式。

5.2.3.2 森林资源资产负债表要素逻辑关系

自然资源核算体系中资产按能源、矿产、土地、森林、水资源等分类，

并可进行二级分类，如能源分为煤炭、石油、天然气等。负债分为环境保护负债、资源管理负债、自然气候负债。自然资源净资产分类为生态价值、经济价值、文化价值等。目前在自然资源和森林资源资产负债表的编制中存在资产和负债概念不清、核算方法不统一、相互之间的逻辑关系不够清晰、无法体现传统会计等式中资金占用等于资金来源关系等现象。自然资源净资产只是一个平衡数，不能反映所有者或使用者的全部权益关系，如公益林的所有者为国家或集体，受益对象是社会公众，森林的生态价值具有公共属性，不排斥生态功能的外溢。大部分自然资源资产的形成是天然的，因此，很多情况下无法采用成本计量。公允价值或现值的确定需要估计，准确性受到各方面因素的制约。森林资源资产与负债之间具有一定的逻辑关系，资产体现自然资源的价值，而负债是为实现或维持资产价值而付出的各种代价，这种代价产生的支出应该是一个截至信息披露时点累积的折现金额，而不是一个当期的付出。

与传统资产负债表相比，森林资源资产负债表的各要素并不体现森林资源占用的资金以及这些资金来自何方，也不注重使用权主体清算时索取权孰先孰后，反映的不是一般意义上使用权主体财务状况是否健康，而是通过核算使用权主体管控森林资源提供的经济服务功能、社会服务功能、生态服务功能的价值增减变化评价使用权主体及相关责任人森林资源管控及为达到森林资源预期经济和生态追求所要发生的各项投入效果，并为使森林资源在生态文明建设中更好发挥作用而进行相关决策。森林的形成是历史和天然的，但森林资源资产是人类对森林资源功能的认知发展到一定阶段的产物，是对森林资源各项服务价值的反映，是一种现实存在和主观存在。随着社会进步、文明发展，能够列入森林资源资产的项目将会越来越多。森林资源中的天然林在形成时，人类并未付出代价，但其也能够为社会创造价值，这种价值的实现离不开法律的保护、政策的认可以及社会达成的共识，如产权的界定、强制性的碳排放权交易、人类生态环保意识的加强等。

森林资源资产负债表净资产包括自然资本和资本增值。自然资本是森林资源资产初始核算时点与其相对应的净资产部分。森林资源资本增值为核算起始时点后森林资源资产价值的变化部分，是森林资源资产超出森林资源负债和森林资源自然资本的净变化额，在实践中自然资本和资本增值比较难以区分。森林资源净资产还可以分为支撑天然林形成的自然投入资本和支撑人工林形成的人工投入资本。森林资源初始投入资本是经历了各种环境变迁在没有人类干扰情况下形成的自然资本，是自然界给予人类的天然馈赠。彼时森林资源资产等于净资产，不存在负债。自然资本的形成也包括法律、政策、社会共识赋权等因素。

在不受外在因素影响的情况下，森林能够按自然规律生长，森林资源资产能够自然增值，森林生态系统能够维持和发展。随着人类逐渐成为地球的强者甚至主宰者，自然界的平衡状态被打破，农业种植、工业化、城市建设导致大量砍伐森林，森林资源的规模和质量在下降，自然环境和生态系统遭到破坏，自然灾害发生频率增加，森林资源趋向枯竭，无法按自然规律生长。从短期和局部看，人类可能会战胜自然，但从长远和整体看，人类无法离开地球上的其他自然资源而独善其身。在受到大自然的惩罚后，人类认识到人与自然和谐共存的必要性，对森林资源经济服务功能与生态服务功能的认知程度不断加深，可持续发展、科学发展、绿色发展理念相继提出。为了实现人与自然和谐共存，人类有必要采取措施恢复已被破坏的森林资源，通过在森林资源资产负债表中确认负债以体现补偿过去的欠账需付出的代价。森林资源负债包括为使森林资源恢复到生态平衡状态所需要的各项支出，将持续存在并随着人类认知改变和核算方法改进而发生变化。森林资源负债是扭转森林资源不利现状而采取的必要措施在应计金额上的体现，是森林资源资产负债表的使用权主体或管护主体所做出的一种承诺和自我约束，是支撑森林资源良性循环、健康发展的重要保障。与一般企业资产负债表不同，森林资源资产和负债之间不存在杠杆效应，负债影响的不是资产而是净资产，即森林资源负债的发生导致净资产的减少，森林资源负债的减少会导致净资产的增加。当森林资源持续增加，经济功能和生态功能能够维持平衡，森林资源负债会不断减少甚至消失；在森林资源日渐匮乏或生长条件恶劣的情况下，需人为加大抚育与管护力度以提高森林资源规模与质量，森林资源负债会不断增加。

根据森林资源资产负债表的功能，其要素包括资产、负债、净资产。收入、费用等要素暂不需要单独体现，所需相关信息可以通过资产、负债的时点变化来获取。部分学者对森林资源资产负债表要素项目设计的思路见表 5－7。这些研究者都是基于"资产＝负债＋净资产"等式原理编制森林资源资产负债表，将森林资源资产按林地和林木分类列示，考虑了森林资源负债，反映了森林资源资产和负债的价值量信息，都没有列示森林资源负债的实物量数据。部分研究未列示森林资源资产实物量指标，部分研究只考虑了森林资源资产的经济价值，部分研究将森林资源资产的经济价值和生态价值分开列示。各研究者分别对森林资源资产按起源、林种、生长阶段、用途等进行了分类。

表 5－7　　　　　　　　森林资源资产负债表要素构成观点比较

研究者	资产	负债	净资产	备注
张颖	林地、林木，按官方分类	资源耗减和生态保护投入	差额	价值量
陆彩霞	林木、林地，并按天然和人工分类	资源负债和环境负债	国家、集体、个人	价值量
邓颖和	公益林、商品林、经济林、能源林	公益林、商品林、经济林、能源林	差额	价值量与实物量（资产、负债）
魏名星	林木、林地、生态功能	生态保护、管理、自然灾害、生态补偿等费用	差额	价值量（资产、负债）与实物量（资产）
王骁骁	林木、林地经济价值，生态服务功能、一般资产	权责发生制下的管护、薪酬、建设、税金等费用以及借款	差额	价值量（资产、负债）与实物量（资产）
张议允	林木、林地	经济负债、生态负债	经济权益、生态权益	价值量
张卫民	林地、林木	林地、林木	林地、林木	价值量与实物量（资产、负债）
袁继安	林地（实物量、价值量）、林木（实物量、价值量）、生态服务	损失负债、生态治理负债、生态恢复预计负债	差额	林地、林木实物量与价值量，生态服务、负债价值量

资料来源：根据相关资料整理。

生态系统功能是森林资源固有的自然属性，属于资产范畴。生态系统功能有益于人类社会并被社会享用时转化为生态系统服务，属于期间变量范畴，可被视为社会从自然资本获取的红利。目前，这种服务的计量多以 1 年为时间单元。森林资源资产生态系统服务价值应体现未来能持续提供生态系统服务的当前价值。

完整的森林资源资产负债表应全面反映森林资源资产、负债及净资产，其中，资产和负债要分别反映，不能将森林资源负债作为森林资源资产的减项。森林资源资产经济功能和生态功能所实现的价值不是排斥的，可以交叉。一般情况下森林资源经济价值和生态价值并存，如经济林未来收获物折现金额合计产生经济价值，同时通过固碳释氧创造生态价值。森林资源因持有目的不同在价值实现方式上会有所侧重，公益林侧重生态价值，商品林侧重经济价值。不排除在特定的情况下公益林只计算生态价值，不计算经济价值；商品林不计算生态价值，只计算经济价值。根据测算，森林资源生态服务功能较经济服务功能创造更多的价值。森林资源和其他自然资源价值之间也存在交叉的情况，如水的净化、空气质量的改善、林地资源土壤的改良、耕地和草原的保护等增加的水资源、大气资源、土地资源价值都有森林的贡献。本书只探讨有生命的森林及其生态系统价值核算，当森林被砍伐或因其他原因失去生命后的价值核算不在本书研究范畴。森林资源资产负债表不仅要有主表还应有附表。价值量表可由政府林业主管部门或其授权机构编制，实物量表可由森林资源的实际管理或使用者编制。

5.3　森林资源资产负债表编制
合理性调查问卷因子分析

调查问卷能够比较全面和准确地反映调查对象对调查内容的主观认识和客观评价。实证分析可以判断样本数据是否具有统计学意义。前面从绿色发展理念视角分析了森林资源资产负债表的理论框架体系。在确定森林资源资产负债表的具体结构框架前，为对前述理论研究结果作进一步验证，对相关人员开展了问卷调查，运用因子分析法结合调查问卷所取得数据分析调查对象对森林资源资产负债表构建的必要性、可行性、科学性的认知和态度，研究森林资源资产、负债确认计量及生态系统服务价值核算对森林资源资产负债表编制的影响程度，为森林资源资产负债表项目名称确定和结构安排提供参考。

5.3.1　研究基础与研究假设

工业革命虽然推动了生产力的巨大进步，但也对自然环境产生了许多消极影响，国民收入核算忽视了环境的污染和自然资源的枯竭（Kuznets，1971）。科斯坦萨等（Costanza et al.，1997）运用"生态服务指标体系"（ESI）系统评估的全球每公顷森林每年实现的生态系统服务价值为 969 美元。森林资源资产负债表是森林资源动态核算的制度性工作，为森林资源纳入国民经济核算体系提供支持（张卫民，2019）。基于科斯坦萨、张卫民等的观点，本书提出以森林资源生态系统服务价值核算为主要目的编制的森林资源资产负债表具有科学性、必要性、可行性。

SEEA（2012）作为国际统计标准，用以解决国民经济核算中经济与环境之间的矛盾，展示主体所拥有的环境资产总量、构成及其变化原因（Division，2017）。SEEA 生态系统实验账户提供了国际通用的生态系统服务分类标准（CICES）及一些可供使用的定价方法。在 SEEA 影响下，FAO（2004）将森林核算内容归纳为森林资产、森林流量、森林管理和保护支出、有关森林的宏观经济总量的核算（Hada，2010）。朗格（Lange，2004）研究发现，瑞典、南非、罗马尼亚在森林资源核算领域进行了实践，评估了本国的森林资源价值。

SEEA（2012）自然资源资产实物量账户表应用了"期初余额＋本期发生额－本期减少额＝期末余额"等式原理，开启了森林资源核算新框架，确立了森林资源生态价值评估的基础。21 世纪以来，资产负债表由于项目之间存在逻辑关系及能够全面反映资源价值与财务风险而逐渐成为宏观经济分析方法之一（李扬等，2013）。英国、加拿大、澳大利亚等国在运用 SNA 核算原理和全球预测系统（Global Forecast System，GFS）体系国际标准编制政府资产负债表的同时，也运用会计方法编制政府资产负债表；前者由统计部门主导，后者由财政部门主导，编制基础逐渐从收付实现制转向权责发生制（Yoshida，2001；Au-Yeung，2009）。狄金森和艾金（Dickinson and Eakin，1936）将企业资产负债表编制技术应用于国民经济核算。雷维尔（Revell，1967）在企业资产负债表的格式基础上，探索编制自然资源资产负债表核算自然资源的经济价值和生态价值。阿尔卡莫（Alcamo，2005）通过自然资产负债表方式反映了生态系统服务所取得的进步，运用基于软链接的人口统计、经济发展、气候和生物圈循环的全球生态系统服务预警模型预测了 2050~2100 年全球生态系统服务的变化。

森林资源资产是落实森林资源价值的载体，是森林资源纳入国民经济核算体系的条件。森林生态功能在人类从物质到精神的追求过程中逐渐被认识和接受，其价值应纳入资产类别核算。张志涛（2018）将 SEEA（2012）设置的林地实物账户、林木实物量账户、土地资产价值账户、林木资源资产价值量账户体系称为森林资源资产负债表。森林资源资产负债表是自然资源资产负债表在森林领域的延伸，是其重要的资源账户或子表。编制森林资源资产负债表的目的就是要完善并推行生态问责制度，对负有森林管护责任的政府官员实行自然资源离任审计，建立和推动森林资源有偿使用和生态补偿制度。目前，森林资源资产负债表编制的实践活动尚缺少规范统一的理论指导和制度规范。森林资源资产是负债形成的前提条件，森林资源负债确认是确保森林资源资产负债表完整性的要求。基于会计等式原理以及 SEEA（2012）及张志涛等观点，本书形成第一个理论假设：森林资源资产、负债价值评估是森林资源资产负债表编制的重要影响因素。

IAS 41 采用了公允价值的计量属性，相对于单纯的历史成本是一种进步，公允价值更具有预测价值和决策有用性，如森林提供碳汇服务利用可交易 CO_2 的市场价格计价（Haiilemariam，2012）。Revell、Yoshida、Haiilemariam、IASB 等观点帮助本书形成第二个理论假设：森林资源资产、负债公允价值计量是森林资源资产负债表编制的重要影响因素。

生态环境状况评价指标体系中，森林覆盖率、生物多样性是重要内容，生态环境质量与森林资源密度成正比关系。ESI 和 SEEA 生态系统实验账户框架帮助本书形成第三个理论假设：森林资源生态系统服务价值核算具有多样性并且是森林资源资产负债表编制的重要影响因素。

本书使用的基于技术接受模型的框架见图 5 – 1。

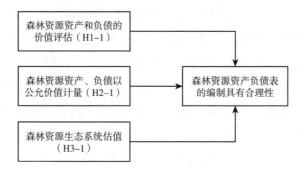

图 5 – 1　本书使用的基于技术接受模型的框架

5.3.2　研究方法

5.3.2.1　问卷设计

为提高公众对森林在抑制全球变暖和维护生物多样性等生态系统功能方面作用的认识，本书根据问卷调查数据分析编制森林资源资产负债表的必要性及该资产负债表的项目构成，在借鉴相关文献观点，访谈本领域专家、学者以及自我思考基础上设计了森林资源资产负债表编制的合理性影响因素的调查问卷。调查问卷采用李斯特量表分析方法，说明调查对象态度强弱及在量表上的不同状态，分析理论假设，探究影响因素。森林资源资产负债表涉及森林、生态、环境等诸多领域，以及统计、会计、资产评估等诸多方法，专业性较强，没有一定专业背景的人员很难高质量地完成问卷调查。为提高问卷调查有效性，只针对专业领域范围内的特定人群开展问卷调查。问卷发放对象包括参加中国林业经济学会 2020 年会暨第十八届中国林业经济论坛的高校、政府职能机构、科研单位、期刊、报纸、学术团体与会代表以及黑龙江省森工企业管理者、政府林业和生态环境部门管理者、生态环境保护研究者、林业经济管理研究者。问卷全部采用填写较为便利的网络社交平台发送，得到了调查对象的积极响应，问卷发放和回收进展顺利。为使调查对象能够对问卷内容有个较为全面的理解和把握，在问卷题首对调查的目的和要求进行了简短的说明。

调查问卷设有 46 个题目，分六个部分，第一部分为人口统计学变量（共 5 题），包括所处行业及服务处所、学历背景、任职或入学时间、学历层次、工作或学习地域。通过问卷可以了解符合不同选项条件的调查对象对问题回答的差异程度。第二部分为调查对象对森林资源资产负债表编制合理性的态度和认知（共 7 题）。第三部分为调查对象关于森林资源资产、负债确认对森林资源资产负债表影响关系的态度和认知（共 12 题）。第四部分为调查对象关于森林资源资产、负债计量对森林资源资产负债表影响关系的态度和认知（共 5 题）。第五部分为调查对象关于生态系统服务价值核算对森林资源资产负债表影响关系的态度和认知（共 9 题）。第六部分为调查对象对森林资源资产负债表的基本理论和框架等其他相关内容的态度的认知（共 8 题）。六个部分中第二至第五部分为核心内容，采用李斯特量表方式进行问题设计。第一部分主要为单项选择，第六部分主要为多项选择。问卷的完整内容见附录 1。我们在问卷设计阶段对部分本领域的专家和学者进行了访谈，根据他们的意见进行了题目和选项的修订，完善了问卷的内容。

5.3.2.2 初步数据分析与假设形成

本书采用因子分析法，将 135 例原始样本进行综合分析，使用 SPSS21 软件将 38 个李斯特变量分为 4 个公共因素。所有研究项对应的共同度值均高于 0.4，说明研究项信息可以被有效地提取。KMO 值均大于 0.6，意味着数据具有效度，适合做因子分析。旋转因子矩阵分析中将特征值大于 1 的成分抽取为主成分。对四个单独因素进行分析，四组有代表性的问题构成自变量和因变量。因子分析结果表明，问题分为 5 个因子。显示每个变量的因子载荷矩阵列入附录 2。自变量第一维度特征值大于 1 的因子有两个，提取这两个公因子。自变量第二维度特征值大于 1 的因子有 1 个，提取一个公因子。自变量第三维度特征值大于 1 的因子有 1 个，提取一个公因子。因变量维度中特征值大于 1 的因子有 1 个，提取一个公因子。在"资产、负债确认"组，问题 19 旋转成分矩阵值没有达到 0.5，与两个相关的因素关系不紧密，并且删除此指标后 Cronbach's α 系数都有所提高。因此，此项指标没有被最终载入。

本书采用 Cronbach's α 信度系数测量问卷内容的一致性和可靠性。Cronbach's α 的值在 0~1，接近 1 的信度较高。信度检测最低 α 值为 0.781，另外三项均在 0.8 以上（见表 5-8），说明研究数据信度质量高，调查问卷内容具有可靠性。因子分析显示调查对象更接受森林资源资产、负债以公允价值为基础的混合计量模式。基于以上分析结果，本书对初始研究框架进行了修改，修改后的研究框架见图 5-2。

表 5-8　　　　　　　　　　　探索性因子分析

因子组别	因子命名	问题涵盖	Cronbach's α	KMO 检验	Barlett 检验	
					近似 χ^2	Sig.
资产、负债确认	资产确认	13、14、15、16、17、18	0.898	0.868	685.076	0.000
	负债确认	20、21、22、23、24				
资产、负债计量	资产、负债的计量	25、26、27、28、29	0.781	0.790	171.981	0.000
生态系统服务功能	生态系统服务功能	30、31、32、33、34、35、36、37、38	0.893	0.875	564.769	0.000
资产负债表编制合理性（因变量）	资产负债表编制的合理性	6、7、8、9、10、11、12	0.854	0.877	352.404	0.000

森林资源资产负债表对于拓展森林资源核算领域与范围、提高公众对森林在遏制全球气候变暖与维持生物多样性等生态系统服务功能的认识以及推动森林资源资产、负债确认和计量理论研究和实践应用具有重要的意义。调查对象对森林资源资产负债表编制的必要性、科学性、可行性形成共识，认为其具有合理性。85.19% 的调查对象认为森林资源核算非常必要，认为不

重要的只有 8.89%。74.82%的调查对象认为森林资源资产负债表对于加强政府官员的生态监管职责起到正面作用。80.74%的调查对象认为现有条件下经过努力可以编制森林资源资产负债表。82.96%的调查对象认为在已经编制自然资源资产负债表的基础上，仍需要单独编制森林资源资产负债表，不同意的只有 3.7%。79.26%的调查对象认为森林资源资产负债表能提供比单纯森林资源核算账户更多的信息。虽然调查对象从事相关领域的工作、学习、研究，但有 43.71%的受访者认为对森林资源资产负债表理解不是很深入，说明森林资源资产负债表研究的影响力不大。

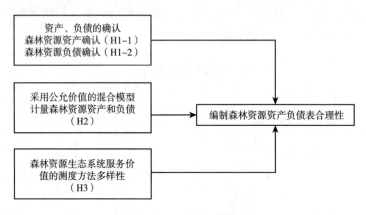

图 5 - 2　修改后的研究框架

（1）资产、负债确认因素影响。为更有效地实现森林的可持续发展，刘梅娟（2012）将森林生态服务价值确认为生态资产。海尔马里亚姆（Hailemariam，2012）提出，森林通过提供流域保护服务（保护土壤侵蚀、伐木和下游农业）、碳汇服务以及提供多种动植物生活的栖息地（即生物多样性的仓库）为各国提供了宝贵的环境效益。

在对自然资源资产研究的基础上，胡文龙和史丹（2015）认为，自然资源负债是人类在利用自然资源过程中所承担的能以货币计量、需以资产或劳务偿还的现时义务。陈玥（2015）认为，自然资源负债是人类在社会经济活动过程中对自然资源造成的不合理损耗，包括对环境产生的负外部性。张欣晔（2018）则认为，森林资源负债是森林资源耗减、环境保护成本、生态补偿、生态恢复等成本，或是经济活动造成林地、林木资源消耗量超过可持续利用（林地使用定额、森林采伐限额）之外的部分（即资源耗减），如果不存在"超采"，则认为没有发生负债。

森林资源负债是自然资源负债重要组成部分，与森林资产存在内在逻辑关系，应当并且可以单独确认和计量，由此提出以下假设。

H1－1：森林资源资产确认对森林资源资产负债表编制合理性呈显著正向影响。

H1－2：森林资源负债确认对森林资源资产负债表编制合理性呈显著正向影响。

假设检验方程如下：

$$y = \alpha_0 + \alpha_1 x_{11} + \alpha_2 x_{12} + \varepsilon \qquad (5-1)$$

其中，y 表示编制森林资源资产负债表的合理性；x_{11} 表示确定森林资源资产；x_{12} 表示确定森林资源负债；α_0 表示常数；ε 表示随机误差。

（2）资产、负债的计量要素影响。资产和负债是静态数据。因此，应将通过统计、业务、会计等环节取得的森林流量数据通过折现等计量手段变为存量数据。法国在 20 世纪 80 年代发布了《法国自然资源核算账户》与《法国环境核算体系方法》等报告，重在进行自然资源的存量统计及经济价值评估。芬兰以森林的质量指标（包括生态指标、特殊用途指标、变量、价格、质量指数）衡量其综合生态效益。SEEA（2012）指出，无市场价格的自然资源资产可以采用折余重置成本法、未来收益贴现值法。日本主要采用工程替代法核算森林生态服务价值。IAS 41 针对生物资源经济价值的核算采用了公允价值的计量属性（Herbohn，1998）。

森林资源资产负债表中的负债应是在现有技术水平与已有资源储量之下，由经济发展所导致的森林资源缺口，或弥补该缺口所需的成本（乔晓楠，2015）。负债对于可耗竭资源，意味着进一步降低资源消耗或者寻找替代能源所需要付出的经济代价，对于非可耗竭资源，则意味着在特定时期资源需求量超过其再生速度，或者突破其维持再生平衡临界点的情况（黄溶冰和赵谦，2015）。森林资源资产、负债应采用公允价值（市场价格）与成本混合计价方式，并且计量方法和手段应该是规范和统一的。在此基础上，提出以下假设：

H2：森林资源资产、负债以公允价值为基础的混合计量对森林资源资产负债表编制合理性呈显著正向影响。

假设检验方程如下：

$$y = \alpha_0 + \alpha_1 x_2 + \varepsilon \qquad (5-2)$$

其中，y 表示编制森林资源资产负债表的合理性；x_2 表示基于公允价值的森林资源资产和负债的混合模型；α_0 表示常数；ε 表示随机误差。

（3）森林资源生态系统服务价值核算。美国、日本等国的研究表明，森林的生态效益是其经济价值的 10 倍。世界各国尚未形成森林生态系统服务价值核算统一的体系，核算的对象和内容有一定差异。侯元兆等（1995）对中国森林资源涵养水源、防风固沙、净化大气三项生态系统服务价值进行了评估。张颖和李坦等（2013）运用市场价值法、影子价格法等多种方法对中国国家级公益林的生态效益进行了评估，计算得出公益林提供的生态效益总价值为 261179.86 亿元。森林固碳释氧价值的确定方法有造林成本法、碳税法、避免损害成本法、工业制氧成本效益分析法和影子价格法（Long et al.，2018）。森林保护水源的价值可以采用影子项目方法，即具有同等功能的建筑蓄水工程（如水库）的成本（Brugnach and Dewulf，2017）。森林保持土壤肥力价值可以采用预期收益资本化和替代成本法进行评估（Cortés-Flores et al.，2019）。森林生态系统服务价值核算内容与方法见表 5-9。

表 5-9　　　　　　　　　　森林生态系统服务价值核算内容与方法

生态服务类别	核算内容	核算方法
涵养水源	调节水量	持续供水价格替代法、水库造价替代法
	净化水质	净化水质价格替代法、自来水价替代法
保育土壤	固土	清淤工程替代法、灾害损失与治理成本替代法
	保肥	化肥价格替代法
固碳释氧	固碳	碳交易法
	释氧	氧价格替代法
农田防护	农田防护	农业减灾增产价值替代法
	防风固沙	生态认购法

生态服务类别	核算内容	核算方法
净化大气环境	提供负离子	器械成本替代法
	吸收污染物（二氧化硫、氟化物、氮氧化物）	排污费替代法
	滞尘	排污费替代法
森林游憩	森林游憩	林业旅游与休闲产值替代法、综合旅游收入替代法
生物多样性保护	物种保育	Shannon – Wiener 指数法

在此基础上，提出以下假设。

H3：森林资源生态系统服务价值核算方法具有多样性并且对森林资源资产负债表编制合理性呈显著正向影响。

假设检验方程如下：

$$y = \alpha_0 + \alpha_1 x_3 + \varepsilon \qquad (5-3)$$

其中，y 表示编制森林资源资产负债表的合理性；x_3 表示用于衡量森林资源生态系统服务价值的方法是多样化的；α_0 表示一个常数；ε 表示随机误差。

5.3.3　研究结果与讨论

发放并回收 135 份问卷均为有效问卷（见表 5 - 10）。问卷第一部分人口统计学变量调查结果分析显示：调查对象中在校林业及经管类学生占 39.26%，自然资源或生态环境科研工作者占 22.22%，自然资源或生态环境系统政府工作人员占 17.78%，森工企业管理人员（含核算人员）占 11.11%，政府林业管理部门工作人员占 9.63%。上述人员中 37.04% 的学习经历与林业有关，60.75% 在本领域从业或学习 5 年以上，具有硕博学历的比例达到 62.22%。调查对象的高学历层次以及研究和工作领域与调研内容的高度相关性，使其能够很好地理解问卷内容。调查对象覆盖了中国东北、南部、东南、中部、西北、西南各个地域，覆盖面比较广泛。本次问卷调查对象结构比较合理，能够较好地保证研究结果的科学性。

表 5 – 10 样本特征

项目	个人属性特征	样本频次	占比（%）
行业领域	森工企业管理人员（含核算人员）	15	11.11
	林业系统政府工作人员	13	9.63
	自然资源或生态环境系统政府工作人员	24	17.78
	自然资源或生态环境科研工作者	30	22.22
	在校林业及经管类学生	53	39.26
学习背景	林业经济管理	38	28.15
	林学及相关	12	8.89
	其他经管类（含会计、审计、财务管理与统计）	43	31.85
	环境及生态保护	21	15.56
	其他	21	15.56
学历或学位	博士	32	23.70
	硕士	52	38.52
	本科	33	24.44
	专科	11	8.15
	其他	7	5.19
居住或生活的区域	东北地区	73	54.07
	南部（含东南、中南）地区	13	9.63
	西北地区	17	12.59
	中部地区（含华北）	22	16.30
	西南地区	10	7.41
工作或学习的时间	20 年以上	22	16.30
	10～19 年	21	15.56
	5～9 年	39	28.89
	1～4 年	37	27.41
	1 年以下	16	11.85

调查对象对问卷的第六部分森林资源资产负债表的基本理论和框架等其他相关内容的态度分析显示：47.41% 的调查对象认为各级政府的林业主管部门应成为森林资源资产负债表编制主体，28.75% 的调查对象认为森林资源现有核算主体应为森林资源资产负债表编制主体。这说明相当一部分调查对象认为森林资源资产负债表的编制属于宏观事项，提供的信息具有公共属

性，主要满足政府和社会公众的需要，应由政府来主导，现有核算单位作为微观主体难以独立完成报表编制工作。55.56%的调查对象认为森林资源资产负债表的编制时间间隔为一个森林资源清查期（5年），另有25.93%的调查对象认为现有的年度报告期间较为合适，与森林资源清查期间同步能够大大降低数据取得成本。72.59%的调查对象认为森林资源资产负债表数据来源应为林业单位业务调查数据，认为是统计数据和会计数据的分别占64.44%、56.3%，说明现有会计核算资料尚不能完全满足森林资源资产负债表的编制，应该将业务数据、统计数据、会计数据整合使用，并且业务数据发挥更大的作用，这与报表涵盖期间和业务清查期间保持一致结论相吻合，森林资源资产负债表的编制更应注意业务数据的采集与应用。62.96%的调查对象认为在编制森林资源资产负债表过程中会计方法与统计方法应结合运用。超过一半的调查对象认为制约森林资源资产负债表编制的困难主要是技术及数据采集跨领域、资产负债确认计量比较困难、核算方法不统一。调查对象对森林资源生态价值、经济价值、社会价值的认可程度分别为77.78%、76.3%、63.7%，具体项目价值认可程度中也体现了这一点，对于代表社会价值的森林康养、景观游憩认可程度均低于50%；对于固碳释氧、涵养水源、生物多样性等生态价值的认可程度均超过50%。调查对象中认为森林资源资产负债表编制的依据是"资产＝负债＋净资产"等式的比例只有40.74%，而认为应遵循"期初存量＋本期增量－本期减量＝期末存量"等式的比例为45.93%，两者差距虽然并不是很大，但与本书前述理论分析结果并不相同。这说明在森林资源资产负债表的编制原理上业内人士还未形成一致意见，资产负债表理论尚未深入人心，原因与SEEA环境核算框架体系中自然资源资产计量采用的就是"期初存量＋本期增量－本期减量＝期末存量"等式，而我国森林资源资产负债表源自SEEA环境核算框架有关。结论上的偏差与调查对象中具有会计专业背景的人士并不占优也有一定关系。"资产＝负债＋净资产"等式作为资产负债表编制的理论基础与直接依据，从出现至今已有数百年历史，历经经济社会发展及变革，一直沿用至今，说明理论具有科学性。"期初存量＋本期增量－本期减量＝期末存量"等式虽然也是一种会计核算技术手段，但这种手段并不具有会计领域知识的独特性和专业性，尚未达到理论高度。

回归分析假设检验结果见表 5 - 11。

表 5 - 11 　　　　　　　　回归分析

自变量	R^2	调整后 R^2	参数	β	标准误差	t	Sig.	共线性统计量	
								容差	VIF
资产、负债确认	0.675	0.670	常量	0.251	0.122	2.057	0.042		
			资产确认	0.606 **	0.066	9.189	0.000	0.549	1.822
			负债确认	0.271 **	0.067	4.017	0.000	0.549	1.822
资产、负债计量	0.450	0.446	常量	0.544	0.152	3.591	0.000	1.000	1.000
				0.657 **	0.063	10.437	0.000		
生态系统服务价值核算	0.444	0.440	常量	0.465	0.161	2.896	0.004	1.000	1.000
				0.657 **	0.064	10.303	0.000		

注：在分析中，编制森林资源资产负债表的合理性是一个因变量，其均值为2.031。带 * 的 β 值为显著相关（0.05），N = 135。

5.3.3.1　森林资源资产和负债确认因素

以森林资源资产、负债确认为自变量的回归结果具有统计显著性。回归方程为：

$$y = 0.251 + 0.606x_{11} + 0.067x_{12} \qquad (5-4)$$

式（5 - 4）说明资产、负债的确认与编制资产负债表的合理性有显著关系。资产、负债的确认有助于森林资源资产负债表的类别和结构安排，是编制过程中的关键步骤，促进所有利益相关者对资产负债表的理解。

森林资源资产、负债确认作为自变量因素在回归分析中调整后 R^2 为 0.67，模型的拟合度较高。Sig. 值为 0，回归方程通过显著性检验，说明通过因子分析确定的森林资源资产确认和负债确认两个公共因子与因变量森林资源资产负债表的编制合理性之间具有显著的多元线性回归关系。森林资源资产、负债的确认决定森林资源资产负债表项目类别与结构安排，是编制森林资源资产负债表的关键环节，能够提高社会各界对森林资源资产负债表的认知程度。VIF 值为 1.822 说明回归分析不存在多重共线性，检验均有统计学意义。

研究发现，森林资源资产负债表作为自然资源资产负债表体系组成部分，有助于自然资源资产负债表的编制，也有助于政府资产负债表和国家资产负债表等宏观报告的编制。不能因为森林资源资产创造的价值具有不确定性而放弃和忽视对其的核算。资产概念及确认本身就是一个渐进的过程，为了应对森林资源这一特殊性质的自然资源核算，应制定与完善相关会计准则。调查问卷显示，森林资源资产价值认可度从高到低依次为生态价值、经济价值、社会价值，说明生态文明观念已深入人心，美好的生活不仅要有金山银山还要有绿水青山。生态价值是森林资产价值的重要组成部分，能够体现区域内一定时期生态效益的量化结果，森林资源的生态价值核算已经形成共识，有了较为广泛的社会基础，与经济价值核算并不互斥。在不同的生长环境和培育目标下生态价值和经济价值占比不同，如在生态环境比较脆弱的地区，应更多地创造森林的生态价值而不是经济价值。

森林资源负债这一提法并不被一些学者认可和接受，但通过调查问卷发现森林资源负债确认具有合理性，有一定的社会认知。森林资源负债既包括为维持和恢复森林资源存量资产进入到经济系统中过度利用而影响质量产生的法定义务，也包括森林资源砍伐或征占量超过可持续利用红线而产生存量资产数量的负外部性影响，反映未来一定期间发生的资源损耗、毁损、管护、补偿支出以及维持或达到生态红线标准即超过资源可持续利用临界值的恢复成本，是补偿主体管理不善而导致的森林资源非自然损失或自然灾害造成自然损失产生的现时义务。森林资源负债的确认要做到产权或责任清晰、可计量、经济损失或生态损失已发生或未来很可能发生。

5.3.3.2　森林资源资产和负债计量因素

以森林资源资产负债计量为自变量的回归结果具有统计学意义。回归方程为：

$$y = 0.544 + 0.657x_2$$

森林资源资产、负债计量作为自变量在回归分析中调整后 R^2 为 0.446，

Sig. 值为 0，VIF 值为 1.000，说明自变量与因变量具有相关性，线性回归关系显著，资产、负债的计量与编制森林资源资产负债表的合理性有着重要的关系，自变量之间不存在共线性关系。森林资源资产、负债计量也是森林资源资产负债表编制中需要解决的一个重要内容。

由于森林资源资产、负债计量的特殊性和复杂性，计量难度很大，计量基础的确定和选择十分重要。资产按公允价值（市场价格）计量比较符合时代潮流，但考虑了森林的不同用途及培育方式，公允价值与重置成本的结合或许是一种更现实的选择。只反映实物量的森林资源资产负债表不能满足宏观治国理政的需要，应设置实物量账户与采取适合森林资源特性的价值量反映方法，实现森林资源实物量与价值量的确认、计量、报告，最终形成价值量型森林资源资产负债表（焦志倩等，2018）。资产的实物量和价值量对信息使用者都是有用的，负债的价值量核算更有意义。森林资源资产负债表中资产和负债是静态数据，将流量指标通过折现方式变为存量指标面临折现率的确定、期间的选择、指标金额的测算等问题。林地价值、林木价值、生态价值都是通过一定的方法、方式、程序和规则根据基准价值测算出来，以解决森林资源资产负债表的实物量向价值量转化的难题。森林资源资产负债表的理论依据是会计基本恒等式，即"资产 = 负债 + 净资产"。森林资源净资产是森林资源资产和负债的差额，不需要单独计量。

5.3.3.3　森林资源生态系统服务价值核算因素

以森林资源生态系统服务价值为自变量的回归结果具有统计学意义。回归方程为：

$$y = 0.465 + 0.657x_3$$

森林资源生态系统服务价值作为自变量在回归分析中调整后 R^2 为 0.440，Sig. 值为 0，VIF 值为 1.000，拟合度较好，线性回归关系具有显著性，自变量之间不存在共线性关系。森林资源生态系统服务价值核算范围的扩大和核算方法的改良使得森林资源资产负债表编制具有可行性，所提供的森林资源生态信息能够在社会可持续发展中发挥更大的作用，对节能减排等政策的出台提供决策依据。

世界资源研究所（WRI）2020 年发布的报告指出，2001～2019 年，全球森林吸收的二氧化碳约为其排放的两倍，实物量为每年净吸收 76 亿吨二氧化碳，让我们能够直观地认识到森林具有"碳汇"功能。我们还能切身感受到森林在空气净化、水土保持、风沙迟滞等方面的生态功能。确认、计量、披露森林资源的这些生态功能是一个困难和复杂的过程，但如果因此而放弃或者忽视森林服务创造的价值，则我们无法引导社会各界参与种植和养护树木，无法科学评价林业发展与建设成果，无法反映生态文明建设所取得的成绩。世界上大多数国家都已经不再把森林当成一种仅仅向人类提供燃料、食物、家具、房屋的材料，而是更加关注其在绿色发展中生态功能的发挥。森林资源资产负债表编制的目的主要是将森林资源生态价值以资产形式体现出来，并将为实现社会可持续发展而维持森林资源需要在未来发生的各项投入确认为负债。

5.3.4　实证研究结论

通过问卷调查，利用实证分析方法研究编制森林资源资产负债表的合理性，是因子分析法在该领域研究的首次应用。问卷结果通过了信效度检验，问卷内容和所得数据的质量均具有较高的可信度，适合进行因子分析。在因子分析中，将 33 个李斯特量表变量划分为 5 个公因子，抽取代表性问题分别代表自变量和因变量。在回归分析中，所有自变量对因变量都有显著影响。实证分析显示森林资源资产负债表不仅要反映森林资源资产的经济价值，还要反映森林资源资产的生态价值；不仅要反映森林资源资产的实物量，还要反映森林资源资产以及负债的价值量。森林资源资产负债表通过贴现的方式将流量指数转变为存量指数。森林资源资产的计量可以采用公允价值（市场价格）和成本的混合价值。结果表明，调查对象认识到编制森林资源资产负债表的必要性以及科学性和可行性的重要性。大多数调查对象认为，确认森林资源资产和负债、使用基于公允价值的混合估值方法以及评估森林资源生态系统服务的价值是编制森林资源资产负债表的主要影响因素。

5.3.5　实证研究不足及对未来研究的建议

关于森林资源资产负债表的研究还在探索中。调查结果得出的结论对编制森林资源资产负债表具有参考价值和现实意义。但调查的行业和地区有限，问卷设计有待进一步完善。鉴于森林资源资产负债表的研究还处于起步阶段，可作为参考的理论结果有限，构建森林资源资产负债表的方法尚未形成统一标准，其整体框架尚未得到充分验证。森林资源生态系统服务价值评价尚缺乏比较权威、统一的体系，公允价值计量水平的差异会导致价值评价结果的不确定性。森林资源资产负债表基础数据获取渠道不统一、不规范，报告编制责任主体不明确。上述不足有待进一步研究。未来的研究可以通过识别和评估森林资源资产、负债和生态系统服务功能来确定自然资源的边界，为社会各界提供有用的森林资源信息。

5.4　本章小结

本章在森林资源资产负债表编制制度机理基础上，进行了核算机理的研究。首先研究了森林资源资产负债表的构成要素及设计原则，提出了核算的主体、客体、目标、假设、信息质量要求、核算方法等基本理论；其次对森林资源资产负债表各项目的逻辑关系进行了研究，确定了核算要素与等式；最后通过问卷调查，采用因子分析方法对森林资源资产负债表的结构和项目安排进行了探索性研究。本章内容为后续森林资源资产负债表的编制打下了坚实基础。

第 6 章

基于绿色发展的森林资源
资产负债表实现路径

6.1　森林资源资产确认

6.1.1　森林资源资产确认条件

森林资源不仅是生产要素也是生态要素，还可以构成会计要素。IASB 概念框架（2018）更重视资产的控制权和未来的经济利益，不再强调所有权和投入成本以及确定性。有潜力带来经济利益的经济资源也可确认为资产，面临的不确定性使其需要更多的职业判断。森林资源资产是指通过法定、授权或交易形成的，由政府或其他社会主体管理、使用、控制的，预期能给权益主体带来经济效益、生态效益、社会效益的稀缺性森林资源，是森林资源价值创造的动力和源泉，与企业会计准则中林业生物资产从不同角度对同一对象作出概念界定。森林资源资产既包括具有经济价值的林木、果实等实物产品，也包括具有生态价值的无形产品；既包括林木产品价值，也包括林地资源价值。森林资源资产确认应满足下列条件：第一，森林资源资产总量是有限的，具有稀缺性；第二，森林资源资产必须要有明确的责任主体；第三，森林资源资产能够带来经济效益、生态效益和社会效益；第四，森林资源资产在现有认知条件下可计量。森林资源资产是森林资源自身具有的内在价值，不包括围绕森林资源衍生出来的其他产品或服务价值，如使用权价值、特许权价值。源自森林资源的碳排放权是内生于森林资源固碳功能具有的生态价值表现形式，不是森林创造的新价值，而是森林固碳生态价值计量手段的进化。没有碳排放权交易，森林资源固碳功能所具有的生态价值仍然存在，只不过无法表述或表述得不一定准确和科学。对于森林所在地区的人工建筑和设施的投入，不会导致森林资源资产价值的改变，但可能会有助于森林资源已有的休憩等社会价值的实现。

森林资源资产的价值与森林资源的所有权归属无关，不论是国有的、集体的、个人所掌控的森林资源，其具有的自然属性一致，发挥的功能相同。无论通过何种方式取得的森林资源，其价值是客观的，在判断资产的期末可变现金额或可收回金额时，无须考虑资产的取得方式。但森林产权的清晰有利于提升森林资源的数量与质量，促进森林资源功能与效用的实现，有利于森林资源可持续发展。森林资源资产是存量指标，反映了某一时点森林资源累积的价值量或实物量，也能够通过前后比较反映森林资源资产价值量的增减变化情况，评价森林资源监管者或责任主体的工作绩效。

森林资源资产价值增加的原因主要包括：一是实物量增加而引发个体形态生物质量变化，如封山育林等促进植被自然生长。或者自然、人为因素而导致的实体数量增加，如人工造林、人工更新、飞播造林等。二是由于人们对森林资源价值认知程度提升，物质需求、生理需求、心理需求越来越高，而供给不变或跟不上需求的变化，进而边际效用价值提升。森林资源资产价值量的变化不仅取决于物质量的变化，还取决于认识和观念的变化。绿色发展理念不断深入人心，成为社会的主流意识，政府的政策也要顺应时代发展潮流进行调整和改变，引导人们建设生态文明，通过对生态服务功能价值量核算，让"绿水青山"变成"金山银山"，让社会行为向政策目标靠拢。

森林资源资产价值减少的原因主要包括：第一，人为因素导致实物量的减少，如毁林开荒、城市与道路建设、家具制造等生产活动或消费行为导致个体消亡。第二，生命周期更替，如生长期已过、树木老化、质量下降。第三，稀缺性导致的森林资源资产价值降低，如资源供给大于资源需求（主要是经济价值）。第四，自然灾害以及病虫害等因素而引起的价值下降，如冰雪灾害、雷击火灾、台风、天牛等造成的倒伏、枯萎、死亡。

森林生态系统服务价值与森林面积和蓄积高度相关，但两者未必具有完全一致性。林分类型、林木种类、所处地域以及采用的森林生态价值核算方法也是森林生态价值的影响因素。采用公允价值计价时森林资源生态产品或服务的市场价格变化，采用替代成本法时替代物的价格变化都会影响森林生态价值计算结果。

森林资源的经济价值归属于所有者或经营者。受外部性因素的影响，森林资源的生态价值不完全归属于其所有者。森林资源的良好分布不仅会改善森林所有者的生态环境，也会改善周边一定区域内的生态环境；不仅会改善短期生态环境，也会改善长期生态环境。河流上游森林保持了水土，下游河流泛滥概率减少，泥沙含量降低。一方造福，多方受益；一代造福，子孙受益。森林资源资产负债表编制主体是承担森林资源管护责任的单位或与其有重要利益关系的单位，核算对象是上述单位管护的森林资源形成的资产和负债。森林资源资产负债表的功能不同于传统的财务报表，主要是反映生态文明建设成果。传统财务会计核算体系中的资产、负债与生态文明建设成果不直接相关，甚至与森林经营或管理无关，核算内容不完整，核算口径不一致。国有场圃只核算 1995 年以后新增的人工林资产，导致很多林木资产未进入表内核算。一些集体林地、林木，私营企业及林地承包户财务会计核算很不健全。因此，将传统财务会计核算中的全部资产和负债直接纳入森林资源资产负债表并不合适。森林资源资产负债表不应包含与自然资源无关的一般性财务资源和债务，但对于传统财务会计与森林资源资产负债表均需核算的项目，在财务会计核算较为科学的前提下，可将一般财务报表数据引入森林资源资产负债表。在实践中可将传统财务报表和森林资源资产负债表结合起来使用，反映森林资源管控单位的经营、管理现状及生态文明建设成果。森林资源资产是一种资本化支出，而不是一种消耗性支出。造林、修路、购买林地支出计入林木生产成本，抚育和管护费用属于损益性支出，不计入林木生产成本。

森林资源资产负债表编制需要准确地界定其要素——资产、负债、净资产及明细项目——各种具体的森林资源类别。类别区分应该既考虑自然因素、也要考虑经济因素与社会因素，还要考虑行业主管部门的统计需求与其他信息使用者需求。森林资源资产的构成有如下观点：林地、林木，动植物以及微生物等林副产品，森林资源环境；林地资产、商品林资产、公益林资产（野生动植物资产）；森林、林木、林地、森林景观资产以及森林资源相关的其他资产（《森林资源资产评估管理暂行规定》）。SEEA 将森林资源分为林地资产和林木资产。在实践中林木资源和林地资源往往发挥不同的效用。林地和林木的关系如土地使用权与附着在土地使用权上的房屋、建筑物的关系。一般情况下土地使用权是无形资产，房屋、建筑物形成固定资产。林地所有权归属于国家和集体，土地的开发必须由政府出面进行组织。林木的所有权归属于政府、企业或者个人，权属关系上两者可以分离。一般资产负债表中土地使用权和房屋、建筑物的价值可以分别列示，前提是二者的价值能够单独计量，否则以固定资产进行核算。森林的生长离不开土地资源，土地提供了林木生长所需要的营养成分和生存基础；同时林木的生长又为土地资源提供了土壤肥力、涵养了水分，两者形成了一个循环系统。

森林资源资产明细项目分类与林木种类密切相关。林木种类划分见表 6-1。

表 6-1 林木种类分类

用途	起源	龄组	所有权	植被类型	气候带	林种	会计核算
商品林	天然林	过熟林	国有林	针叶林	热带林	用材林	生产性林木
公益林	人工林	成熟林	集体林	阔叶林	温带林	能源林	消耗性林木
		近熟林	个人所有林	针阔混交林	寒温带林	经济林	公益性林木
		中龄林		特殊灌木林		防护林	
		幼龄林		竹林		特种林	

资料来源：根据相关资料整理。

6.1.2 森林资源资产项目分类[①]

森林资源资产负债表资产项目划分不宜太细，以便简洁清晰；与林业清

---

① 本节数据如无特殊说明均来源于《中国森林资源报告》(2014-2018 年)。

查统计数据口径一致，便于数据的取得；体现信息需求的差异，易于区分；数据要保持计价模式上的一致性；应体现自然属性的差异；抓大放小，解决有没有的问题；先易后难，先将市场化程度较高的项目列到表内。虽然林木与林地的价值在很多情况下是两者共同实现的，有时无法准确地区分，但考虑国内外理论界和实务界均将林木和林地价值分别核算，森林资源资产负债表主栏资产按林木资源和林地资源两大项目列示。借鉴 SEEA 林木资产账户的分类，林木资产项目下按天然林和人工林设置二级项目。在天然林中，考虑防护林和特种林构成的公益林占比达到 70%，而经济林与能源林占比较低，合计只有 1.28%，天然林三级项目不按林种分类，可以将防护林、特种林归集为公益林列示，将用材林、经济林、能源林归集为商品林列示。考虑竹林和特灌林的特殊性，将其单独在三级项目中列示。我国人工林中公益林与商品林比重为 1∶2。商品林比重较大，为全面反映人工林建设成果，按林种分设用材林、经济林、能源林、防护林、特种林三级项目，并将竹林和特灌林单独列示为三级项目。在林地资源二级项目按有林地、疏林地、其他分类，以反映林地实际使用情况。林木资源中其他项目包括散生木、四旁树等资源。林地资源中其他项目主要包括灌木林地、未成林地、苗圃地、宜林地等。在森林资源资产负债表的宾栏分别填列相关资产期初和期末数据以便于前后时点数据信息的比较。按官方已发布的自然资源资产负债表编制方案要求森林资源资产负债表应编制资产实物量表。林木资源资产实物量以蓄积考核，蓄积指标与林木发挥的经济效用和生态功能有较强的正相关性。林地资源资产实物量以面积考核，面积指标能够体现林地的结构。实物量计量指标采用了统计调查、抽样等方法，比较直观地反映森林资源发展状况和建设成果，但无法体现结果的完整性和系统性。只有以货币为计量单位的价值量核算才能够将不同单位、不同标准的实物量进行汇总反映，使信息使用者对自然资源有一个总体评价。经过了多年的研究和实践，特别是"两山"理论的形成与发展，资产项目的货币计量从理论上有了必要和可能。因此，本书在森林资源资产负债表格式设计上体现了价值量指标，条件具备时编制者应将实物量和价值量同时核算，暂时不具备价值量编制条件时也可只计算实物量而不计算价值量。在森林资源资产负债表的期初与期末栏下分别列示实物量和价值量，实物量栏以面积或体积为单位，价值量栏分别列示经济服务和生态服务。森林资源资产负债表中的资产项目见表 6 – 2。

表 6 – 2　　　　　　　　　　森林资源资产项目　　　　　　　　时间：

项目	期末			期初		
	实物量		价值量（元）	实物量		价值量（元）
	公顷	立方米		公顷	立方米	
资产						
经济价值						
林木资源						
天然林						
商品林						
公益林						
竹林		—			—	
特灌林						
其他						
合计						
人工林						
用材林						
经济林		—			—	
能源林						
防护林与特种林						
竹林		—			—	
特灌林						
其他						
合计						
林木资源合计						
林地资源		—			—	
有林地						
疏林地						
其他						
合计		—	—		—	—

项目	期末			期初		
	实物量		价值量（元）	实物量		价值量（元）
	公顷	立方米		公顷	立方米	
生态系统服务价值						
保育土壤	—			—		
固土						
保肥						
涵养水源	—			—		
调节水量						
净化水质						
固碳释氧	—			—		
固碳						
释氧						
农田防护与防风固沙	—			—		
农田防护						
防风固沙						
净化大气环境						
负氧离子含量						
吸收污染物						
滞尘						
生物多样性保护	—	—		—	—	
森林康养	—	—		—	—	
合计	—	—		—	—	
总计	—	—		—	—	
负债						
生态效益补偿	—	—		—	—	
森林管护	—	—		—	—	
营造林	—	—		—	—	
合计	—	—		—	—	
净资产	—	—		—	—	

　　为了全面反映森林资源资产项目构成、数据形成过程以及没有在表内列示但对于了解森林资源价值有帮助的信息等事项，设计森林资源资产负债表附表。表 6 - 3 为林木资源实物量表（附表 1），借鉴了 SEEA 的实物量计算表格式，分别从经济因素、自然因素列示实物量变化情况，反映期末数据与期初数据变化原因，并考虑了重估因素。此外，还考虑了未列入主表的森林所有权、成熟度等类别的实物量变化信息。表 6 - 4 为森林资源资产经济价值量表（附表 2）。我国已是世界上人工林最多的国家，人工林对于生态文明建设和经济发展都有十分重要的意义。人工林在生长过程中一方面积累经济价值，另一方面也创造生态价值。天然林是自然界提供给人类的宝贵财富，在生物多样性方面发挥了人工林无法替代的作用。根据《中国森林资源报告》（2014 - 2018），截至 2018 年，我国天然林达 29.66 亿亩，占全国森林面积的 64%、森林蓄积的 83% 以上。为保护天然林资源，我国从 2017 年开始实行全面禁止天然林商业性采伐。天然林主要功能已转变为生态服务，经济服务功能已居于次要地位，森林资源核算应反映这种功能转换。但不计算天然林经济价值，就会导致天然林和人工林价值量缺乏可比性，使信息使用者误以为天然林的价值低于人工林的价值，天然林保护工程取得的成绩无法得以体现。且天然林不能商业性采伐，其林下种植、林间采集仍可创造一部分经济价值。为全面准确地反映天然林的功效，本书对天然林从经济价值与生态价值两个方面进行考核，相关信息使用者可以选择性使用。鉴于天然林在生态文明建设特别是在生物多样性保护过程中发挥着更大的作用，在附表 1、附表 2 中将天然林和用材林分别进行反映。基于研究的出发点在于生长中的森林服务功能核算，本书未考虑林产品加工、林产品贸易等非生长林木资源的价值量，即只考虑生物资产会计核算准则中提到的生产性生物资产、消耗性生物资产、公益性生物资产。表 6 - 5 为森林资源生态服务价值年度计算表（附表 3），结合 SEEA 实验账户与我国第八次、第九次森林资源清查报告等内容，将森林资源生态服务功能一级项目分为涵养水源、保育土壤、农田防护与防风固沙、固碳释氧、净化大气环境、生物多样性等类别，并进行二级项目的分类核算，反映森林资源生态系统服务年度价值。表 6 - 6 为非木制林产品实物量与价值量核算表（附表 4），反映林下经济或动植物产品的实物量和价值量指标。

表 6 – 3　　　　　　　　　　　　**林木资源实物量表（附表 1）**

时间：　　　年度

项目	期初		本期增加				本期减少				重估		期末	
	面积（公顷）	蓄积（立方米）	经济因素		自然因素		经济因素		自然因素		面积公顷	蓄积（立方米）	面积（公顷）	蓄积（立方米）
			公顷	立方米	公顷	立方米	公顷	立方米	公顷	立方米				
用材林														
能源林														
经济林														
防护林														
特种林														
国有林														
集体林														
个人林														
过熟林														
成熟林														
近熟林														
中龄林														
幼龄林														
乔木林														
特灌林														
竹林														
其他														
合计														

表 6 – 4　　　　　　　**森林资源资产经济价值量表（附表 2）**

时间：　　年度　　　　　　　　　　单位：元

项目	期初	本期增加		本期减少		重估	期末
		经济因素	自然因素	经济因素	自然因素		
用材林							
能源林							
经济林							
防护林							
特种林							
国有林							
集体林							
个人林							

续表

项目	期初	本期增加		本期减少		重估	期末
		经济因素	自然因素	经济因素	自然因素		
过熟林							
成熟林							
近熟林							
中龄林							
幼龄林							
乔木林							
特灌林							
竹林							
其他							
合计							

表6-5　　　　　　　森林资源生态服务价值年度计算表（附表3）

时间：　　　年度

项目	本期		前期	
	实物量	价值量（元）	实物量	价值量（元）
涵养水源				
调节水量				
净化水质				
保育土壤				
固土				
保肥				
固碳释氧				
固碳				
释氧				
农田防护与防风固沙（万亩）				
农田防护				
防风固沙				
净化大气环境				
负氧离子含量				
年吸收污染物量				
年滞尘量				
生物多样性保护				
森林康养				
合计				

表 6-6　　　　　　　非木制林产品实物量与价值量核算表（附表 4）

时间：　　年度

项目	实物量	价值量（元）
植物产品或原料		
（1）植物产品或原料		
林木种子		
苗木类		
原料类		
干果类		
水果类		
林产饮料类		
食用菌及笋类		
林产调料类		
花卉类		
中药材		
（2）动物产品或原料		
狩猎和捕捉动物		
野生动物饲养繁殖		
其他林产品		

6.2　森林资源资产计量

6.2.1　资产价值评估方法

根据来源渠道不同，森林资源价值可以分为天然价值、人工价值、环境价值。天然价值是森林资源本身所具有的、未经人类劳动参与的价值，人工价值是人类对森林资源进行生产活动所产生的价值，环境价值表现为森林资源的生态系统服务价值。根据实现方式不同，森林资源价值可以分为使用价值和非使用价值。其中，使用价值包括人类通过利用森林资源直接实现的价值或无法直接使用但可从森林提供的生态系统服务获得的价值，使用价值特别是直接使用价值社会认同感比较强，计算结果容易被接受。非使用价值包括选择价值、遗产价值、存在价值。其中，为了物种栖息地而放弃了森林采伐是选择价值，为了后代的利益而放弃当代的使用是遗产价值，与个人利益无关的是存在价值。非使用价值直接获得感较低，可计量性较差，核算结果在实践中不容易被认可和接受。产品供给服务与文化旅游对购买者或消费者是已获取的，价值容易实现，生态系统服务功能转化为经济价值程度高。一些森林调节服务如碳汇价值由于市场条件成熟、市场化程度高，可以通过市场实现生态系统服务功能价值转化。而其他一些调节服务，市场化程度比较低，只能以非市场化方式转化，例如，为保持水土，政府对森林持有者或维护者提供补贴，这种补贴的金额并不一定是市场化的，与政府的政策导向和自身财力有很大的关系。森林资源生态系统服务具有的非使用价值与支付者的意愿有关，无法形成真正的价值，不能转化为经济价值或其价值不确定性很大，只能作为制定某项政策的参考，价值无法实际应用。

成本计量模式下，森林资源人工价值能够在资产中得以反映，天然价值和环境价值无法得到体现。成本计量模式的最大缺陷是森林资源投入成本与其实际发挥的效用两者并不存在直接的关系，如人迹罕至的热带雨林地区的原始森林在没有人为干预情况下林木质量很高，但戈壁荒漠地区即使投入再多的人工成本也可能无法实现林木的有效存活。公允价值计量模式能够从森林资源产出效果的角度衡量森林资源的价值，更加符合信息使用者的需求。森林资源资产负债表中的资产项目应以公允价值计量为主，以历史成本或当前成本为辅助计量。受主观认识、客观条件等影响，森林资源价值不确定性较大，不同用途价值计算方法也有差异，森林资源核算无法将森林资源资产全部价值体现出来。

森林资源资产价值的核算应从直接使用价值开始，逐步推广到间接使用价值，并为非使用价值的核算做好准备。我国第八次森林资源清查将农田防护与防风固沙、森林游憩服务价值首次纳入生态服务功能核算范围。SEEA 生态系统核算框架（2021）将全球气候调节、降雨模式调节、固废修复、栖息地保护和维持首次纳入指标体系。未来人们对森林生态系统价值的理解和认识还将进一步深入。森林资源资产价值评估方法主要有市价法、收益法、成本法。

6.2.1.1 市价法

市价法（market methods）是按林木实际蓄积量乘以林木产品单位蓄积市场价格计算森林资源经济价值，或按森林提供生态服务或社会服务的市场价格计算森林资源的生态价值和社会价值的方法。市场价格属于会计计量模式中的公允价值，产品或服务价格可以直接观察，具有预测有用性和决策有用性，分为两个层次。第一层次的市场价格是公开市场报价，要求相关产品或服务存在活跃的公开交易市场或存在直接观察值（directly observed values）。通过对相关林木产品或生态系统服务交换的直接观察（当能够实现时）确定资产、负债账户金额或估计价值。例如，林场的经营者出售木材时向购买者收取的价款，或林地的所有者将林地租给他人从事林业经营收取的租金。虽然使用直接观测值是最可取的方法，但当市场机制以及现有的制度安排不完善时，由此产生的交易价格可能较低，无法体现生态系统服务价值，即生态系统贡献的货币价值甚至可能被忽略不计。例如，在开放获取环境中提取的自然资源的租金将趋于零。第二层次的市场价格是同类或类似产品及服务的最近成交价格。在市场价格确定过程中可以考虑扣除相应生产经营成本（含税、费）及合理利润或调整系数等因素。例如，当来自一片林业经营区域的非木材林产品（如某种药材）对外出售，而来自附近类似林业地块的产品却尚未销售，在前者中观察到的价格可用于对来自后者的非木材林产品进行估价。考虑到产品和其他因素的差异，在应用这种方法时，需要根据供应商品或服务所产生的任何成本调整来自类似市场的价格，以确保所使用的价格是指生态系统服务。类似产品市场价格确定与直接观察值法价格确定面临的制度环境相同。

我国用材林市场比较成熟，与国际市场接轨，市场价格比较容易获取。不同种类、不同生长阶段、不同生长环境的林木市场价格也存在差异。例如，杨树与落叶松、云杉的单位蓄积市场价格不同。用材林中的幼龄林、中龄林不适宜进行市场交易的树木不适合按市场价格乘以实际蓄积量计算评估价值。僻远地区的林木交易价格受运输成本的影响一般会低于临近加工或消费较为便利地区的价格。如果林木资源不存在公开交易市场，计算公允价值时可能使用第二层次或第三层次输入值。其中，第三层次输入值为不可观察输入值，数据采集与模型应用方面具有一定的主观性，也影响结果的准确性。

林木资源的市场价格并不是林木所有者能够实际得到的回报，与一般商品不同，林木的砍伐、运输、交易税费等对最终实际变现的金额影响较大。一般情况下，乔木林出材率平均占林木蓄积的70%，采伐成本平均占市场价格的45%。因此，从林木所有者角度，按林分中优势林种的市场价格扣除砍伐成本、加工损耗、加工成本、交易税费等因素后的可变现净值对于用材林的经济价值计算有现实意义。可变现净值的计算离不开市场交易价格，两者的适用条件相似，在方法能够保持稳定的情况下，使用公允价值计算用材林较为合理。天然林全面停止商业性采伐后天然林市场交易萎缩，可参照人工林的市场交易价格。防护林、特种林、经济林、能源林的经济价值评估不适宜采用市场价格。

6.2.1.2 收益法

收益法（income method）适用于具有持续收益能力，收益金额、收益期间、折现率能够确定，同一林分条件下的整体森林资源价值评估，包括收益现值法、收获现值法、年金资本化法、周期资本化法。收益现值法是以森林资源未来经营期内预期净收益或净现金流入按一定的折现率（可以是投资收益率）计算的净现值之和评估森林资源资产价值。经济林可以采用这种方法将林木作为生产性生物资产，将各期所生产的水果、坚果、药材、香料等产品所创造的现金净流入按一定的折现率折成现值汇总计算经济价值。这种方法需要确定林木的生长周期或价值创造周期以及经济林木生产产品现金净流入和折现率，已在实践中广泛应用。在现金净流入无法可靠取得时也可以用生产产品的销售收入减去生产成本来替代。收获现值法是通过预测被评估林木未来主伐时可获取的收益折现值减去抚育期间营林成本的折现值之和后的净收益确定森林资源评估价值，适用于用材林价值评估。年金资本化法是在被评估森林资源价值创造期间收益比较稳定的情况下，以各期收益为年金运用恰当的折现率计算资产永续年金现值，地租收益比较稳定的林地资产以及林木和林地作为一个整体的异龄林比较适合采用这种方法。周期收益资本化法是指，在林木资产收益呈周期性并且比较稳定情况下，以每个周期的收益作为资本投资的收益，再选择适当的折现率计算折现金额作为资产评估价值，适用于森林资源可以永续利用情况下资产价值的评估。收益法是一种以计算净现值为核心的价值评估方法，属于公允价值计量模式。

6.2.1.3 成本法

成本法（cost methods）可分为历史成本和重置成本。历史成本（historic cost）也可称为实际成本，按营造、抚育、管护林木实际投入的金额确定林木的价值。防护林、特种林等市场交易价格不易确定的林木以及尚未达到成熟期的用材林和经济林比较适合按成本进行评估。成本法一般不考虑林龄结构和林分质量，评估价值具有客观性并且方法简便。基于林木资源的特殊性，应使用宽口径的包含全部林木资源开发投入的完全成本法而不应采用制造成本法计算林木价值。成本与资产之间存在着转化形式，成本付出构成资产的入账价值，资产的消耗转化为成本费用，成本费用又需要资产形式的补偿，以成本作为资产价值评估的依据具有科学性。

重置成本（replacement cost）可分为影子项目成本（shadow project cost）和替代成本（substitute cost）。影子项目成本是指按现行造林价格、抚育环境、技术标准使林木达到目前生长状态所需要付出的成本，侧重于在其他地方提供相同产品或生态系统服务的假设成本，适合于整体项目评估。影子项目设计的可能替代方案包括：资产重建（如为受威胁的野生动物提供替代栖息地）；资产移植（如将现有栖息地移至新地点）；资产恢复（如改善现有的退化栖息地）。替代成本是指使用具有相同收益贡献的替代品替代森林资源提供的物质产品和生态系统服务的成本。替代品可以是消费项目（如家庭的空气过滤装置替代树木的空气过滤服务）或投入因素（如在利用林木枯枝进行生物质发电的情况下，用发电成本替代枯枝价格）或资本因素（如污水处理厂的运营成本替代森林生态净水价值）。重置成本的有效性取决于以下三个条件：（1）替代物可以提供与被替代产品或生态系统服务完全相同的功能；（2）使用的替代品成本最低；（3）如果不再提供产品或生态系统服务，愿意为替代品付费。① 预测未来收益比较困难的幼龄林，没有人工投入或人工投入不足的天然林以及一些项目的森林生态资产价值评估等适合采用重置成本法。

在现有会计计量基础上计算森林资源价值在理论上比较科学，方法上也比较可行，能够达到森林资源资产负债表编制要求。会计核算的五种计量属性在森林资源价值的计算中几乎可以全部用到。如果在一个树种、用途、林龄等林分结构比较单一的区域，单一计量方法应用比较方便。但在区域范围较大、树种较多且优势树种不明显、林龄结构复杂的情况下，计量属性的选择就比较困难，需要进行更小范围的林业清查以确定林分结构，导致森林清查费用高、耗时长。在价值评估中对一些不确定性事项的主观判断也将影响计算结果的准确性。

6.2.2 林业产值指标在森林资源资产计量中的应用

在现有林业统计框架体系下，林业总产值和林业增加值是衡量和评价森林资源价值的指标。林业总产值是以货币计量林产品产量总和，反映一定期间某一特定区域整个林业系统或各单位的林业生产总规模和总水平，包括直接产品（第一产业、第二产业）产值和间接产品（第三产业，主要产生森林环境效益）产值。直接产品产值按林产品产量或采伐量乘以单位产品价格计算，或使用生长量乘以相应林价计算（也可按其营造的投入成本代替）。林业总产值是现有林业统计中的重要指标，反映了一定期间林业系统创造的价值总量，作为经济价值衡量指标有一定的合理性，作为一种常规性统计数据运用到森林资源资产价值评估中能够降低信息采集成本。但林业总产值也有一些缺陷，一是林业总产值是流量指标，而森林资源资产是一个存量指标，两者口径不一致。总产值指标更关注当期价值的创造，资产指标更关注未来发展潜力和实力。如果将流量指标变为存量指标，需要按一定方法选择

① United Nations et al. (2021). System of Environmental-Economic Accounting—Ecosystem Accounting (SEEA EA). White cover publication, pre-edited text subject to official editing. Available at: https://seea. un. org/ecosystem-accounting.

恰当的折现率与折现期间折现。二是林业总产值是基于林业系统单位、企业所实现的价值，包含了这些单位的一些非林产业产值，而不是森林资源自身所创造的价值。三是林业总产值是一个经济指标，这个指标不可避免和区域经济整体发展水平相适应。林业第二产业比较发达，经济林、用材林比重高的地区林业产值比较高。随着天然林全面禁伐、生态功能区划定等森林资源保护政策的出台，天然林、特种林、防护林比重高的地区林业产值下降较快。黑龙江、吉林、内蒙古、西藏等国有重点林区一直以来都是我国重要的生态保障基地，森林资源丰富，森林面积、森林蓄积都排在全国前列，但林业产值远远低于一些经济发达地区。四是林业总产值衡量森林资源价值，会出现违背可持续发展理念，寅吃卯粮的情况。森林资源的过度采伐会增加当期的产值指标，但未来可供使用的资源将会减少甚至耗竭。五是林业总产值计算有重复因素，下游产业产值包含了一部分上游产业产值。

林业增加值是林业单位生产活动的总和扣除了在生产过程中消耗或转移物质产品和劳务价值后新增加的价值，主要包括按当期价格计算的销售或以物易物的制成品价值、制成品存货变化价值、生产者自身最终消费的制成品价值。林业增加值能够避免林业总产值数据重复计算，衡量和评价较为真实的森林资源价值。林业增加值是一个期间指标，与森林资源资产价值口径不同，包括林业系统创造的非林产业增加值，不能完全反映森林资源自身价值。此外，每年发布的林业统计公告只提供林业总产值数据而未提供林业增加值数据，不利于林业增加值指标的应用和推广。

虽然林业总产值和林业增加值不是衡量和评价森林资源价值最理想的方法，但可以通过对指标值的调整加以改进和完善，应用到森林资源价值评估中。如通过剔除林业总产值中第一产业产值和第二产业产值非林产业部分以反映森林资源自身价值；将林业第三产业中的旅游服务收入转为社会价值单独核算，生态服务收入转为生态价值单独核算。

森林资源经济价值计算应考虑林木种类、林木成熟度、林分质量、林木价格等因素，应从最基层的林业小班算起，与三类林业连续清查同步开展，数据逐级汇总。有些情况下，为缩短核算时间，降低核算成本，也可以利用现有会计数据或统计数据直接或间接进行指标计算。

森林资源生态系统资产价值是内生的，与是否具有开发价值、产权明晰、稀缺性相关性不大，生态价值并不会出现边际效用递减。森林资源生态价值还可以使用陈述偏好法、旅行费用法等。陈述偏好法（stated preference methods）是不利用有关人们在现有市场中的行为信息，而使用问卷通过要求人们在假设中陈述他们的偏好来引发人们可能反映的情况获取信息。从消费者的角度出发，通过调查、问卷等方式获得消费者的支付意愿，以估计生态系统服务的价值。陈述偏好法易于应用，可操作性强，缺点是由于这种方法的前提是被调查者清楚自己的偏好，有对自然环境或资源进行估价的能力，且愿意诚实地说出自己的支付意愿，因而支付意愿法的结果可能会存在偏差。旅行费用法（travel cost method）是一种评价无价格商品和服务的方法，利用旅行费用交换森林景观游憩，可以体现同一环境下森林资源整体质量发生变化后给旅游场所带来效益的变化；也可以体现不同环境下人们对森林景观的选择，估算森林资源效益差异。旅行成本包括家庭或个人为到达娱乐场所而发生的支出数据、入场费，并且可能包括旅行和参观该场所的时间机会成本。例如，用游憩者支付的往返交通、饮食、住宿、设施使用、门票、购物等费用总额作为森林提供游憩服务的价值。

6.2.3 森林资源资产价值核算

以森林资源资产评估技术规范（2015）、森林生态系统服务功能评估规范（2020）、中国森林资源核算研究项目组编写的《生态文明制度建设中的中国森林资源核算研究》为依据，结合第九次森林资源清查结果（见表6-7），计算截至2018年底我国的森林资源价值。

6.2.3.1 森林资源经济价值评估

1. 用材林价值

（1）近成过熟林经济价值评估。计算公式为：

$$V = P \times (1 - PO) - C \qquad (6-1)$$

其中，V表示近成过熟林价值；P表示林木市场价格；PO表示林木出材率；

C 表示采伐成本及税费。

　　近熟、成熟、过熟用材林的经济价值计算比较适合采用市价法。根据《中国林业和草原统计年鉴 2018》，木材的平均销售价格为每立方米 739 元，近熟林、成熟林、过熟林蓄积量见表 6 - 7。林木出材率按 70% 计算，采伐成本及税费按 45% 计算（江慕燧，1992）。经过计算，近熟、成熟、过熟用材林的经济价值为 6618.39 亿元。

表 6 - 7　　　　　　　　　　第九次森林资源清查分类情况

类别	合计		幼龄林		中龄林		近熟林		成熟林		过熟林	
	面积（百公顷）	蓄积（百立方米）	面积（百公顷）	蓄积（百立方米）	面积（百公顷）	蓄积（百立方米）	面积（百公顷）	蓄积（百立方米）	面积（百公顷）	蓄积（百立方米）	面积（百公顷）	蓄积（百立方米）
防护林	888043	88180690	279632	10639273	270243	23415388	144314	18183302	128880	21832793	64974	14109934
特用林	169180	26184305	30846	1382563	50718	5488832	29166	4582354	33289	7073885	25161	7656671
用材林	680336	54153254	249351	8831955	222638	18708588	105015	12014475	79972	10879626	23360	3718610
能源林	12314	566568	9145	319299	2016	143990	455	44512	296	21683	402	37084
经济林	49042	1497142	18780	218296	16977	456747	7183	318237	4329	303158	1743	200704
合计	1798885	170581959	587754	21391386	562592	48213545	286133	35142880	246766	40111145	115640	25723003

资料来源：《中国森林资源报告》(2014 - 2018 年)。

　　（2）幼龄林和中龄林的评估价值。计算公式为：

$$V_n = \sum_{i=1}^{n} C_i \cdot (1 + P)^{n-i+1} \tag{6-2}$$

其中，V_n 表示第 n 年林龄的林木价值；C_i 表示第 i 年的以现行价格及生产水平为标准的生产成本；P 表示投资收益率。

　　中幼林不具有市场交易价格，也无未来持续收益，至能够变现出售尚有一定期间，比较适合成本法，将能够实现经济效益前的各期投入成本折现合计金额作为资产评估价值。以中幼林平均树龄 5 年为成本计算期，投入成本参考历年林业统计年鉴中林业投资项目支出。考虑工业原料林投资主要为用材林建设支出，林业保障投资与林业基础设施投资用于整个林业系统。以2014 ~ 2018 年工业原料林投资、林业保障投资、林业基础设施投资中用于中幼用材林投资作为年度投入成本。其中，工业原料林投资按中幼林面积占用材林面积比例进行分摊，林业保障投资和林业基础设施投资按中幼林面积占乔木林面积比例进行分摊。

2018 年工业原料林投资中幼用材林分配比例为 69.37%，并以此作为各年中幼用材林承担工业原料林投资分配比例。2018 年林业保障投资与林业基础设施投资中幼用材林分配比例 26.24%，并以此作为各年中幼用材林承担林业保障投资与林业基础设施投资分配比例。理论上林业保障投资与林业基础设施投资应由包含乔木、灌木、竹林等全部林业资源来承担，但考虑灌木和竹林中用材林规模较少，本书按乔木林中幼用材林面积所占比重确定分配比例。参照中国森林资源核算研究项目组 2015 年所采用投资收益率 P 为4.5%。表 6 - 8 显示用材林中幼林经济价值为 1637.75 亿元。用材林的整体经济价值为 8275.94 亿元，平均每公顷经济价值为 12164.48 元。

表 6 - 8　　　　　　　　用材林中幼林经济价值　　　　　　　　金额单位：亿元

年份	工业原料林投资	林业保障投资	林业基础设施投资	分摊额 (C_i)	复利终值系数	终值
2014	127.31	604.28	153.24	250.87	1.2462	312.63
2015	140.63	605.24	103.03	283.41	1.1925	337.97
2016	127.29	571.29	86.35	260.86	1.1412	297.69
2017	146.48	614.35	161.86	305.30	1.092	333.39
2018	201.96	608.44	156.18	340.74	1.045	356.07
合计	743.67	3003.6	660.66	1441.18	—	1637.75

2. 经济林价值。计算公式为：

$$V_n = A \cdot \frac{(1+P)^{u-n} - 1}{P \cdot (1+P)^{u-n}} \qquad (6-3)$$

其中，V_n 表示经济林评估价值；A 表示盛产期内年净收益；u 表示经济寿命期；n 表示经济林林木年龄；P 表示投资收益率。

经济林成熟后能够在一定期间内产生持续稳定的收获和回报，比较适合采用收益现值法。以 2018 年林业总产值中经济林产值扣除相关林业投资及税费为盛产期内年净收益，预计经济林的经济寿命周期平均为 15 年，经济林林木年龄平均为 5 年，设定投资收益率为 6%。

2018 年林业产业投资中特色经济林投资（不含木本油料）171.05 亿元与木本油料投资 77.89 亿元的合计 248.94 亿元构成直接费用。间接费用为 608.44 亿元林业保障投资和 156.18 亿元林业基础设施投资由经济林按面积分摊的部分。分摊比例为 8.25%，分摊金额为 63 亿元。考虑到我国经济林中灌木林占比较高，林业保障投资和林业基础设施投资费用的分摊将乔木林和灌木林一并纳入。灌木林中分为特殊灌木林和一般灌木林，灌木林总面积 7384.96 万公顷，特殊灌木林中有 1602.67 万公顷的经济林。假定其他税费占产值的 20%，根据 2018 年经济林产值 14492.02 亿元计算当年经济林创造价值为 11281.66 亿元。代入式（6-3）得出经济林价值为 83067.99 亿元。

3. 能源林价值

能源林经济价值按能源林市场价格计算，乔木林中能源林面积为 123.14 万公顷，灌木林中能源林面积为 163.21 万公顷。按平均每公顷能源林市场价格 1500 元计算年度净收益为 42.95 亿元。折现率按 6% 计算，由于能源林使用具有永久持续性，采用永续年金计算能源林价值为 715.83 亿元。

4. 特种林和防护林价值。计算公式为：

$$V_n = \sum_{i=1}^{n} C_i \cdot (1 + P)^{n-i+1} \qquad (6-4)$$

特种林、防护林不以交易为目的，不适合采用市价法和收益法，可使用重置成本法计算特种、防护林经济价值，投入成本按各年度生态建设与保护、林业保障、林业基础设施等投资计算。其中，生态建设与保护按全额计算，林业保障、林业基础设施按面积比例分摊计入。分摊过程中分子为乔木林中防护林、特种林与灌木林防护林、特种林的面积之和，分母为乔木林和灌木林总面积，分摊比例为 62.69%。表 6-9 显示特种林和防护林的经济价值为 14288.26 亿元。

表6-9   特种林、防护林经济价值计算表   金额单位：亿元

年份	生态建设与保护	林业保障投资	林业基础设施投资	分摊额（C_i）	复利终值系数	终值
2014	1947.97	604.28	153.24	474.89	1.2462	3019.37
2015	2017.20	605.24	103.03	444.01	1.1925	2934.99
2016	2110.00	571.29	86.35	412.27	1.1412	2878.41
2017	2016.29	614.35	161.86	486.61	1.092	2733.17
2018	2125.75	608.44	156.18	479.34	1.045	2722.32
合计	10217.21	3003.6	660.66	1441.18		14288.26

5. 竹林价值。竹林按市场价格计算经济价值。全国竹林中毛竹有 1412521 万株，每根价格按 10 元计算，经济价值为 1412.52 亿元。其他杂竹 9524852 万株，每根价格按 1 元计算，经济价值为 952.49 亿元。竹林经济价值合计 2365.01 亿元。

将上述项目金额汇总，林木资源经济价值为 108713.03 亿元。以森林面积 2.18 亿公顷计算，每公顷林木资源经济价值为 49868.36 元。

6. 林地价值。计算公式为：

$$V = \sum_{i=1}^{n} \frac{A_i}{P} \qquad (6-5)$$

其中，V 表示林地价格；i 表示林地类型的种类；A_i 表示第 i 种林地类型的年平均租金；P 表示投资收益率。

林地价值采用收益现值法评估，根据林地租金作为永续年金折现计算。第九次林业清查林地总面积为 2.18 亿公顷，林地出租价格为 50~200 元/（亩·年），本书取 100 元/（亩·年），则每公顷林地的年平均租金为 1500 元，采用《中国森林资源核算研究》项目组使用的指标值 2.5% 作为林地投资收益率，则全国林地价格总金额为 130804.75 亿元，较项目组第八次森林资源清查结果高出 54371.37 亿元，增加了 71.13%。每公顷林地价值 60002.18 元。林木和林地经济价值合计为 239517.78 亿元，较项目组第八次森林资源清查结果高出 26617 亿元，增长了 12.5%，年均增长 2.99%。每公顷单位价值为

109870.54元。林地价格也可参照国家及各地政府出台的征用林地、林木补偿标准或项目建设用地补偿标准确定，例如，《山西省征用、占用林地补偿费收取和森林植被恢复费使用暂行办法》规定的林地占用补偿标准为每平方米5~20元。按每平方米10元计算，每公顷林地价值为100000元，考虑灌木、竹林等类别，计算结果与前述方法相差不大。

6.2.3.2　森林资源生态价值评估

特定区域的森林资源是保护还是开发，要有科学的依据，要在其提供的生态价值和经济价值比较的基础上作出取舍。森林资源资产负债表反映的生态系统资产是生态项目所具有的生态功能截至核算时点所能提供服务的总价值，可以用生态项目服务总的实物量与单位生态价值相乘计算实现，也可以用未来永续年度生态服务价值折现实现，考虑绿色发展理念下森林生态服务功能不断增强，但达到一定水平后增长速度会放缓。本书运用两阶段增长模型进行估值（常振辉，2018）。

计算公式为：

$$PV = F_1 \times \sum_{i=1}^{n} \left(\frac{1 + G_0}{1 + R} \right)^t + F_1 \left(\frac{1 + G_0}{1 + R} \right)^n \times \frac{1 + G_1}{R - G_1} \qquad (6-6)$$

其中，PV表示两阶段增长型永续年金现值；F_1表示当期生态系统服务价值；G_0表示森林资源某项生态服务第一阶段价值增长率；G_1表示森林资源某项生态服务第二阶段价值增长率；R表示折现率。

为实现《"十四五"林业草原保护发展规划纲要》提出的森林覆盖率达到24.1%目标，"十四五"期间我国森林覆盖率年度增长速度要达到1.13%。为实现森林蓄积量达到190亿立方米目标，"十四五"期间我国森林蓄积量年度增长速度要达到1.99%。与森林覆盖率相比，森林资源生态系统服务价值与森林蓄积量变化相关度更高，本书选取"十四五"期间我国森林蓄积量增长率为第一阶段（前5年）生态系统服务价值增长率，取G_0值为2%。鉴于我国森林覆盖率和森林蓄积量较改革开放之初已增长很多，未来进一步增长难度逐渐加大，取G_1值为1%。取R值为6%。将相关数据代入公式：

$$PV = F_1 \times \sum_{i=1}^{5} \left(\frac{1+2\%}{1+6\%} \right)^i + F_1 \times \left(\frac{1+2\%}{1+6\%} \right)^5 \times \frac{1+1\%}{6\%-1\%} = F_1 \times 21.13$$

$$(6-7)$$

目前，我国纳入常态化核算体系的森林生态系统服务价值主要包括森林涵养水源、保育土壤、固碳释氧、林木养分固持、净化大气环境、农田防护与防风固沙、生物多样性保护、森林康养 8 类。我国最近两次森林资源清查得到的生态系统服务质量见表 6 - 10。

表 6 - 10　　　　　　　我国森林资源生态系统服务质量

项目	第八次清查实物量	第九次清查实物量	实物量变化值	实物量变化率（%）
总生物量（亿吨）	170.02	188.02	18	10.59
总碳储量（亿吨）	84.27	91.86	7.59	9
年涵养水源量（亿立方米）	5807.09	6289.50	482.41	8.31
年固土量（亿吨）	81.91	87.48	5.57	6.8
年保肥量（亿吨）	4.30	4.62	0.32	7.44
年吸收污染物量（亿吨）	0.38	0.40	0.02	5.26
年滞尘量（亿吨）	58.45	61.58	3.13	5.36
年固碳量（亿吨）	4.02	4.34	0.32	7.97
年释氧量（亿吨）	9.51	10.29	0.78	8.2

1. 保育土壤

（1）固土。计算公式为：

$$U_{固土} = G_{固土} \times C_土 / \rho \qquad (6-8)$$

其中，$U_{固土}$ 表示评估区域年度固土价值；$G_{固土}$ 表示评估区域森林资源年度固土实物数量；$C_土$ 表示农田水利建设过程中挖掘和运输单位体积土方所需费用；ρ 表示土壤容重。

本书采用避免损害成本法计算固土价值。避免损害成本法（avoided damage costs methods）类似于重置成本法，是指如果生态系统不存在或处于较差的状态以致无法提供服务所造成的损失的补偿成本。研究表明，中国陆地生态系统的土壤容重数据整体呈正态分布，平均值为（1.32±0.21）克/立方厘米，中值为1.35克/立方厘米（柴华，2016）。第九次森林资源清查结果显示，我国森林资源年度固土量为87.48亿吨。根据《中华人民共和国水利部水利建筑工程预算定额》等相关资料确定土方挖掘成本为75元/立方米，土壤容重按中值计算年度固土价值为4860亿元。将相关数据代入式（6-7）得到未来期间森林固土折现价值为102691.8亿元。

（2）保肥。计算公式为：

$$U_{肥} = G_{氮} \times C_{氮} + G_{磷} \times C_{磷} + G_{钾} \times C_{钾} \qquad (6-9)$$

其中，$U_{肥}$表示评估区域森林年度保肥价值；$G_{氮}$表示评估林分年氮固持量；$C_{氮}$表示磷酸二铵化肥价格；$G_{磷}$表示评估林分年磷固持量；$C_{磷}$表示磷酸二铵化肥价格；$G_{钾}$表示评估林分年钾固持量；$C_{钾}$表示氯化钾化肥价格。

本书采用避免损害成本法计算保肥价值。第九次森林资源清查报告未提供森林资源具体的氮、磷、钾保肥数量，只提供了我国森林资源年度整体保肥数量为4.62亿吨。本书采用中国化肥网（http：//www.fert.cn）提供的2018年复合肥平均价格每吨2200元为计算依据，则年度保肥价值为10164亿元，将数据代入式（6-7）得到未来期间保肥折现价值为214765.32亿元。

2. 涵养水源

（1）调节水量。计算公式为：

$$U_{调} = G_{调} \times C_{库} \qquad (6-10)$$

其中，$U_{调}$表示评估区域年度调节水量价值；$G_{调}$表示评估区域年度调节水量；$C_{库}$表示水资源市场价格。

计算调节水量单位成本时，可以使用影子价格法计算水库建设单位库容成本替换调节水量价值，也可以使用南水北调等区域年度调节水量单位成本，还可以使用城市供水单位成本或自来水单位价格。水库库容建设单位成本因水库功能及建设场地、环境差异较大，单位成本差异较大，有的功能单一、施工条件便利的水库单位库容建设成本只有0.5元/立方米，而功能复杂、施工环境恶劣的水库（水电站）单位库容成本达到6~10元/立方米。

区域调节水量成本与距离远近有很大关系，例如，南水北调中线工程，不算水厂的处理成本，水源地采水成本只有 0.18 元/立方米，到了北京考虑损耗、管护采水成本就要达到 2.33 元/立方米。我国各城市自来水供水价格差异也比较大，一般从 1.5~60 元/立方米不等。第九次森林资源清查结果显示，我国森林资源年度涵养水源 6289.50 亿立方米。综合以上因素考虑，本书选用调节水量单位成本 2.7 元/立方米，年度调节水量价值为 16981.65 亿元。将数据代入式（6-7）得到未来期间调节水量折现价值为 358822.26 亿元。

（2）净化水质。计算公式为：

$$U_净 = G_净 \times C_水 \qquad (6-11)$$

其中，$U_净$ 表示评估区域净化水质价值；$G_净$ 表示评估区域年净化水质量；$C_水$ 表示水的单位质量净化费用。

本书采用避免损害成本法计算净水成本价值。选用人工污水处理成本替代森林净水价值，以各地收取的污水处理费作为污水处理单位成本。目前，我国各地收取的污水处理费一般在 0.5~1.5 元/立方米之间。本书选取 1.2 元/立方米作为计算指标，结合第九次森林资源清查涵养水源数据，森林资源年度净化水质价值为 7547.4 亿元。将数据代入式（6-7）得到未来期间净化水质折现价值为 159476.56 亿元。森林资源涵养水源年度价值为 24529.05 亿元，未来期间折现价值总额为 518298.83 亿元。

3. 固碳释氧。

（1）固碳。计算公式为：

$$U_碳 = G_碳 \times C_碳 \qquad (6-12)$$

其中，$U_碳$ 表示评估区域年度固碳价值；$G_碳$ 表示评估区域生态系统潜在年度固碳量；$C_碳$ 表示固碳市场价格。

本书采用市场价格法计算森林资源固碳价值。随着全球气候谈判的深入，二氧化碳是全球气候变暖的罪魁祸首之一已形成共识，森林所具有的固碳功能被接受和认可。国家林业和草原局王兵研究员的研究成果显示，每生长 1 立方米林木，平均吸收固定约 1.8 吨二氧化碳。内蒙古大兴安岭国有林区森林生态系统每年固碳量相当于吸收了内蒙古自治区工业领域二氧化碳排放量的 67.26%。植树造林、节能减排、产业调整等是促成 2030 年前碳达峰以及 2060 年前碳中和重要举措。为降低二氧化碳排放量，各国建立了碳排放权交易制度，实行有偿碳排放，碳汇市场基本形成，交易规模不断扩大，交易价格不断上升。自 2011 年以来，我国先后在北京、天津、福建等 8 个省份开展碳排放权交易试点。截至 2020 年 11 月，我国各试点碳交易市场累计成交量约为 4.3 亿吨，成交额近 100 亿元。森林生态系统中固碳功能的市场化程度最高，市场化价格已经形成，可以用来进行固碳服务价值评估。

为了解决各地碳交易市场政策支持力度和配额等方面差异，我国已于 2021 年 7 月建立了全国统一碳交易市场，至 2021 年底总成交量已达 1.79 亿吨，累计成交额达 76.61 亿元，平均成交价格 42.8 元/吨。在全国统一碳交易市场建立以前，各地碳交易价格差距较大，北京碳交易市场平均碳交易价格为 77.58 元/吨，重庆碳交易市场平均碳交易价格为 10.04 元/吨。2020 年，欧洲能源交易所碳交易价格为 25～28 欧元，全球平均碳定价为每吨二氧化碳 22 美元。我国第九次森林资源清查森林资源年固碳量 4.34 亿吨，按 1 吨二氧化碳含碳 27.27% 计算，形成碳汇量 15.92 亿吨，按我国 2018 年碳交易市场最低价 4.3 元与最高价 57.96 元的平均价格 21.75 元计算我国森林年固碳价值为 346.26 亿元。按瑞典碳税交易市场价格 139 美元/吨及当年平均汇率 6.6375 元人民币/美元计算我国森林年度固碳价值为 14687.99 亿元。我国第九次森林资源清查结果显示，总碳储量为 91.86 亿吨，按我国 2018 年碳交易平均价、瑞典碳税交易市场价格及碳汇转换系数计算我国森林资源固碳总价值分别为 7326.57 亿元、310785.42 亿元。据预测，为完成将全球气温增长控制在比工业化革命前低于 1.5 摄氏度的范围内，全球碳交易价格将达到每吨 150 美元以上，以此计算我国森林资源年度固碳价值达 15845.37 亿元，总固碳价值将达到 335379.95 亿元。本书采用瑞典碳税交易市场价格计算数据。

（2）释氧。计算公式为：

$$U_{氧} = G_{氧} \times C_{氧} \qquad (6-13)$$

其中，$U_{氧}$ 表示评估区域年度释放氧气价值；$G_{氧}$ 表示评估区域年度释氧量；

$C_氧$表示氧气单位价格。

本书采用避免损害成本法计算森林资源释氧价值。我国第九次森林资源清查结果显示，森林年度释氧量达 10.29 亿吨。1 吨氧气生成成本在 1000 元左右，批发价格在 1500 元左右，零售价格在 3000 元左右。按氧气生成成本计算森林资源释放氧气价值为 10290 亿元。将数据代入式（6 - 7）得到未来期间森林释放氧气折现价值为 217427.7 亿元。森林固碳释氧年度价值为 24977.99 亿元，总价值为 528213.12 亿元。

4. 净化大气。

（1）提供负离子。计算公式为：

$$U_{负离子} = 5.256 \times 10^{15} Q_{负离子} \times A \times H \times F \times K_{负离子} \times (Q_{负离子} - 600)/L$$

$$(6 - 14)$$

其中，$U_{负离子}$表示评估区域年度提供负离子价值；A 表示区域林分面积；H 表示实测区域林分高度；F 表示森林生态系统服务修正系数；K 表示负离子生产费用；$Q_{负离子}$表示实测区域林分负离子浓度；L 表示负离子寿命。

本书采用避免损害成本法计算森林资源提供负离子价值。森林群落中负离子浓度平均为 5000 个/立方厘米，比城市室内可高出 80 ~ 1600 倍（邵海荣和贺庆棠，2000）。1 公顷森林每天可增加 70000 个负离子。每百万个负离子生产费用约为 2.75 元，结合第九次森林资源清查数据计算森林年度产生负离子价值为 153.17 亿元。将数据代入式（6 - 7）得到森林提供负离子价值为 3236.48 亿元。

（2）吸收二氧化硫。计算公式为：

$$U_{二氧化硫} = G_{二氧化硫} \times K_{二氧化硫} \qquad (6 - 15)$$

其中，$U_{二氧化硫}$表示评估林分年吸收二氧化硫价值；$G_{二氧化硫}$表示评估林分吸收二氧化硫量；$K_{二氧化硫}$表示二氧化硫的治理费用。

（3）吸收氟化物。计算公式为：

$$U_{氟化物} = G_{氟化物} \times K_{氟化物} \qquad (6 - 16)$$

其中，$U_{氟化物}$表示评估林分年吸收氟化物价值；$G_{氟化物}$表示评估林分吸收氟化物量；$K_{氟化物}$表示氟化物的治理费用。

（4）吸收氮氧化物。计算公式为：

$$U_{氮氧化物} = G_{氮氧化物} \times K_{氮氧化物} \qquad (6-17)$$

其中，$U_{氮氧化物}$表示评估区域年吸收氮氧化物价值；$G_{氮氧化物}$表示评估区域吸收氮氧化物量；$K_{氮氧化物}$表示氮氧化物的治理费用。

本书采用避免损害成本法计算森林资源吸纳污染物价值，以政府收取的政策性排污费作为废气治理费用。根据 2014 年 9 月国家发改委等三部委联合发布文件规定，二氧化硫、氮氧化合物等主要污染物排放收取的排污费不低于 1.2 元/千克，以此作为计算标准。第九次森林资源清查结果显示，我国森林资源年吸收污染物量 0.40 亿吨，森林年度吸纳污染物价值为 480 亿元。将数据代入式（6-7）得到未来期间森林吸纳污染物折现价值为10142.4 亿元。

（5）滞尘。计算公式为：

$$U_{滞尘} = (G_{TSP} - G_{PM10} - G_{PM2.5}) \times K_{TSP} + U_{PM10} + U_{PM2.5} \qquad (6-18)$$

其中，$U_{滞尘}$表示评估区域年度潜在滞尘价值；TSP 表示总悬浮微粒；G_{TSP}表示评估区域年度潜在滞纳 TSP 量；G_{PM10}表示评估区域年度潜在滞纳 PM_{10}量；$G_{PM2.5}$表示评估区域年度潜在滞纳 $PM_{2.5}$量；K_{TSP}表示降尘清理费用；U_{PM10}表示评估区域林分年度潜在滞纳 PM_{10}价值；$U_{PM2.5}$表示评估区域林分年度潜在滞纳 $PM_{2.5}$价值。

我国第九次森林资源清查结果显示，森林资源年度滞尘总量为 61.58 亿吨。由于缺少单项悬浮颗粒的滞尘量指标，按政府收取的一般性粉尘排污费作为替换成本计算森林滞尘生态价值。一般性粉尘排污费征收标准为 0.6～1.5 元/千克，取最低值 0.6 元/千克计算森林资源年度滞尘价值为 36948 亿元。将数据代入式（6-7）得到未来期间滞尘折现价值为 780711.24 亿元。森林资源生态系统年度净化大气价值为 37581.17 亿元，总价值为 794090.12 亿元。

5. 森林防护。

（1）防风固沙。计算公式为：

$$U_{防风固沙} = K_{防风固沙} \times G_{防风固沙} \qquad (6-19)$$

其中，$U_{防风固沙}$ 表示评估区域林分防风固沙价值；$K_{防风固沙}$ 表示固沙成本；$G_{防风固沙}$ 表示评估区域林分防风固沙物质量。

本书采用避免损害成本法计算森林资源防风固沙价值，将各期治沙投入成本折现计算森林防风固沙价值。2018 年，我国防沙治沙任务完成 3735 万亩。据甘肃省民勤县有关部门测算，造林治沙每亩总体投入为 500 元左右，据此计算我国森林防风固沙生态服务年度创造价值 186.75 亿元。将数据代入式（6-7）得到未来期间防风固沙折现价值为 3946.03 亿元。

（2）农田防护。计算公式如下：

$$U_{农田防护} = K_a \times V_a \times m_a \times A_农 \qquad (6-20)$$

其中，$U_{农田防护}$ 表示评估区域农田防护功能的价值；K_a 表示平均 1 公顷农田防护林能够实现农田防护面积 19 公顷；V_a 表示农作物、牧草的价格；m_a 表示农作物、牧草平均增产量；$A_农$ 表示农田防护林面积。

因公式中部分指标无法获取，本书根据相关调查资料和统计数据替换计算森林资源农田防护生态价值。测算结果显示，河南省和黑龙江省森林防护农田平均增产粮食 10%，考虑各地农田森林防护差异，全国增产粮食贡献比率按 5% 计算。2018 年全国粮食产量 65789 万吨（131578 亿斤），农田防护林对粮食贡献 3289.45 万吨，按每千克粮食 2.4 元计算，农田防护年度价值 789.468 亿元。将数据代入式（6-7）得到森林农田防护折现价值为 16681.72 亿元。森林资源生态系统防护功能年度价值为 976.23 亿元，总价值为 20627.75 亿元。

6. 生物多样性。计算公式为：

$$U_生 = \left(1 + \sum_{m=1}^{x} E_m \times 0.1 + \sum_{n=1}^{y} B_n \times 0.1 + \sum_{r=1}^{x} O_r \times 0.1\right) \times S_生 \times A \qquad (6-21)$$

其中，$U_生$ 表示评估区域年度物种资源保育价值；E_m 表示评估林分（或区域）内物种 m 的珍稀濒危指数；B_n 表示评估林分（或区域）内物种 n 的特有种指数；Q_r 表示评估林分（或区域）内物种 r 的古树年龄指数；x 表示计算珍稀濒危物种数量；y 表示计算特有物种数量；r 表示计算古树物种数量；$S_生$

表示单位面积物种资源保育价值；A 表示区域或林分面积。

第九次森林资源清查报告未提供生物多样性相关数据资料。本书参考了中国森林资源核算及纳入绿色 GDP 研究项目组计算的 2004 年全国生物多样性价值和中国森林资源核算研究项目组计算的 2014 年全国生物多样性价值，前者为 34404.15 亿元，后者为 43347.04 亿元。按趋势分析法测算 2018 年森林资源生物多样性价值为 48034.02 亿元。将数据代入式（6 - 7）得到森林生物多样性价值折现值为 1014958.84 亿元。

7. 森林康养。计算公式为：

$$U_r = 0.8U_k \qquad (6-22)$$

其中，U_r 表示区域内年度森林康养价值；U_k 表示区域内林业旅游业与休闲产业及森林康复疗养产业的价值；k 表示行政区个数。

一些学者将森林康养创造的价值归入社会价值范畴。考虑目前比较权威的森林资源价值核算体系未将社会价值单独作为一个核算类别，因此，本书将森林康养归入生态系统服务价值核算，并采用替换成本法计算其价值。式（6 - 22）中系数 0.8 是指森林公园接待游客量和创造的旅游产值约占全国旅游总规模的 80%。根据林业统计公告提供的数据，林业旅游与休闲产业收入为 13044.25 亿元，直接带动的其他产业产值 10700.88 亿元。森林年度创造康养价值为 18996.1 亿元。将数据代入式（6 - 7）得到森林康养总价值为 401957.56 亿元。

根据第九次森林资源清查结果计算我国森林资源生态系统服务价值，见表 6 - 11，较中国森林资源核算研究项目组根据第八次森林森源清查数据计算的生态系统年度服务价值 12.68 万亿增加了 4.33 万亿元，增长了 34.15%，其间年度平均增长 7.62%。在总体生态价值中，生物多样性保护 4.80 万亿元/年，占生态价值总额的 28.22%；涵养水源 2.45 万亿元/年，占生态价值总额的 14.41%；保育土壤 1.5 万亿元/年，占生态价值总额的 8.83%；净化大气 3.76 万亿元/年，占生态价值总额的 22.12%；固碳释氧 2.50 万亿元/年，占生态价值总额的 14.71%；森林康养 1.90 万亿元/年，占生态价值总额的 11.18%。森林资源生态服务价值增长的主要原因一方面是森林面积与森林蓄积的增长以及林分质量的改善，另一方面是替代品的价格

或成本上升。截至 2018 年底，我国森林资源经济和生态服务总价值达
3835121.11 亿元。其中，生态系统服务价值占比达 93.76%。

表 6 – 11 　　　　　　　2018 年森林资源生态系统服务价值 　　　　单位：亿元

项目	涵养水源	保育土壤		固碳释氧		农田防护与防风固沙		净化大气环境	生物多样性保护	森林康养	合计
		固土	保肥	固碳	释氧	农田防护	防风固沙				
年度价值	24529.05	4860	10164	14687.99	10290	789.48	186.75	37581.17	48034.02	18996.1	170118.56
总价值	518298.83	102691.8	214765.32	310785.42	217427.7	16681.72	3946.03	794090.12	1014958.84	401957.56	3595603.34

6.3　森林资源负债确认

6.3.1　负债项目确认依据

　　目前，我国森林资源总量不足、质量不高、分布不均的状况仍未根本改变，林业发展面临巨大压力和挑战，森林面积和蓄积都有较大提升空间的客观条件和政策意愿。为达到碳中和、碳达峰等生态文明长远发展目标将在森林资源建设方面持续投入。2020 年，我国生态林保护人员工资及劳务报酬已达 64 亿元。《"十四五"林业草原保护发展规划纲要》中所列的主要支出项目见表 6 – 12。

表 6 – 12 　　　　　　　　　　　森林资源支出项目

重要生态系统保护和修复重大工程	国土绿化	国家公园	野生动植物保护	防沙治沙	特色产业	森林防火	森林有害生物防治	监督管理
青藏高原生态屏障区	植树造林	高质量建设国家公园	珍稀濒危野生动植物保护	荒漠生态保护	国家储备林	基础设施建设	监测管控	资源管理
黄河重点生态区	森林质量提升	增强自然公园生态服务功能	保护生物多样性	荒漠化综合治理	木本油料产业	防控水平提升	检疫执法	资源监督

续表

长江重点生态区和东北森林带	退耕还林	优化自然保护区布局	外来物种保护	石漠化综合治理	竹产业	专业队伍建设	防治减灾	综合监测评估
北方防沙带	良种选育				花卉苗木	预警能力提高	监测预警	
南方丘陵山地带					林下经济			
海岸带等生态屏障					特色旅游			

资料来源:《"十四五"林业草原保护发展规划纲要》。

SEEA（2012）中心框架、国务院发布的《编制自然资源资产负债表试点方案》（2015）和国家统计局发布的自然资源资产负债表编制制度（试行）（2020）均未确认自然资源负债。有观点认为，包括森林资源的自然资源损耗表现为正常经营费用或异常损失，其结果导致自然资源资产及净资产的减少。环境保护和资源管理支出与自然资源资产的主体对象可能并不一致，无法确认为自然资源负债。即使承认自然资源负债是因破坏自然环境而应主动承担的环境补偿责任，但无法找到可以履行义务的对象，无法成为权益享有人，这种负债也无法确认。还有观点认为，资源不当开发或灾害损毁等引致异常损失降低了自然资源的价值，这种损失如在实际发生前可合理预期应作为资产的抵减项。本书认为，编制森林资源资产负债表应该确认和计量森林资源负债，主要基于以下考虑。

（1）会计等式要求确认和计量负债。在会计等式中资产等于负债和净资产之和，要素之间具有恒等关系，只核算森林资源资产，不核算森林资源负债，违背了报表编制的规则和初衷。资产负债表要比单纯的资产账户含义更加丰富，更能够体现项目之间的内在逻辑关系。资产是资源的占用，而负债是资源的取得或来源途径之一。森林资源负债为维持现有森林资源水平或达到未来林业发展目标而需要在当期或未来付出的努力与代价。森林资源负债与森林资源资产的对应关系并不像企业会计核算中会计分录一样逐一对应，但这种资源的保值与增值需要资金投入与付出的逻辑关系是成立的。

（2）森林资源核算的理论创新与制度创新。SEEA 是编制自然资源资产负债表和森林资源资产负债表的主要参考依据，但自身有一定的局限性，不能完全在其限定范围内研究自然资源和森林资源核算。要坚持理论创新与自信、制度创新与自信、道路创新与自信，寻求在森林资源核算领域的创新与突破。"生态红线"无疑已成为督促各级政府积极实施可持续利用自然资源政策的"紧箍咒"。守护生态红线是一种责任更是一种义务，这种义务将导致资源的付出，成为核算森林资源负债确认的依据。《"十四五"林业草原保护发展规划纲要》提出：到 2025 年全国森林覆盖率要达到 24.1%，森林蓄积量要达到 180 亿立方米。国家林业发展长期规划提出 2050 年森林覆盖率达到 26%。上述目标的实现，需要资源投入来保障。达到上述生态红线及规划的要求，只是实现了维护国家生态安全的基本要求，因此，在没有达到生态建设规划红线要求和中长期发展规划之前，应将未来为达到上述目标而支付的各种对价列为森林资源负债。待实现上述目标后，将这些负债转为净资产，形成权益部分，以体现生态文明建设成果，使其成为推动工作开展的压力与动力。

（3）实现森林资源资产负债表编制目的。森林资源资产负债表有利于摸清森林资源"家底"，评价森林资源管护主体绩效状况，对森林资源相关事项作出决策，不仅要反映森林领域生态文明建设成果，也要反映森林领域未来需要投入的营林、管护、生态补偿等资金数额，避免出现报喜不报忧的情况。

在绿色发展理念指引下，我国正在持续实施一些重要生态系统保护和修复重大工程。如"十四五"期间沙化土地治理在"十三五"期间 1.5 亿亩基础上再治理 1 亿亩，青藏高原生态屏障区要新增沙化土地治理 1500 万亩，沙化土地封禁保护 300 万亩；北方防沙带营造林 3300 万亩，新增沙化土地治理 7000 万亩，退化草原治理 4050 万亩；东北森林带培育天然林后备资源 1050 万亩；长江重点生态区完成营造林 1650 万亩，新增沙漠化治理 1500 万亩。上述生态工程的实施必然伴随着林业建设的投入，形成未来支付义务。

6.3.2　负债项目的设计

森林资源负债是一种为维持或提升森林资源价值而未来需要发生的支出。与一般主体资产负债表不同，森林资源负债是过去的事项所导致并形成，反映基于人类过去行为所导致的森林资源生态失衡而需要未来进行的生态修复，属于一种生态补偿，并不反映已借得待偿还的负债，这些对金融机构及其他主体的债务在相关主体的财务报表中体现。森林资源负债是对自然环境的负债，会计历史发展中曾经有过拟人化债务，因此，所谓债务主体不明确并不影响其确认和计量。森林资源负债的变化与资产无关，而与净资产有关，当计提未来将要发生的生态补偿金额时，净资产减少，负债增加；当未来使用计提的生态补偿资金进行经济或生态建设时，负债减少，净资产增加。因此，森林资源负债是一种预计性负债，是对未来可能流出的资源所做的积累和准备，是对未来不确定事项的客观反映，是一笔需要归还给自然的历史欠账，从会计角度体现了谨慎和稳健，从森林资源管理角度体现了责任与义务。

现有研究认为，森林资源负债主要是由于人类活动的负外部性导致的资源、环境的损失，是人类应当承担的对森林资源环境保护的义务和责任。森林资源负债强调人为因素导致的森林资源耗减及引发的环境退化，确认时应满足森林资源的损耗已经发生，流出的资源能够可靠计量，资源流出可能性很大等条件。人为因素导致的环境恶化可能使林分提前或加速进入生理衰退阶段，稳定性降低，生态防护功能退化甚至丧失，难以通过自然环境更新。自然因素导致的森林资源损失更多的是一种自然现象，一般情况下可依靠自然界的自我修复实现生态平衡，不需要人为的干预，将其作为森林资源负债难以准确地计量。森林资源的自然损耗体现为资产和净资产的减少，将损耗更新、修复会导致资源的流出，如果不做修复则未来不会有资源流出，不符合负债的定义与确认条件。表面上看，某些森林资源耗减或损失是自然因素所导致的，如洪水、暴风、雷击、火灾、病虫害等，但引发这些自然活动或现象的原因可能是人类早期活动对自然环境的破坏与干扰，这些森林资源损耗归根结底还是人为因素造成的。

在森林资源发生损耗后对其进行损失弥补或修复森林资源环境状态将导致资源的流出，符合森林资源负债的确认条件，可以界定为森林资源负债。预计未来应付的环境治理或保护成本可根据林业发展中长期规划数据或近期已发生的相关支出进行测算，计算过程中有些数据或参数需要主观估计。在某些情况下，可以将人为因素导致的可计量的森林资源损耗直接确认为森林资源负债。

借鉴资源环境承载能力监测预警技术方法，可以将生态红线划定为林地数量负债的临界值，将采伐限额设定为林木数量负债临界值。林地面积小于生态红线部分为负债，采伐数量大于采伐限额部分为负债。期初林木资源或林地资源质量指标也可划定为临界值。当存量资源的消耗在可承受范围内时不记为负债，记为存量资产的减少，流量资产的增加。若资源损耗超过了存量资产可持续发展的生态红线范围，超过的部分产生存量资产的数量负债；若资源损耗造成了生态环境的恶化，引发资源的不可持续性记为质量负债。也可将森林覆盖率和森林蓄积量与森林资源长远发展规划的差异，设定为森林资源负债。我国各省份不同程度地存在森林超采等人为破坏问题。第八次全国森林资源清查显示，森林超采率为 0.82%，森林生态破坏损失 2437.5 亿元。以采伐数量大于采伐限额的差额或实际数量不足生态红线要求的差额作为森林资源负债的计算依据具有理论上的合理性，体现了核算主体应承担的责任与义务，但有些单位为自身利益考虑，为迎合绩效评价与业务考核刻意提供虚假的采伐量信息以满足采伐限额要求。此外，采伐限额的制定也具有政策导向和主观色彩。

本书认为，森林资源因人为因素损害后需在未来进行的生态补偿、发生的修复成本作为森林资源负债具有理论的科学性和实践的可行性。森林资源分为林木资源和林地资源，林地资源作为土地资源的一种，也存在资源补偿与修复问题，如应造林的采伐迹地、应造林的火烧迹地、林地总量低于生态红线、违规占用林地等。但林地资源的损耗治理和修复与林木资源无法准确区分，犹如皮之不存，毛之不附，单独核算意义不大。本书将对林地资源负债和林木资源负债统一通过森林资源负债核算。森林资源负债包括人为因素导致森林资源发生的损耗、环境退化而需要进行的治理、修复、补偿以及基于森林资源可持续发展进行的森林面积恢复和森林质量提升相关活动，如封山育林、退化林改造、森林管护、生态效益补偿、人工造林等未来需要发生的支出。价值量可以通过我国林业统计年鉴中生态效益补偿、森林管护、营造林支出等数据获取，实物量体现为封山育林、退化林改造、人工造林、森林抚育、森林管护等指标。也可通过为实现中长期发展规划而开展林业发展项目，如国土绿化、国家公园建设、野生动植物保护、防沙治沙、森林防火、森林有害生物防治、监督管理、特色林建设、重要生态保护和修护工程等预计支出和工作量进行负债的核算。我国正处于绿色发展时期，森林资源总量不足和质量尚未达到预期的情况还将持续存在一段时间，上述各项森林资源建设投入是在偿还森林债务，可在此基础上计算未来一定期间的负债金额。鉴于我国森林资源负债核算主要体现为环境负债、生态负债，可将与环境治理与生态修复不直接相关的特色林建设、林业基础设施建设等支出剔除。森林资源负债核算应循序渐进，在初期应核算符合负债确认条件并且能够可靠计量的项目，项目的选择宜少不宜多，应充分利用现有会计、统计核算结果。考虑数据来源及资料获取等情况，本书设计了两类森林资源负债项目，一类是以生态效益补偿、森林管护、营造林为主要内容的森林资源负债项目，项目金额可根据我国政府部门发布的森林资源生态补偿相关标准确定，也可根据《中国林业统计年鉴》中林业重点生态工程投资额计算确定。前者按标准推算，体现了一种政府在森林资源建设中支出承诺，具有强制性和自我约束性，也体现了对生态建设投入的一种现实考量，具有可行性，能够满足预计负债的确认和计量要求。第一类森林资源负债项目构成详见表6-13。第二类是以《"十四五"林业草原保护发展规划纲要》提出的林业发展建设具体目标为负债项目内容，这些项目体现了政府在林业生态建设方面的主要工作内容，也是未来林业投资主要范围和方向，具有较强的政策导向，上述政策的落实与目标的实现必然引导各项资源的持续投入，形成森林生态建设的一种现时义务。这种结构的负债金额可根据国家或地方林业统计年鉴数据为基础进行计算，也可根据相关会计或业务部门提供数据计算。第二类森林资源负债项目构成见表6-14。两种类型的负债项目在使用过程中可以以表6-13项目为主表内容，以表6-14项目为附表内容，同时提供两个报表，以满足信息使用者的不同需要。如条件不具备也可只提供主表，不提供附表。

表6-13　　　　　　　　　森林资源负债项目

项目	林地资源负债（价值量）	项目	林木资源负债（实物量）
生态效益补偿		封山育林	
森林管护		退化林改造	
营造林		人工造林	
		森林抚育	
		森林管护	

表6-14　　　　　　　　森林资源负债项目（附表5）

项目	森林资源负债（价值量）	项目	森林资源负债（实物量）
国土绿化		国土绿化（面积）	
国家公园		国家公园（面积）	
野生动物保护		野生动物保护（种群恢复数）	
防沙治沙		防沙治沙（面积）	
森林防火		森林防火（面积）	
森林有害生物防治		森林有害生物防治（面积）	
监督管理			
合计		×	
其中：重要生态保护和修复重大工程		其中：重要生态保护和修复重大工程（面积）	

6.4　森林资源负债计量

6.4.1　森林资源负债计量的方法

在一定条件下，负债是维持和推动森林资源良性发展的必要支出，应采用公允价值与历史成本相结合的计量模式，与森林资源资产计量模式尽量协调一致。如果森林资源资产的价值计量只反映了最近一个期间的价值量变化，则森林资源负债也应只反映最近一个期间的义务履行所需要付出的社会资源和经济资源。森林资源负债计量围绕森林资源而衍生出来的各项义务，森林资源本身没有义务，资源数量和质量的变化体现的是森林资源资产规模的增减或者质量的优劣。围绕森林资源而产生的额外的付出才是一种负债，正常的森林管护、对目标地区的治理、生态功能提升的投入等不属于负债范畴。森林资源负债是一个时点指标，而不是流量指标，应为未来导致资源流出金额的折现值之和。如为持续性、永久性资源流出则应为固定资源流出量与折现率的比值。

森林资源负债是行政主体管理范围内，由于管理不善而导致人为或自然发生的事项形成的，预期不进行治理将会造成经济效益、生态效益或社会效益损失，补偿该损失而付出的现时义务，归根结底是一种环境负债。

6.4.2   森林资源负债计量方法的应用

6.4.2.1   按补偿标准计算

目前，我国各级政府制定了所在区域的森林资源修复、治理、补偿标准。如森林植被恢复费补贴 1334 ~ 6667 元/亩；林地补偿费 8 ~ 12 元/平方米；集体和个人所有的国家级公益林补偿标准为每亩 16 元/年；林木良种培育补贴 100 ~ 600 元/亩；直接造林补贴 100 ~ 500 元/亩；森林抚育补贴平均 100 元/亩。这些标准可以作为未来一定期间森林资源负债的计算基础。

按照国家林业发展规划，我国 2025 年森林覆盖率达到 24.1%，2050 年森林覆盖率达到 26% 以上，相应的森林面积要达到 2.2895 亿公顷和 2.47 亿公顷。根据第九次森林资源清查森林面积 2.2 亿公顷和乔木林直接造林补贴 500 元/亩计算相应的森林资源负债分别为 671.25 亿元和 2025 亿元。例如，按森林植被恢复费用 2000 元/亩计算相应的森林资源负债分别为 2685 亿元和 8100 亿元。根据测算，我国森林资源覆盖率达到 30% 即森林面积达到 2.85 亿公顷能够基本实现森林资源可持续发展要求。按乔木直接造林补贴 500 元/

亩和森林植被恢复费用 2000 元/亩计算相应的森林资源负债分别是 4875 亿元和 19500 亿元。考虑每亩 100 元抚育补贴和每亩 16 元公益林补贴，按 6% 折现率计算永续年金。现实中集体和个人所有的非公益林未获得抚育补贴以及非公益林未获得公益林补贴，但从森林资源整体考虑相关抚育支出不可避免地发生，承担主体的不同不影响负债的核算。公益林补贴按 50% 森林面积计算，森林抚育形成的森林资源负债为 55000 亿元，公益林补贴形成的森林资源负债为 4400 亿元。未来森林抚育支出可理解为森林管护负债，未来公益林补贴支出可理解为生态效益补偿负债。森林面积达到 30% 状况下森林资源负债为 63927.9 亿元或 78953.4 亿元，考虑造林补贴支出较森林植被恢复更常态化发生，本书选取 63927.9 亿元作为森林资源负债的列报金额，详见表 6 – 15。森林资源负债实物量表中造林面积按"十四五"规划应完成的面积加上 2019 年、2020 年数值，蓄积量按 2025 年应达到指标与 2018 年森林资源清查数值差异计算，森林抚育面积按林业统计年鉴 2018 年森林抚育面积乘以 7（2019 ~ 2025 年）计算。森林资源负债实物量指标无法做到与价值量指标对应，目前只是一个参考指标，可不纳入森林资源资产负债表的正表。

表 6 – 15　　　　　　　　　　森林资源负债项目及金额

项目	林地资源负债价值量（亿元）	项目	林木资源负债实物量（万公顷）
生态效益补偿	4400	造林面积	1800
森林管护	55000	蓄积量（亿立方米）	14.4
营造林	4875	森林抚育	6073.2
合计	64275		

6.4.2.2　按投资成本计算

《中国林业统计年鉴》提供了包括天然林保护工程、退耕还林、京津风沙治理、石漠化治理、三北及长江流域重点防护林体系建设等林业投资额，这些投资反映了在林业建设上的投入，也体现为了维持林业可持续发展、林业经济效益和生态效益的永续利用而付出的成本和代价，可以理解为一项负债，但投资额是流量指标，负债是存量指标，因此，应将流量指标转化为存量指标。运用式（6-6）提供两阶段增长模型，取第一阶段（前 5 年）增长率 G_0 值为 6%。林业投资未来进一步增长难度逐渐加大，第二阶段永续年金增长率为 4%。选择折现率为 6%。将相关数据代入公式：

$$PV = F_1 \times \sum_{i=1}^{5} \left(\frac{1+6\%}{1+6\%}\right)^t + F_1 \left(\frac{1+6\%}{1+6\%}\right)^5 \times \frac{1+4\%}{6\%-4\%} = F_1 \times 57$$

$$(6-23)$$

2018 年全国林业重点生态工程投资额见表 6-16。天然林保护工程投资中营造林投资 43.16 亿元，森林管护 135.19 亿元，生态效益补偿 66.04 亿元。退耕还林等项投资主要用于营造林，在计算森林资源负债时将除天然林保护工程投资的其他投资均计入营造林投资。2018 年营造林投资为 381.09 亿元，森林管护 135.19 亿元，生态效益补偿 66.04 亿元。代入式（6-23）计算森林资源负债中营造林负债为 21722.13 亿元，森林管护负债为 7705.83 亿元，生态效益补偿负债为 3764.28 亿元，总计为 33192.24 亿元。以林业投资为基础计算的森林资源负债金额较按补贴标准计算的金额有较大差距，主要原因是前者只是计算了林业重点生态工程的相关支出，后者包括了全部森林资源建设的营林、抚育、生态补偿支出，具有全面性，与森林资源资产负债表编制目的联系更紧密。2018 年全国林业投资额见表 6-17，按投资成本计算附表 5 中的森林资源负债。

根据式（6-23）计算森林资源负债结果见表 6-18。其中，国土绿化 111093.57 亿元，国家公园 3282.63 亿元，野生动物保护 1519.05 亿元，防沙治沙 1134.3 亿元，森林防火 3509.49 亿元，森林有害生物防治 1835.97 亿元，监督管理 17084.04 亿元，总计 139459.05 亿元。基于森林资源负债是一种补偿性支出，上述结果均只考虑了生态建设与保护方面的投资，未考虑经济林、工业原料林、林下经济等能够通过自身经营能够得到补偿甚至增值的投资。

表 6-16　　　　　　　**2018 年全国林业重点生态工程投资额**　　　　　单位：亿元

天然林保护工程	退耕还林	京津风沙治理	石漠化治理	三北及长江流域重点防护林体系建设	合计
395.67	225.41	12.39	10.75	89.38	733.6

表 6 – 17   **2018 年全国林业投资额**   单位：亿元

国土绿化	国家公园	野生动物保护	防沙治沙	森林防火	森林有害生物防治	监督管理
1949.01	57.59	26.65	19.9	61.57	32.21	299.72

注：国家公园投资用自然保护地建设与修复投资替代。

表 6 – 18   **森林资源负债项目及金额（附表 5）**

项目	森林资源负债（亿元）	项目	森林资源负债（万公顷）
国土绿化	111093.57	国土绿化	1073
国家公园	3282.63	国家公园	18%
野生动物保护	1519.05	野生动物保护（种群恢复数）	75 个
防沙治沙	1134.3	防沙治沙	666.67
森林防火	3509.49	森林防火	≤0.9%
森林有害生物防治	1835.97	森林有害生物防治	≤8.5%
监督管理	17084.04		
合计	139459.05		—
其中：重要生态保护和修复重大工程	26192.24	其中：重要生态保护和修复重大工程	—

表 6 – 18 中森林资源负债实物量数值取自《"十四五"林业草原保护发展规划纲要》应达到的指标。其中，国土绿化面积按 2025 年应达到森林面积与 2018 年森林面积的差额计算。与表 6 – 15 造林面积 1800 万公顷的差异主要源于后者涵盖了更新、退化林修复、封山育林等造林活动，这些活动并不会导致森林面积的相应增长。每年造林的同时，人为、自然因素也会导致森林资源减少。

6.5 森林资源资产负债表的编制

6.5.1 森林资源资产负债表主表的编制

根据森林资源资产、负债项目计算结果，编制我国 2018 年末的森林资源资产负债表。

从表 6 - 19 可知，2018 年底，我国森林资源资产价值总额达到 3835121.11 亿元，是同期 GDP 的 4.17 倍，说明我国森林资源在经济社会发展中发挥重要作用，是社会财富的重要组成部分，也为未来发展奠定了坚实的基础并提供了充足的资源保障。我国森林资源净资产为 3770846.11 亿元，占总资产的比重达到了 98.33%，说明我国森林资源负债占比较低，森林资源创造的价值远远大于为维持森林资源可持续发展而付出的代价，投入与产出效用比例较高，建设和发展处于良性阶段。森林资源生态系统服务价值远大于经济价值，一方面体现了我国森林资源规模和质量取得了更大成果，另一方面说明人们随着生态意识的增强，对森林在生态文明建设中发挥的作用给予了更高赋值期待。李扬和张晓晶等（2020）计算了未考虑除土地资源外自然资源价值，得出我国 2018 年国家资产负债表资产总计为 16950230 亿元，本书计算的森林资源资产总价值占其比重为 22.63%，说明未来将森林资源等自然资源纳入国家资产负债表后的资产价值还有较大的提升空间。李扬等计算的国家资产负债表净资产为 6619029 亿元，本书计算的森林资源净资产价值占比为 56.97%，说明森林资源未来纳入国家资产负债表后在国家剩余财富中将占有较大比重，对于改善国家整体财务状况、降低杠杆风险具有重要意义。限于年度资料的匮乏，资产负债表的前期实物量数据选用第八次森林资源年度清查数据。因数据无法准确获取，资产负债表的部分期初价值量指标借鉴使用了中国森林资源核算研究项目组的成果或采取了其他简便方法计算。

表 6 - 19　　　　　　　　森林资源资产负债表

时间：2018 年 12 月 31 日

项目	期末			期初		
	实物量		价值量	实物量		价值量
	万公顷	亿立方米	（亿元）	万公顷	亿立方米	（亿元）
资产项目						
经济价值						
林木资源						

续表

项目	期末			期初		
	实物量		价值量（亿元）	实物量		价值量（亿元）
	万公顷	亿立方米		万公顷	亿立方米	
用材林	7242.35	54.15	8275.94	6293.08	46.02	7033.18
经济林	2094.24	1.49	83067.99	2056.52	—	81567.15
能源林	123.14	0.57	715.83	176.71	0.59	691.56
防护林与特种林	12362.32	113.36	14288.26	9990.56	101.18	12757.40
竹林	641.16	—	2365.01	600.63	—	2215.46
林木资源合计	22463.21	169.57	108713.03	19117.5	147.79	104264.75
林地资源	32368.55	—	130804.75	31046.18	—	125460.15
合计	—		239517.78	—		229724.9
生态系统服务价值						
保育土壤		—	317457.12		—	423378.64
固土（亿吨）	87.48		102691.8	81.91		96153.37
保肥（亿吨）			214765.32			199874.66
涵养水源		—	518298.82		—	441722.54
调节水量			358822.26			294481.69
净化水质			159476.56			147240.84
固碳释氧		—	528213.12		—	225652.91
固碳（亿吨）			310785.42			24721.67
释氧（亿吨）			217427.7			200931.24
农田防护与防风固沙	—	—	20627.75	—	—	19099.76
农田防护			16681.72			15446.03
防风固沙			3946.03			3653.73
净化大气环境		—	794090.12		—	394535.13
负氧离子含量			3236.48			1014.02
吸收污染物（亿吨）			10142.4			3165.49
滞尘（亿吨）			780711.24			390355.62
生物多样性保护	—	—	1014958.84	—	—	915922.95
森林康养			401957.56			267971.71
合计	—	—	3595603.33	—	—	2670303.57
总计	—	—	3835121.11	—	—	2899149.12

项目	期末			期初		
	实物量		价值量（亿元）	实物量		价值量（亿元）
	万公顷	亿立方米		万公顷	亿立方米	
负债项目						
生态效益补偿	—	—	4400	—	—	4160
森林管护	—	—	55000	—	—	52000
营造林	—	—	4875	—	—	5775
合计	—	—	64275	—	—	61935
净资产			3770846.11			2837214.12

6.5.2　森林资源资产负债表附表的编制

根据森林资源资产、负债项目年度生态系统服务价值计算结果编制 2018 年森林资源生态系统服务价值年度计算表，具体内容见表 6-20。森林资源生态系统服务价值年度金额是计算资产负债表中生态系统服务资产项目金额的依据，两者之间的变化方向一致，通过主表指标的分析能够满足信息使用者的需要。根据《中国林业统计年鉴》数据，整理后计算 2018 年非木制林产品实物量与价值量核算表，具体内容见表 6-21。非木制林产品价值为 21330.67 亿元，虽未在森林资源资产负债表中直接体现，但已通过经济林价值、森林生态系统服务价值间接体现。受数据和资料的限制，本书未计算附表 1 和附表 2。

表 6-20　森林资源生态服务价值年度计算表（附表 3）

时间：2018 年度

项目	本期		前期	
	实物量	价值量（亿元）	实物量	价值量
涵养水源（亿立方米）		22642.2		20903.61
调节水量	6289.50	15094.80	5807.09	13935.92
净化水质	6289.50	7547.4	5807.09	6967.69

续表

项目	本期		前期	
	实物量	价值量（亿元）	实物量	价值量
保育土壤（亿吨）		15024		14009.84
固土	87.48	4860	81.91	4550.56
保肥	4.62	10164	4.30	9459.28
固碳释氧（亿吨）		14611.01		10688.61
固碳	4.34	14687.99	4.02	1179.32
释氧	10.29	10290	9.51	9509.29
农田防护与防风固沙（万亩）		976.23		548.81
农田防护	4290	789.48		443.82
防风固沙	3735	186.75		104.99
净化大气环境		37581.17		11773.57
负氧离子含量（个）	5.56×10^{27}	153.17	2.03×10^{27}	47.99
年吸收污染物量（亿吨）	0.40	480	0.38	149.81
年滞尘量（亿吨）	61.58	36948	58.45	11575.77
生物多样性保护		48034.02		43347.04
森林康养		18996.1		8498.79
合计		168231.71		126716.52

表 6–21　　　非木制林产品实物量与价值量核算表（附表4）

时间：2018 年度

项目	实物量（万吨）	价值量（亿元）
植物产品或原料		
（1）植物产品或原料		
林木种子	3.04	180.29
苗木类（万株）	646.38	2221.50
原料类	247.83	1156.01
干果类	1162.91	2260.99
水果类	14914.53	7271.38
林产饮料类	246.85	1489.89
食用菌及笋类	382.69	1247.18
油料	676.62	1024.09

续表

项目	实物量（万吨）	价值量（亿元）
林产调料类	83.07	—
花卉类（万公顷）	163.27	2614.06
中药材	363.92	1066.57
（2）动物产品或原料		
狩猎和捕捉动物	—	289.84
野生动物饲养繁殖	—	508.87
其他林产品	—	—
合计	—	21330.67

注：林产调料类未查询到价值量指标，狩猎和野生动物饲养繁殖未查询到实物量指标。

资料来源：《中国林业统计年鉴2018》。

6.6 本章小结

森林资源资产和负债的确认与计量是森林资源资产负债表列报的基础。森林资源资产确认应在资产概念基础上结合森林资源特点满足一定条件而确定，包括经济价值和生态系统服务价值。森林资源资产计量主要考虑实际成本投入或市场公开价格以使其具有现实意义，便于为社会所接受和认可。森林资源负债是补偿人为因素导致森林资源损耗而付出的代价，是维持森林资源可持续发展而发生的未来支出。森林资源资产和负债是存量指标，在存量指标价值无法可靠确定的基础上，应在流量指标的基础上折现计算。我国目前森林资源净资产处于较高水平，森林资源创造的价值远远大于森林资源需要投入的资源。

| 第 7 章 |

森林资源资产负债表实施保障措施

7.1 制度保障措施

7.1.1 推进森林资源确权登记制度改革

根据科斯定理，产权一旦确定，市场就能自行发挥效用。为明确森林资源责任主体与信息披露主体以及所有者、监管者责任，推进森林资源有偿使用及资产市场化流转与配置，解决所有权人不到位、权益不落实等国有森林资源保护和管理存在的产权问题，应完善森林资源确权登记制度。确权登记本质是产权登记，是森林资源分类管理以及有效保护和开发的基础性工作，服务于绿色发展和生态文明建设，维护森林资源所有者权益，为各级权属机构森林资源统计调查、业务清查和资产负债表编制提供数据来源，为构建生态产品和服务定价机制、生态保护补偿制度提供决策依据。森林资源确权登记要划清政府与集体、政府与政府、集体与集体、政府与森工单位、所有权主体与使用权主体以及不同类别森林资源之间的边界，范围和对象是森林生态空间及其范围内森林资源所有权的归属，既有对森林资源自然现状的反映，也有对森林资源权属状况的反映。森林生态空间包括林间土地及地上、地下生长的各种林木及其他植物，这些林木及植物的产权归属、生态价值与所有者权益、生态补偿等密切相关。森林资源确权登记要合理确定并划分森林确权登记单元。未被界定为特殊用途的森林资源以土地所有权为基础，国家公园、自然保护区等各类自然保护地可单独划分为登记单元。森林资源确权登记是一种特殊的不动产登记，前者更强调生态功能，后者更强调经济功能。森林资源确权登记应与不动产登记统一标准和登记体系，理顺森林资源所有权、使用权关系，避免出现权利归属冲突或者空间、管理的差异。国家所有森林资源侧重生态等具有公共属性功能的发挥，所有权属性和权益容易被忽视，在森林资源确权登记时更强调国家森林资源所有权，在森林资源登记单元中设置国家森林资源所有权不动产单元，注重国有森林资源的保护。

森林资源资产负债表的编制能够反映归属于各权力主体的森林资源价值，为产权转让提供了定价依据，促进了森林资源合理有序流转。我国经历了三次林业产权制度改革，现行林权制度要求所有权要清晰、经营权要放活、处置权要落实、收益权要确保。应鼓励森林、林木和林地使用权以合理的形式流转，森林资源确权能够激发森林资源经营单位和参与者的积极性，有利于提高林分质量，扩大森林面积，提升森林资源的整体价值。产权清晰对于建立林木等林产品交易市场意义重大，而林木资源交易市场的发展对于森林资源资产计量提供了比较客观的价格，使其更具有科学性和可行性。应进一步用法律、法规对林业产权关系和市场主体进行规范，进一步明确山林权属和经营主体。在林业产权基础上，确立林业财产权，保持林业政策的稳定延续，调动农村农户发展林业。特种林、防护林等公益林作为公共产品应归属于国有或集体，用材林、经济林等非私人产品可以广泛引入社会资本。产权界定清晰才能更好地加强森林资源管理，该管护的要管好、用好，该经营的要全面放开。在林地所有权和经营权分离的情况下，进一步盘活林地使用权资产，促进国有、集体与个人之间林木所有权和林地使用权的双向流动。

7.1.2　优化生态补偿制度

森林资源生态系统服务作为一种公共产品，如不能有效解决"搭便车"等外部性问题，对生态文明建设的顺利进行将产生不利影响。在通过市场化和内部化不能解决问题的情况下，需要建立生态补偿机制。生态补偿的本质就是生态服务的消费方向生态服务提供方的付费行为。生态补偿原则应为谁损害、谁使用、谁受益，谁付费；谁保护、谁提供，谁收费、谁受偿，让行政机制与市场机制进行双向调节与双重补偿。生态补偿制度的建立是森林资源价值特别是生态价值和社会价值评估的基础，生态补偿能够让森林生态服务提供方得到效益，让更多的企业和个人加入森林资源生态建设领域，促进生态文明建设成果的转化。同时，生态资源的消费方要付出成本或代价，能够更加重视森林生态功效，转变生产或消费方式，绿色生产、绿色消费、绿色发展，树立生态环保意识。对于生态环境破坏者，要予以惩罚，增强生态文明的自觉性。目前，我国已建立了林地征用、占用补偿，林木植被恢复补偿，国家级公益林补偿，造林补贴，森林抚育补贴等生态补偿制度。但还存在着补偿标准低、补偿资金不稳定、补偿资金来源渠道单一、补偿条件和范围不够清晰等问题。应完善生态保护补偿机制，逐步提高森林生态补偿标准，确保生态补偿资金的稳定与持续，增加生态补偿资金来源渠道。各级政府也应加大对天然林保护工程等重点生态功能区转移支付力度，推进森林生态产品提供方与森林生态产品消费方之间的横向生态补偿机制。政府应引导社会树立保护生态光荣，破坏生态可耻的社会理念和社会主义核心价值观，增强社会对生态补偿的政策理解与思想觉悟。

7.1.3 构建森林资源会计核算制度

我国在企业会计层面和政府会计层面对森林资源的核算还不完善，企业会计虽然从准则层面允许对生产性生物资产采用公允价值计量，但实际应用寥寥，公益林核算采用名义金额现象还比较普遍，也存在未入账核算山林。政府会计尚未对森林资源进行全面的核算，政府综合财务报告体系对包括森林资源在内的自然资源资产未进行表内核算，只是以附注的形式进行披露，不能满足信息使用者的需要。现有的森林资源核算体系不能支撑森林资源资产负债表的编制，实物量数据基本来源于森林资源清查，以统计数据和业务数据为主，价值量指标很难从会计报表取值，尚未开展对森林资源负债的核算。深化森林资源经营、管护等责任主体的会计核算改革，探索构建我国政府会计自然资源资产准则和企业会计自然资源资产准则，解决森林资源资产确认、计量、列报中的相关事项，为森林资源核算提供依据，为森林资源资产负债表编制提供数据支持，提高森林资源资产负债表的信息质量，降低编制成本，促进森林资源资产负债表的常态化编制。自然资源资产确认应在满足自然资源能够带来经济利益条件的基础上，增加社会利益、生态利益的选项，扩大自然资源资产核算范围，应将已探明储量的矿产资源以及用材林、经济林、景观林确认为资产，相应增加核算主体的净资产，根据持有目的不同分别采用成本、可变现净值、现值、重置成本、公允价值进行计量。公允价值计量的信息具有相关性和有用性，应研究公允价值在森林资源资产经济价值和生态价值评估中的应用，在条件具备的情况下，扩大公允价值的应用领域，建立方法统一、结果准确的价值核算体系。规范自然资源资产计量，统一自然资源资产估值模型，确保信息具有横向和纵向的可比性。应考虑自然资源负债的确认和计量，以保持与自然资源资产之间逻辑关系，将已有的环境负债、生态负债等理论研究成果与实践应用整合到自然资源核算领域。研究持有森林目的差异对生态价值和经济价值核算的影响，探讨经济林、生态林在计量方面的差异。在将碳排放权等碳汇资产纳入日常会计核算体系的基础上，探索森林资源其他生态系统服务功能价值在报表附注列报的方式和内容，并在条件成熟时纳入表内核算。

7.1.4　完善政府绩效评价制度

政府绩效评价能够考核各级政府及组成机构的工作效能。森林资源是一种重要的国家战略资源，丰富了生态文明建设内涵。绿色发展理念指引下生态文明建设成果应成为政府绩效评价的重要内容。森林资源资产负债表的编制是反映森林领域生态文明建设成果的重要信息来源，也为领导干部自然资源离任审计提供依据。现有的政府绩效评价指标选取存在重视经济指标，轻视环境与生态指标的现象。环境与生态指标在指标体系中占比较低，对政府绩效考核影响较小。绩效指标的设计只考虑了生态系统功能的实物量指标，而价值量未纳入指标体系中，对森林资源生态系统服务功能体现不够充分。

应提升政府绩效评价指标体系中生态建设指标的比重和种类，对各级政府、生态管理、自然资源管理部门加大生态考核力度，推动森林资源资产负债表的发展与完善，以适应生态绩效评价的需要。应强化各级政府部门严守生态红线、加强生态建设与保护的责任体系建设。通过创新林业治理体系，完善森林资源资产管理体制，在对政府及组成机构进行政治绩效、经济绩效、文化绩效、社会绩效考核的基础上增加生态绩效考核项目，推广环境指数、生态指数、森林发展指数等指标在政府绩效评价中的应用，完善资源消耗、环境损害、生态效益的绩效评价考核和责任追究制度。在针对特定群体进行领导干部自然资源离任审计和特定政府单位的绩效评价中构建的森林资源资产审计指标及森林资源绩效评价指标中，涵盖森林资源资产状态、负债规模与结构、生态效益、管理与财务等内容，扩大森林资源资产负债表的应用领域和适用范围，增加社会影响，促进资源监测预警和决策支持，满足宏观管理需要。

7.2　组织保障措施

7.2.1　确定森林资源资产负债表编制的责任主体

森林资源资产负债表作为一项制度安排，需要政府相关部门制定并规范报表的种类与格式，制定相关政策，落实人员、经费，确保其能够得到贯彻和实施。目前，在国家层面负责或参与自然资源管理与核算设计工作的机构有国家统计局、自然资源部（国家林业和草原局）、生态环境部、审计署、财政部等。国家统计局负责构建国民经济核算体系及制度，开展国家和地方省级国民经济核算，组织实施统计调查并提供相关数据。生态环境部负责监督自然资源开发利用与保护、生态环境建设、生物多样性保护等工作。自然资源部代表国家履行全民所有土地、森林等自然资源资产所有者职责，负责自然资源调查监测评价、统一确权登记工作。国家林业和草原局负责林业生态保护与修复、造林绿化、森林资源的监督管理等工作。审计署承担对主要领导干部及其他单位主要负责人实施自然资源资产离任审计职责。财政部负责会计工作管理、行为监督、制度制定等工作。森林资源资产负债表的编制涉及统计、会计、自然资源管理等多个领域，由一个部门或机构开展难以顺利完成。目前，与森林资源核算有关的会计制度体系尚不健全，可建立统计部门牵头，财政、自然资源管理、生态环境管理、审计等多个部门共同参与的森林资源资产负债表编制协调机制。后续待包括森林资源在内的自然资源会计核算体系建立，森林资源资产负债表相关工作可更大限度上发挥财政部门的作用。统计部门现有的机构设置难以承担全面开展自然资源核算的领导职责，无法履行应有的统筹规划、居中协调的职能。应设置专门的自然资源统计和核算机构，统筹与自然资源有关的统计报表和会计报表编制工作。为提高森林资源资产负债表编制质量和规范编制行为，统计部门和财政部门负责制定价值核算方法，自然资源管理部门提供实物量指标及清查数据、生态环境部门参与生态指标和生态价值评估方法的选取，审计部门提出信息和数据需求。统计部门和林业管理部门建立协商议事机制，统一协调森林资源资产负债表的编制。应进一步建立和推广生态问责制度，通过领导干部自然资源资产离任审计，督促各级领导干部践行绿色发展理念，不断改善经济社会发展的生态条件。

7.2.2　培养复合型专业技术人才

人才是组织开展活动的基础和前提，森林资源资产负债表的编制是一项复杂的系统工程，涵盖了会计、统计、森林经营与管理、林学、大气、水利等多学科知识内容，需要各部门不同专业领域人才共同参与才能顺利完成。从需求角度看，政府审计是森林资源资产负债表信息使用者，并可委托社会审计机构参与森林资源资产负债表的编制。但无论是政府审计还是社会审计人员，都对森林资源生态价值核算领域比较陌生，缺少这方面的经验，很难独立完成此项工作。林业管理部门掌握森林资源实物量信息，并有随时更新信息的能力，从林权转让、绩效评价、政策贯彻等角度也有价值量信息的需求，但缺少价值评估等方面的人才。统计部门具有熟悉并掌握国民经济核算等统计数据信息处理能力的人才，但在森林资源实物量信息获取方面人才不足。财政部门拥有制定政府、企业会计核算制度的人才，但这些人才往往缺少森林资源生态价值与社会价值评估的知识，无法独立制定自然资源资产会计准则或制度。基于森林资源资产负债表编制对人才的需求。首先，政府应出面统一协调各部门、单位及相关人员参与森林资源资产负债表的编制中，发挥各领域专家作用，共同完成好森林资源资产负债表的编制工作。其次，应加快自然资源领域复合型人才培养，通过举办自然资源资产负债表或森林资源资产负债表培训班培养能够尽快适应报表编制需要的人才。从长远看，相关高校统计、审计、会计、林业经济管理专业应调整培养方案，设立满足新时代下能够熟悉自然资源（森林资源）生态服务功能及价值评估的专业，增强复合型人才培养。再次，加强国内高等学校及科研机构领军型人才培养，进行理论突破和实践创新，引领森林资源资产负债表编制研究和实践工作顺利开展。最后，走出去，请进来，与世界上自然资源核算领域研究走在前列的科研院所开展合作，与相关国家相互借鉴，共同促进森林资源生态价值核算早日常态化，纳入现行的统计核算或会计核算体系中来。

7.3 技术保障措施

7.3.1 建立森林生态产品价值实现机制

森林资源提供的生态产品能够改善环境、增进公众健康，具有的固碳功能在促进碳达峰和碳中和早日到来方面发挥重要作用。长期以来，森林资源具有的生态功能未被社会充分认识和接受，缺少合适的核算方法和信息披露平台，生态系统服务价值无法得到体现，在生态文明建设中的地位和作用被低估。为了让保护生态环境者获得合理回报，让破坏生态环境者付出代价，加快"绿水青山"变成"金山银山"的速度，需要建立和拓展市场、社会、政府等路径，以使用引导编制，以编制促进使用，让森林资源资产负债表在生态文明建设中发挥更大的作用。应从以下几个方面开展工作：首先，应探索和建立森林资源生态价值核算体系，研究森林资源生态系统服务价值评估方法，挖掘森林资源生态服务功能。其次，开展森林资源调查，形成生态产品目录清单，推动核算结果在生态保护补偿、生态损害赔偿、生态权益交易等方面的应用，合法合规开展森林覆盖率等生态资源权益指标交易。最后，扩大森林碳汇纳入碳汇市场额度，增加强制性通过市场交易获取碳汇指标的企业范围和数量，开展森林碳汇计量监测评估，深入研究森林陆地生态系统碳汇能力与实现路径，鼓励社会主体参与森林碳汇项目开发建设，开展森林碳汇项目交易和碳中和行动。

7.3.2　提升森林资源清查技术水平

目前，我国林业部门已经建立了国家森林资源调查（一类清查）、森林经理调查（二类清查）、作业设计调查（三类调查）三类比较科学、系统的森林资源清查体系，通过三类清查可以掌握中央和地方政府以及林业基层单位的森林资源数量、质量及其动态变化情况，为制定国家林业方针、政策及各种林业计划、规划，编制或修订森林经营方案，伐区设计、造林设计和抚育采伐设计提供依据。但在森林资源清查和调查中，存在勘测手段精度差、耗时长、人力资源投入多等问题。全国一类清查每五年组织一次，但要在各省份或大林业区按年度轮换进行，得到的全国森林资源清查数据时间口径并不一致。各省份开展的二类清查也存在类似的情况。导致全国或省份的年度森林资源信息可能需要在前期森林资源清查数据基础上根据造林计划、年度业务统计数据进行调整后确定，信息披露不够准确。森林资源资产价值量核算使用的计量属性、估价方法及工作流程、技术经济参数选取应与业务的技术要求相适应。随着移动互联网、云计算、大数据、人工智能、5G、卫星遥感等新一代信息技术的发展，借助地理信息系统（GIS）构建林业系统大数据管理基础平台，提高信息传输速度和数据计算准确性，减少调查数据生成时间。共享森林综合监测数据，打通区域、行业、业务部门壁垒，构建森林生态网络感知系统，提升森林资源监督管理、预警预测、动态监测、综合评估功能，推动实现多维度、全天候、全覆盖的监管监测工作目标。推广森林碳监测卫星技术应用，形成森林资源"图、库、数"等监测数据和防灾应急数据集成开发及智慧应用、智慧监管和灾害预警。利用北斗导航坐标确定样地位置、进行坐标参数转换、寻找样地、确定导航点，能够提高样地复位精度和样地复位率。高分辨率资源清查解决方案（HRIS）可以提供树木种群的确切位置和生长方式，以及记录或种植用于库存供应管理的林业资源，解释和测量树木增长动态。无人机技术、激光雷达技术在冠层高度模型信息提取、海量数据综合变量批量提取、散生四旁蓄积产出测量等方面提高工作效率和数据准确性。各种现代清查技术的应用能够提高工作效率，节省人力、物力，加快数据处理能力，缩短信息披露时间，提高信息披露质量，有利于森林资源资产负债表的推广。根据国情、技术条件、社会需求，国家层面森林资源资产负债表每五年编制一次较为合理，但应做到核算数据时间口径保持一致。地方和基层单位的森林资源资产负债表的编制时间可以根据技术条件和编制需求确定，但一般应长于一年。为使森林资源资产负债表核算常规化进行，还可考虑建立区域森林基准生态价值评估系统。

7.4　本章小结

为保障森林资源资产负债表编制的顺利进行和有效开展，在构建森林资源资产负债表自身理论体系和方法规范基础上，还应提供制度、组织和技术保障。产权界定清晰才能促使各利益相关方关注森林资源价值，盘活林地使用权资产。建立生态服务消费方向生态服务提供方付费的生态补偿机制以解决外部性问题。探索构建我国自然资源资产准则，规范森林资源资产确认、计量、列报中的相关事项，提高森林资源资产负债表的信息质量。提升政府绩效评价指标体系中生态建设指标的比重和种类，对各级政府、生态管理、自然资源管理部门加大生态考核力度。培养熟悉森林资源资产负债表流程、能够参与报表编制的专业技术人才。研究森林资源生态价值评估方法，挖掘森林资源生态服务功能。信息时代应加快各种现代清查技术的应用，加快数据处理能力，缩短信息披露时间，加快森林资源资产负债表的推广。

结　语

　　森林作为一种重要的可再生自然资源，在经济社会发展与生态文明建设中发挥着重要作用。党的十八届五中全会提出绿色发展理念，要让"绿水青山"成为"金山银山"，使绿水青山成为促进经济增长的自然生产力。森林资源核算能够为自然资源可持续利用的决策和管护主体受托责任评价提供信息支持，阐释森林产品和服务对国家或地区经济与社会发展的贡献，科学量化森林资源资产的经济、生态、社会价值，构建"绿水青山"评价体系。森林资源资产负债表是森林资源核算的高级阶段，是自然资源资产负债表的组成部分和重要内容，对于推动政府资产负债表和国家资产负债表自然资源信息披露发挥重要作用。本书基于绿色发展理念，在"两山"理论、生态保护红线理论、外部性理论和资产负债表理论指导下，构建森林资源资产负债表理论分析框架，分析森林资源资产负债表设计机理；运用会计方法探讨森林资源资产、负债确认和计量的实现路径，探究森林资源资产价值的影响因素，确定森林资源资产、负债计价方法，探索森林资源资产负债表在实践中的应用。森林资源资产负债表能够为生态文明建设及领导干部自然资源资产离任审计提供数据支撑，推动林业部门现有统计、会计核算制度改革，构建森林资源生态价值分析指标体系。本书拓展森林资源核算领域与范围，提高公众对森林在遏制全球气候变暖、维持生物多样性等生态系统服务功能的认识。本书的主要研究结论如下。

　　（1）森林资源生态系统服务价值是森林资源价值的重要组成部分。森林是一个由生物种群组成的生态系统，任何生物种群的大小和结构都只能估计，不能高精度量化，价值无法通过传统核算方法展现。森林资源价值与其在经济社会发展中的地位与作用紧密相关，包括经济价值、生态价值和社会价值，其中，生态价值占比最高。森林生态系统服务价值计算有助于评估生态系统产生的效益，评价林业生态文明建设成果。森林资源生态估值变化说明森林资源的重要性由森林生态服务市场发育向以促进森林生态价值实现转变，碳汇市场的建立加快了这种转变的过程。

（2）森林资源资产和负债的确认与计量具有理论上的科学性和实践中的可行性。自然资源资产的确认与计量是世界性难题，随着会计概念框架体系的修订与完善，绿色发展理念的贯彻与实施，自然资源信息披露需求日趋强烈。对森林资源资产负债表问卷调查数据进行因子分析的结果显示，森林资源资产负债表编制具有合理性，调查对象对森林资源资产负债表编制必要性、科学性、可行性认可程度较高。森林资源资产和负债的确认与计量，以及森林资源生态系统服务价值核算对森林资源资产负债表的编制具有重要影响，是支撑报表编制的重要因素。森林资源资产可以在现有的会计理论体系下逐步实现确认与计量，部分森林资源负债已通过环境负债体现在现有的会计准则体系中，在森林资源资产负债表中进行系统性的列报具备了基本条件。

（3）森林资源负债具有生态补偿性质。与一般主体资产负债表不同，森林资源负债反映的是基于人类过去行为所导致的森林生态失衡而需要未来进行的生态修复，属于一种生态补偿，并不反映一般财务报表中对金融机构及其他主体的债务。森林资源负债是对自然环境的负债，会计历史发展中曾经历过拟人化债务，因此，所谓债务主体不明确并不影响其确认与计量。在公允价值计价基础上，森林资源负债的变化与资产无关，而与净资产有关。

（4）我国森林资源积累了巨额的社会财富。以 2018 年数据为基础编制的森林资源资产负债表显示，我国森林资源资产价值总额达到 3835121.11亿元，是同期 GDP 的 4.17 倍。森林为我国经济社会发展奠定了坚实的物质和生态基础，并提供了充足的经济、生态资源保障，是社会财富的重要组成部分。我国森林资源净资产为 3770846.11 亿元，占总资产的比重达到了98.33%，创造的价值远远大于为维持森林资源可持续发展而需要付出的代价，投入与产出效用比例较高，建设和发展处于良性阶段。

本书对森林资源资产负债表理论和编制方法进行了初步的探索，提出了一些笔者自己的观点，虽经努力，但由于在专业知识方面存在的欠缺、资料获取方面的不足以及个人能力有限，研究中还存在以下不足。

（1）森林资源生态价值核算结果尚不够准确。森林资源生态系统服务价值核算是一个系统的、多门类、跨学科交叉的复杂过程，报表格式和编制方法尚未统一，核算手段和方法具有主观性和选择性。受政策引导和主观认识的影响，以及我国森林资源地域广布、种类繁多、用途广泛的现实情况，森林生态系统社会价值和生态价值核算规范性不足，难以确保核算结果的准确性和可比性。

（2）森林资源资产负债表的理论研究有待深入。理论的形成与发展需要时间的积累与实践的检验。作为新生事物，森林资源资产负债表理论研究尚未形成完整的体系。本书在借鉴前人研究成果基础上设计的森林资源资产负债表概念框架和理论体系基础还比较薄弱，对报表编制理论指导的科学性有待进一步检验。对森林资源资产、负债的确认条件和计量标准的研究也有进一步完善和改进的空间。

（3）森林资源核算数据资料获取不够全面。现行林业发展报告和统计公告及林业系统企事业单位日常会计与统计核算提供的资料无法满足森林资源资产负债表编制需要，报表编制成本较高。各地森林资源资产负债表处于试点编制阶段，报表数据尚未公开，信息传播与使用受阻，无法满足信息使用者的需求，达不到编制报表的初衷，影响本书研究资料的获取。受限于资料不足，本书在计算经济价值时没有考虑散生木、四旁树、部分灌木林等林木资源，在计算生态价值时对前期比较数据采取了替代方式和简便算法。

（4）实证分析尚有不足。现有的森林资源资产负债表研究时间不长，可供借鉴和参考的理论成果有限，调查问卷的设计还有不完善之处，调查活动还有一定行业、区域的限制，调查样本的选取还不够全面和充分，研究结论的科学性有待进一步检验。

上述缺陷和不足待日后研究中进一步改进和提高。

参考文献

［1］《中国森林资源核算研究》项目组．生态文明制度构建中的中国森林资源核算研究［M］．北京：中国林业出版社，2015.

［2］A. C. 利特尔顿．1900 年前的会计演进［M］．宋小明，译．上海：立信会计出版社，2014.

［3］A. 迈里克·弗里曼．环境与资源价值评估：理论与方法［M］．北京：中国人民大学出版社，2002.

［4］IASB. 财务报告概念框架［M］．中国会计准则委员会，译．北京：中国财政经济出版社，2019.

［5］T. R. 马尔萨斯．人口论［M］．北京：中国政法大学出版社，2003.

［6］W. A. 佩顿，A. C. 利特尔顿．公司会计准则绪论［M］．潘序伦，译．上海：立信会计出版社，2013.

［7］埃尔森，S·亨德里克森．会计理论［M］．王澹如，陈今池，译．上海：立信出版社，2013.

［8］爱德华·奥斯本·威尔森．半个地球［M］．杭州：浙江人民出版社，2017.

［9］安广实，柳珊珊．"大智移云"在自然资源资产负债表编制中的作用与运用［J］．湖北经济学院学报（人文社会科学版），2019，16（6）：53－56.

［10］柏连玉．森林资源资产负债表编制的理论基础探讨［J］．绿色财会，2015（10）：3-9．

［11］宝丽娜．森林资源资产会计准则的国际比较［J］．新疆财经，2008（3）：62-65．

［12］边晶莹，赵奎涛，沈镭，等．唐山市自然资源资产负债表表式结构及实物量核算研究［J］．中国矿业，2019，28（8）：45-49．

［13］曹玉珊，马儒慧．自然资源会计核算主体的认定及其功能设计——基于生态文明制度建设视角［J］．财会月刊，2019（17）：65-74．

［14］曹远征，马骏．警惕国家资产负债表揭示的风险［J］．财经，2012（15）：64-69．

［15］柴华，何念鹏．中国土壤容重特征及其对区域碳贮量估算的意义［J］．生态学报，2016，36（13）：3903-3910．

［16］常振辉，高岩．FCFE 模型与蒙特卡洛模拟相结合在公司估值中的应用［J］．中国林业经济，2018（1）：4．

［17］陈艳利，弓锐，赵红云．自然资源资产负债表编制：理论基础、关键概念、框架设计［J］．会计研究，2015（9）：18-26，96．

［18］陈玥，杨艳昭，闫慧敏，等．自然资源核算进展及其对自然资源资产负债表编制的启示［J］．资源科学，2015，37（9）：1716-1724．

［19］陈志芳，赵晓宇．云南省自然资源资产负债表编制初探［J］．生态经济，2018，34（11）：146-152．

［20］崔旺来，孔凡振．海洋渔业资源资产负债表编制：要素、框架及报表设计［J］．浙江海洋大学学报（人文科学版），2021，38（3）：1-12．

［21］董秀凯，王兵，耿邵波．吉林省露水河林业局森林生态连清与价值评估报告［M］．长春：吉林大学出版社，2014．

［22］封志明，杨艳昭，李鹏．从自然资源核算到自然资源资产负债表编制［J］．中国科学院院刊，2014，29（4）：449-456．

［23］封志明，杨艳昭，闫慧敏，等．自然资源资产负债表编制的若干基本问题［J］．资源科学，2017，39（9）：1615-1627．

［24］高吉喜．国家生态保护红线体系建设构想［J］．环境保护，2014，

42 （Z1）：18 - 21.

　　[25] 高敏雪，刘茜，黎煜坤．在 SNA-SEEA-SEEA/EEA 链条上认识生态系统核算——《实验性生态系统核算》文本解析与延伸讨论 [J]．统计研究，2018，35（7）：3 - 15.

　　[26] 高敏雪．《环境经济核算体系（2012）》发布对实施环境经济核算的意义 [J]．中国人民大学学报，2015，29（6）：47 - 55.

　　[27] 高敏雪．扩展的自然资源核算——以自然资源资产负债表为重点 [J]．统计研究，2016，33（1）：4 - 12.

　　[28] 葛振华，苏宇，王楠．矿产资源资产负债表编制的框架及技术方法探讨 [J]．国土资源情报，2020（6）：51 - 56，34.

　　[29] 耿建新，胡天雨，刘祝君．我国国家资产负债表与自然资源资产负债表的编制与运用初探——以 SNA 2008 和 SEEA 2012 为线索的分析 [J]．会计研究，2015（1）：15 - 24 + 96.

　　[30] 耿建新，梁程智．森林生态系统价值估算的实践运用分析——基于与 SNA、SEEA 的比较 [J]．未来与发展，2020，44（12）：43 - 54.

　　[31] 国部克彦，伊坪德宏，水口刚．环境经营会计 [M]．北京：中国政法大学出版社，2014.

　　[32] 韩冬芳．自然资源资产负债表编制顶层设计问题研究 [J]．会计之友，2016（6）：20 - 22.

　　[33] 韩冬芳．智慧环境下编制自然资源资产负债表治理机制研究 [J]．会计之友，2020（22）：142 - 147.

　　[34] 何利．自然资源生态权益与经济权益划分的公允标准——基于复式记账的自然资源资产负债表框架 [J]．财会月刊，2019（19）：89 - 94.

　　[35] 洪燕云，俞雪芳，袁广达．自然资源资产负债表的基本架构 [A] //中国会计学会环境会计专业委员会．中国会计学会环境会计专业委员会 2014 学术年会论文集 [C]．中国会计学会环境会计专业委员会：中国会计学会，2014：13.

　　[36] 侯元兆，王琦．中国森林资源核算研究 [J]．世界林业研究，1995（3）：51 - 56.

［37］侯元兆，吴水荣．森林生态服务价值评价与补偿研究综述［J］．世界林业研究，2005（3）：1 - 5.

［38］侯元兆．我国的绿色 GDP 核算研究：未来的方向和策略［J］．世界林业研究，2006（6）：1 - 5.

［39］胡鞍钢，唐啸．绿色发展：中国发展的永续之路［C］//国情报告第十八卷 2015 年，2017：279 - 287.

［40］胡文龙，史丹．中国自然资源资产负债表框架体系研究——以SEEA2012、SNA2008 和国家资产负债表为基础的一种思路［J］．中国人口·资源与环境，2015，25（8）：1 - 9.

［41］胡玉可．基于绿色发展的森林资源资产综合效益价值会计问题［J］．财会月刊，2015（2）：68 - 71.

［42］黄建洪．绿色发展理念：绿色经济社会治理的新范式［J］．北京师范大学学报（社会科学版），2021（4）：48 - 57.

［43］黄溶冰，赵谦．自然资源核算——从账户到资产负债表：演进与启示［J］．财经理论与实践，2015，36（1）：74 - 77.

［44］黄溶冰，赵谦．自然资源资产负债表编制与审计的探讨［J］．审计研究，2015（1）：37 - 43，83.

［45］纪定雪．关于国有林场执行《事业单位会计制度》的探讨［J］．绿色财会，2014（2）：11 - 14.

［46］简新华．发展观的演进与新发展理念［J］．当代经济研究，2017（9）：22 - 31，97.

［47］江慕煖．林木出材率和伐区剩余物的调查研究［J］．湖南林业科技，1992（3）：31 - 33.

［48］蒋南平，向仁康．中国经济绿色发展的若干问题［J］．当代经济研究，2013（2）：50 - 54.

［49］焦志倩，王红瑞，许新宜，等．自然资源资产负债表编制设计及应用 I：设计［J］．自然资源学报，2018，33（10）：1706 - 1714.

［50］金德凌．论环境生态可持续实现的前提——环境资源会计化［J］．福建农林大学学报（哲学社会科学版），2000，3（4）：29 - 33.

[51] 靳利军，田国双，刘巨钊. 森林资源核算研究知识图谱分析 [J]. 林业经济，2020，42（2）：3-14.

[52] 康文星，王东，邹金伶，等. 基于能值分析法核算的怀化市绿色 GDP [J]. 生态学报，2010，30（8）：2151-2158.

[53] 孔繁文. 21 世纪的中国林业——环境林业 [J]. 林业经济问题，1999（4）：5-11.

[54] 孔繁文. 试论森林环境资源核算 [J]. 世界林业研究，1992（3）：16-21.

[55] 雷艳丽. 生态林业理论下的林业会计核算研究 [J]. 财会学习，2018，191（17）：111+113.

[56] 李春瑜. 编制自然资源资产负债表的几点思考 [N]. 中国财经报，2014-07-03（07）.

[57] 李桂萍，尹丛丛. 中国政府会计基本准则与 IPSASB 财务报告概念框架之比较 [J]. 财会月刊，2016（16）：114-117.

[58] 李金昌，高振刚. 实行资源核算与折旧很有必要 [J]. 经济纵横，1987（7）：47-54.

[59] 李金昌. 资源核算及其纳入国民经济核算体系初步研究 [J]. 中国人口·资源与环境，1992（2）：25-32.

[60] 李琼雯，李双，林桦，等. 县域森林资源资产负债表编制实践探索——以浙江省开化县为例 [J]. 生态经济，2021，37（3）：171-176，196.

[61] 李伟，陈珂，胡玉可. 对自然资源资产负债表的若干思考 [J]. 农村经济，2015（6）：29-33.

[62] 李扬，张晓晶，常欣. 中国国家资产负债表 2013——理论、方法与风险评估 [M]. 北京：中国社会科学出版社，2013.

[63] 李扬，张晓晶等. 中国国家资产负债表 2020 [M]. 北京：中国社会科学出版社，2020.

[64] 林向阳，周囘. 自然资源核算账户研究综述 [J]. 经济研究参考，2007（50）：14-24.

［65］刘红梅，陈煜，王克强. 土地资源资产负债表编制研究——以上海市的报表编制为例［J］. 会计之友，2020（17）：20－26.

［66］刘梅娟，石道金，温作民. 森林生物多样性价值会计核算研究综述［J］. 世界林业研究，2007（1）：1－5.

［67］刘梅娟，温作民，魏远竹. 森林生态资产的特征、会计确认与计量［J］. 浙江农林大学学报，2012，29（1）：88－96.

［68］刘明辉，孙冀萍. 论"自然资源资产负债表"的学科属性［J］. 会计研究，2016（5）：3－8，95.

［69］刘庆博，宋莎. 森林资源资产评估研究综述［J］. 中国林业经济，2015（1）：76－78.

［70］陆建桥. 新国际财务报告概念框架的主要内容及其对会计准则制定和会计审计实务发展的影响［J］. 中国注册会计师，2018（8）：9－17.

［71］马骏. 中国国家资产负债表研究［M］. 北京：社会科学文献出版社，2012.

［72］马晓妍，曾博伟，何仁伟. 自然资源资产价值核算理论与实践——基于马克思主义价值论的延伸［J］. 生态经济，2021，37（5）：208－213.

［73］梅元清，王英，孙乙侨. 政府会计准则制定的国际比较——基于IPSASB、FASAB与GASB准则体系［J］. 财会月刊，2017（34）：87－93.

［74］孟祥江. 中国森林生态系统价值核算框架体系与标准化研究［D］. 北京：中国林业科学研究院，2011.

［75］米锋，李吉跃，杨家伟. 森林生态效益评价的研究进展［J］. 北京林业大学学报，2003（6）：77－83.

［76］米明福，王琪，叶有华，等. 国有林场森林资源资产负债表框架体系研究——以广东省为例［J］. 林业经济，2018，40（1）：36－43.

［77］穆贤清，黄祖辉，张小蒂. 国外环境经济理论研究综述［J］. 国外社会科学，2004（2）：29－37.

［78］牛文元. 中国可持续发展理论与实践［J］. 中国科学院院刊，2012，27（3）：280－289.

[79] 潘福民，王欢，费平．森林资源资产评估问题初探［J］．辽宁农业科学，2015（1）：64-66.

[80] 潘金生等，内蒙古呼伦贝尔市森林生态系统服务功能及价值研究［M］．北京：中国林业出版社，2019.

[81] 潘韬，封志明，刘玉洁，等．自然资源资产负债表编制中的负债核算方法与案例［J］．国土资源科技管理，2019，36（2）：74-84.

[82] 潘勇军．基于生态 GDP 核算的生态文明评价体系构建［D］．中国林业科学研究院，2013.

[83] 乔世震，乔阳．漫话环境会计［M］．北京：中国财政经济出版社，2002.

[84] 乔晓楠，崔琳，何一清．自然资源资产负债表研究：理论基础与编制思路［J］．中共杭州市委党校学报，2015（2）：73-83.

[85] 乔玉洋．林业非营利单位森林生态价值会计核算理论探讨［J］．世界林业研究，2008，21（6）：1-7.

[86] 乔玉洋．森林生态价值会计核算与新会计准则的衔接［J］．世界林业研究，2009，22（5）：16-21.

[87] 曲艳梅．森林生物多样性资产公允价值计量研究［D］．哈尔滨：东北林业大学，2013.

[88] 邵海荣，贺庆棠．森林与空气负离子［J］．世界林业研究，2000（5）：19-23.

[89] 沈镭，钟帅，何利，等．复式记账下的自然资源核算与资产负债表编制框架研究［J］．自然资源学报，2018，33（10）：1675-1685.

[90] 石道金．我国林地与森林生物资产会计研究［M］．北京：中国林业出版社，2008.

[91] 石薇，汪劲松．水资源资产负债表的编制方法［J］．统计与决策，2021，37（12）：24-28.

[92] 史丹，胡文龙．自然资源资产负债表编制探索：在遵循国际惯例中体现中国特色的理论与实践［M］．北京：经济管理出版社，2015.

[93] 史丹，王俊杰．自然资源资产负债表研究现状、评述与改进方向

［J］. 中国人口·资源与环境, 2020, 30 (1): 1 – 11.

［94］史丹, 张金昌. 自然资源资产负债表编制: 问题与出路［A］// 中国会计学会环境会计专业委员会. 中国会计学会环境会计专业委员会 2014 学术年会论文集［C］. 中国会计学会环境会计专业委员会, 2014, 6.

［95］宋军花. 探索县级自然资源资产负债表编制方法——以安吉县试点为例［J］. 统计科学与实践, 2021 (3): 56 – 58, 64.

［96］孙晶波, 李玮. 森林资源资产评估理论、方法在实践中的探索 ［J］. 林业科技情报, 2006 (2): 1 – 2.

［97］王兵, 任晓旭, 胡文. 中国森林生态系统服务功能及其价值评估 ［J］. 林业科学, 2011, 47 (2): 145 – 153.

［98］王兵等. 内蒙古大兴安岭重点国有林管理局森林与湿地生态系统服务功能研究与价值评估［M］. 北京: 中国林业出版社, 2020.

［99］王宏伟, 侯元兆, 霍振斌. 对中国森林资源评估相关概念的探讨 ［J］. 林业资源管理, 2015 (2): 17 – 22.

［100］王金南, 於方, 马国霞, 等. 中国经济生态生产总值核算报告 2017［M］. 北京: 中国环境出版集团, 2019.

［101］王璟珉. 公地的悲剧?［M］. 北京: 社会科学文献出版社, 2013.

［102］王涛, 曲京山, 王敬一. 自然资源资产负债表相关问题探讨 ［J］. 财务与会计, 2019 (12): 43 – 47.

［103］王文军, 刘丹. 绿色发展思想在中国 70 年的演进及其实践［J］. 陕西师范大学学报 (哲学社会科学版), 2019, 48 (6): 5 – 14.

［104］王玉敏, 杨小宁, 侯佳琦. 承德双滦区: 自然资源资产负债表编制初探［J］. 中国土地, 2018 (6): 50 – 51.

［105］王湛, 刘英, 殷林森, 潘安娥. 从自然资源资产负债表编制逻辑到平行报告体系——基于会计学视角的思考［J］. 会计研究, 2021 (2): 30 – 46.

［106］温作民, 曾华锋, 乔玉洋, 等. 森林生态会计核算研究［J］. 林业经济, 2007 (1): 58 – 63.

［107］吴杰, 祁芳梅, 张俊瑞. 基于国家治理视角的我国政府自然资源

会计准则制定问题研究 [J]. 会计研究, 2020 (9): 3 - 15.

[108] 肖继辉, 张沁琳. 论我国编制自然资源资产负债表的制度创新 [J]. 暨南学报 (哲学社会科学版), 2018, 40 (1): 27 - 35.

[109] 肖建武, 尹少华. 森林生态资产定价随机控制模型构建研究 [J]. 北京: 林业经济, 2014, 36 (5): 103 - 106.

[110] 肖建武. 城市森林服务功能分析及价值研究 [M]. 北京: 经济科学出版社, 2011.

[111] 徐泓. 环境会计理论与实务的研究 [M]. 北京: 中国人民大学出版社, 1999.

[112] 徐勇. 国有林场实施政府会计制度的措施 [J]. 绿色财会, 2018 (11): 20 - 22.

[113] 许涤新. 生态经济学的几个理论问题 [J]. 生态经济, 1987 (1): 7.

[114] 闫慧敏, 封志明, 杨艳昭, 等. 湖州/安吉: 全国首张市/县自然资源资产负债表编制 [J]. 资源科学, 2017, 39 (9): 1634 - 1645.

[115] 扬之. 自然资源核算研究及其进展 [J]. 中国人口·资源与环境, 1990 (4): 91 - 92.

[116] 杨世忠, 谭振华, 王世杰. 论我国自然资源资产负债核算的方法逻辑及系统框架构建 [J]. 管理世界, 2020, 36 (11): 132 - 144.

[117] 杨世忠, 谭振华. 论自然资源资产负债表的编制 [J]. 常州大学学报 (社会科学版), 2020, 21 (5): 33 - 44.

[118] 杨雄胜. 论会计基本理论前提与范式 [J]. 财会月刊, 2021 (6): 12 - 25.

[119] 姚霖. 自然资源资产负债表的实践进展与理论反思 [J]. 财会通讯, 2021 (17): 85 - 88, 156.

[120] 叶谦吉. 生态农业: 农业的未来 [M]. 重庆: 重庆出版社, 1988.

[121] 余新晓, 鲁绍伟, 靳芳, 等. 中国森林生态系统服务功能价值评估生态学报, 2005, 25 (8): 2096 - 2102.

［122］俞海，刘越，王勇，等. 习近平生态文明思想：发展历程、内涵实质与重大意义［J］. 环境与可持续发展，2018，43（4）：12 – 16.

［123］袁广达. 环境财务会计［M］. 北京：经济科学出版社，2015.

［124］约翰·B. 坎宁，会计中的经济学［M］. 宋小明，谢盛纹译. 上海：立信会计出版社，2014.

［125］岳上植. 森林社会效益核算［J］. 上海立信会计学院学报，2008（6）：16 – 22.

［126］张桂琴. 关于林业会计核算体系的思考［J］. 绿色财会，2015（5）：10 – 11.

［127］张俊杰，范振林，王翻羽，等. 自然资本核算的中国路径［J］. 中国国土资源经济，2020，33（10）：31 – 38，60.

［128］张琦，谭志东. 领导干部自然资源资产离任审计的环境治理效应［J］. 审计研究，2019（1）：16 – 23.

［129］张瑞琛. 基于价值量的森林资源资产负债表财务报告概念框架构建研究［J］. 会计研究，2020（9）：16 – 28.

［130］张涛. 森林生态效益补偿机制研究［D］. 北京：中国林业科学研究院，2003.

［131］张卫民，李辰颖. 森林资源资产负债表核算系统研究［J］. 自然资源学报，2019，34（6）：1245 – 1258.

［132］张卫民. 森林资源资产负债表及其核算系统研究［M］. 北京：中国林业出版社，2020.

［133］张欣晔. 森林资源资产负债表负债争议研究［J］. 林业经济，2018，40（4）：68 – 72 + 112.

［134］张新民. 资产负债表：从要素到战略［J］. 会计研究，2014（5）：19 – 28.

［135］张秀芬. 马克思《资本论》绿色发展思想及其实践路径［J］. 哈尔滨工业大学学报（社会科学版），2020，22（6）：133 – 139.

［136］张颖，李坦，李慧. 国家级公益林生态效益价值核算［J］. 资源开发与市场，2013，29（2）：122 – 126.

［137］张颖，潘静．森林碳汇经济核算及资产负债表编制研究［J］．统计研究，2016，33（11）：71－76.

［138］张颖，潘静．中国森林资源资产核算及负债表编制研究——基于森林资源清查数据［J］．中国地质大学学报（社会科学版），2016，16（6）：46－53.

［139］张颖，王智晨．自然资源资产负债表编制研究现状及其拓展［J］．中国地质大学学报（社会科学版），2021，21（5）：101－109.

［140］张颖．资源核算与资产负债表管理研究——以扎兰屯市森林资源为例［J］．环境保护，2016，44（Z1）：35－38.

［141］张永亮，俞海，高国伟，等．生态文明建设与可持续发展［J］．中国环境管理，2015，7（5）：38－41.

［142］张志涛，戴广翠，郭晔，等．森林资源资产负债表编制基本框架研究［J］．资源科学，2018，40（5）：929－935.

［143］赵同谦，欧阳志云，郑华，等．中国森林生态系统服务功能及其价值评价［J］．自然资源学报，2004，19（4）：480－491.

［144］赵轩．伊春国有林区森林生态系统效益核算及效益提升研究［D］．哈尔滨：东北林业大学，2021.

［145］郑华，欧阳志云．生态红线的实践与思考［J］．中国科学院院刊，2014，29（4）：457－461，448.

［146］郑晶．低碳经济与生态文明研究［M］．北京：中国林业出版社，2014.

［147］中国森林资源核算及纳入绿色 GDP 研究项目组．绿色国民经济框架下的中国森林核算研究［M］．北京：中国林业出版社，2010.

［148］中山哲之助，陈大夫．森林公益效能的计量及评价［J］．国外林业，1987（1）：25－27.

［149］朱帮助，张梦凡．绿色发展评价指标体系构建与实证［J］．统计与决策，2019，35（17）：36－39.

［150］Akerboom S, Botzen W, Buijze A, et al. Meeting goals of sustainability policy：CO_2 emission reduction, cost-effectiveness and societal acceptance.

An analysis of the proposal to phase-out coal in the netherlands [J]. Energy Policy, 2020, 138: 111210.

[151] Alcamo J, Vuuren D V, Ringler C, et al. Changes in nature's balance sheet: Model-based estimates of future worldwide ecosystem services [J]. ECOLOGY AND SOCIETY, 2005, 10 (2): 19.

[152] Alfsen K H, Greaker M. From natural resources and environmental accounting to construction of indicators for sustainable development [J]. Ecological Economics, 2006, 61 (4): 600 –610.

[153] Ash N. Protected planet report 2018 [R]. Cambridge CB3 0DL, UK: UNEP-WCMC, 2018.

[154] Au-Yeung W, McDonald J, Sayegh A. 7. Australian government balance sheet management [M]. University of Chicago Press, 2009.

[155] Baetens, Freya. Investment law within international law: International investment agreements and the emerging green economy: rising to the challenge [J]. 2013, 10. 1017/CBO9781139855921 (8): 187 –216.

[156] Balasubramanian M. Integrating forest resources into national accounts in Karnataka, India [J]. International Journal of Green Economics, 2013, 7 (3): 276 –298.

[157] Bartelmus P. Environmental-economic accounting: Progress and digression in the SEEA revisions [J]. Review of Income and Wealth, 2014, 60 (4): 887 –904.

[158] Bhowmik C, Bhowmik S, Ray A, et al. Optimal green energy planning for sustainable development: A review [J]. Renewable and Sustainable Energy Reviews, 2017, 71 (5): 796 –813.

[159] Brugnach M, Craps M, Dewulf A. Including indigenous peoples in climate change mitigation: addressing issues of scale, knowledge and power [J]. Climatic Change, 2017, 140 (1): 19 –32.

[160] Cortés-Flores J, Cornejo-Tenorio G, Urrea-Galeano L A, et al. Phylogeny, fruit traits, and ecological correlates of fruiting phenology in a Neotropical

dry forest [J]. Oecologia, 2019, 189 (1): 159 – 169.

[161] Costanza, et al. The value of the world's ecosystem services and natu-ralcapital [J]. Nature, 1997, 387: 253 – 260.

[162] Davidson S, Weil R L. Handbook of modern accounting [M]. McGraw-Hill Companies, 1977.

[163] Day R. Implementation of whole of government reports in Australia [J]. Public Money & Management, 2009, 29 (4): 229 – 234.

[164] Dickinson G F, Eakin F. Balance sheet to the nation's economy: Bul-letin NO 54 [M]. University of Illinois, Urbana, 1936.

[165] Division U N S. System of environmental-economic accounting 2012 [J]. World Bank Publications, 2017.

[166] Dlimbetova G, Zhylbaev Z, Syrymbetova L, et al. Green skills for green economy: Case of the environmental education role in Kazakhstan's economy [J]. International Journal of Environmental & Science Education, 2016 (8).

[167] Dvarskas A. Experimental ecosystem accounting for coastal and marine areas: A pilot application of the SEEA-EEA in Long Island coastal bays [J]. Ma-rine Policy, 2019, 100: 141 – 151.

[168] Eaton D. Technology and innovation for a green economy [J]. Re-view of European Community & International Environmental Law, 2013, 22 (1): 62 – 67.

[169] Edens B, Haan M. How the SEEA contributes to environmental sus-tainability policies [C]. IARIW 2010 Conference, 2010.

[170] Eurostat. Valuation of european forests: Results of IEEAF test applica-tions [M]. Brussels: European Commission, 2000.

[171] Food and Agriculture Organization (FAO). The global forest resources assessment 2020: Terms and definitions [R]. Rome: United Nations, 2020: 4.

[172] Fullerton D, Kim S R. Environmental investment and policy with dis-tortionary taxes, and endogenous growth [J]. Journal of Environmental Economics and Management, 2008, 56 (2): 141 – 154.

[173] GAO J X. How China will protect one-quarter of its land [J]. Nature, 2019, 569: 457.

[174] Giannetti B F, Agostinho F, Almeida C M V B, et al. A review of limitations of GDP and alternative indices to monitor human wellbeing and to manage eco-system functionality [J]. Journal of Cleaner Production, 2015, 87 (1): 11 −25.

[175] Gios G, Goio I. National green accounting: An application to forests in the Autonomous Province of Trento (Italy) [J]. Austrian J For Scl, 2009, 2009, 126 (1 −2): 101 −117.

[176] Goldsmith R W, Lipsey R E, Mendelson M. Studies in the national balance sheet of the United States, Volume 2 [J]. Journal of Finance, 1963, 127 (3): 84 −85.

[177] Gray R, Bebbington J. Environmental accounting, managerialism and sustainability: Is the planet safe in the hands of business and accounting? [M] Advances in Environmental Accounting & Management. Emerald Group Publishing Limited, 2000.

[178] Ha Jöbstl. Innovations in forestry accounting-integration of forest assets and non-market environmental benefits into management and national accounting and reporting. [J]. Austrian Journal of Forest Science, 2009, 126 (1 −2): 1 −4.

[179] Hada T. Aspects of the accounting activities in forestry [J]. Bulletin of University of Agricultural Sciences and Veterinary Medicine Cluj-Napoca. Horticulture, 2010 (2): 218 −225.

[180] Hailemariam S N, Kassie M, Mungatana E. Forest Resource Accounts for Ethiopia [M]. Implementing Environmental Accounts. Springer Netherlands, 2012.

[181] Haripriya G S. Integrated environmental and economic accounting: an application to the forest resources in India [J]. Environmental and Resource Economics, 2001, 19 (1): 73 −95.

[182] Herbohn K F, Herbohn J L. Accounting for forestry assets: The de-

velopment of an Australian policy [J]. Australian Forestry, 1998, 61 (3):
220 - 225.

[183] Hicks, J. R. Value and Capital [M]. 2nd ed. Oxford: Oxford
University Press, 1946.

[184] Higgins K L. Economic growth and sustainability: Systems thinking
for a complex world [M]. Academic Press, 2014.

[185] Hill B. The illusory nature of balance sheets in agricultural economic
statistics: A note [J]. Journal of Agricultural Economics, 2000, 51 (3): 5.

[186] HL Csete Mária. Sustainability and green development in urban poli-
cies and strategies [J]. Applied Ecology & Environmental Research, 2012, 10
(2): 185 - 194.

[187] Ignat G. Timofte A A, Timofte A A, et al. Green accounting vs sus-
tainable development. [J]. Agronomy Series of Scientific Research / Lucrari Stiin-
tifice Seria Agronomie. 2016 (59): 245 - 248.

[188] Jobstl, HA. Forest assets and environmental benefits in management
accounting [J]. Austrian J for Sci, 2009.

[189] Kapp K W. Social costs of private enterprise [M]. Harvard Universi-
ty Press, 1950.

[190] Kulmala M, Ezhova E, Kalliokoski T, et al. CarbonSink Accounting
for multiple climate feedbacks from forests [J]. Boreal Environment Research,
2020, 25: 145 - 159.

[191] Kuznets S. Modern economic growth: Findings and reflections
[J]. 1971.

[192] Lange G M. Manual for environmental and economic accounts for for-
estry: A tool for cross-sectoral policy analysis [J]. Food & Agriculture Organiza-
tion of the United Nations, 2004.

[193] Lebling K, Ge M, Levin K, et al. State of climate action: Assessing
Progress toward 2030 and 2050 [R]. Washington, DC: World Resources Institu-
te, 2020.

［194］ Lefter V, Roman A G. IAS 41 Agriculture: Fair value accounting ［J］. Theoretical and Applied Economics, 2007, 5 (510): 15 – 22.

［195］ Long H, Liu J, Tu C, et al. From state-controlled to polycentric governance in forest landscape restoration: The case of the ecological forest purchase program in Yong'an Municipality of China ［J］. Environmental Management, 2018.

［196］ M Hájek, P Vrabcová. Consideration of forest ecosystem services in environmental management accounting ［J］. Wood Research, 2020, 65 (1): 135.

［197］ Matero J, Saastamoinen O. In search of marginal environmental valuations—ecosystem services in finnish forest accounting ［J］. Ecological Economics, 2007, 61 (1): 101 – 114.

［198］ Mathews J A. Greening of development strategies ［J］. Seoul Journal of Economics, 2013, 26.

［199］ Niskala M. Environmental accounting issues in finland ［J］. Social and Environmental Accountability Journal, 1994, 14 (1): 13 – 14.

［200］ Odum H T, Peterson N. Simulation and evaluation with energy systems blocks ［J］. Ecological Modelling, 1996, 93 (1 – 3): 155 – 173.

［201］ Openshaw K, Openshaw K, Openshaw K, et al. Cost and financial accounting in forestry: A practical manual ［J］. Cost & Financial Accounting in Forestry A Practical Manual, 1980: xiii – xvi.

［202］ Patil, P. Forest accounting: a theoretical perspective ［J］. International Journal of Accounting and Economics Studies, 2017, 5 (1): 36.

［203］ Platon V, Frone S, Constantinescu A. New developments in assessing forest ecosystem services in Romania ［J］. Procedia Economics and Finance, 2015, 22: 45 – 54.

［204］ Poleshchuk EA. Methodological provisions for the formation of the environmental-Economic accounting for forest resources in the Republic of Belarus ［J］. Voprosy Statistiki, 2021, 28 (1): 69 – 79.

［205］ Repetto R. Earth in the balance sheet: Incorporating natural resources in national income accounts ［J］. Environment Science & Policy for Sustainable

Development, 2010, 34 (7): 12 - 45.

[206] Revell J, Hockley G C, Moyle J. The wealth of the nation: The national balance sheet of the United Kingdom, 1957 - 1961 [J]. Economic, 1967, 35 (139): 5030 - 5034.

[207] Rinaldi F, Jonsson R. Accounting for uncertainty in forest management models [J]. Forest Ecology and Management, 2020, 468: 118186.

[208] Rounaghi M M. Economic analysis of using green accounting and environmental accounting to identify environmental costs and sustainability indicators [J]. International Journal of Ethics and Systems, 2019, 35.

[209] Rubenstein D B. Bridging the Gap Between green accounting and black ink [J]. Accounting Organizations and Society, 1992, 17 (5): 501 - 508.

[210] Serageldin, Ismail, Andrew D. et al. Making development sustainable: From concepts to action [M]. World Bank Publications, 1994.

[211] Steurer A. Towards an environmental accounting framework for the EU [R]. Nota di Lavoro, 2000.

[212] Tansley A G. The use and abuse of vegetational concepts and terms [J]. Ecology, 1935, 16 (3).

[213] UN, EU, FAO, et al. System of environmental-economic accounting 2012: Central framework [M]. New York: United Nations, 2014, 378.

[214] Vassallo P, Turcato C, Rigo I, et al. Biophysical accounting of forests value under different management regimes: Conservation vs. exploitation [J]. Sustainability, 2021, 13.

[215] Watson R T, Noble I R, Bolin B, et al. Land use, land-use change, and forestry: A special report of the IPCC [R]. Cambridge: Cambridge University Press, 2000.

[216] Weber J L. The French natural patrimony accounts [J]. Statistical journal of the United Nations economic commission for Europe, 1983, 1 (4): 419 - 444.

[217] Wright J. Natural resource accounting: A technique for improving

planning in New Zealand? [M]. Lincoln University and University of Canterbury. Centre for Resource Management, 1989.

[218] Wysokińska, Zofia. Transition to a green economy in the context of selected European and global requirements for sustainable development [J]. Comparative economic research. 2013 (16): 203 –226.

[219] Yoshida T. Problems in the introduction of balance sheet to government accounts: Public finance of welfare state in the shaking [J]. Bulletin of Niigata Seiryo University, 2001 (1): 143 –152.

附　录

附录 A　调查问卷

第一部分：个人信息

1. 您所在的从业领域（单选）

A. 森工企业管理人员（含核算人员）

B. 林业系统政府工作人员

C. 自然资源或生态环境系统政府工作人员

D. 自然资源或生态环境科研工作者

E. 在校林业或经管类学生

2. 您已读或在读学习背景（单选）

A. 林业经济管理

B. 林学及相关

C. 其他经管类（含会计、审计、财务管理与统计）

D. 环境及生态保护

E. 其他

3. 您的最终或在读学历或学位（单选）

A. 博士　　B. 硕士　　C. 本科　　D. 专科　　E. 其他

4. 您目前所居住或生活的区域（单选）

A. 东北地区　　　　　　B. 南部（含东南、中南）地区

C. 西北地区　　　　　　D. 中部地区（含华北）

E. 西南地区

5. 您从事本行业领域工作或学习的时间（单选）

A. 20 年以上　　　　B. 10 ~ 19 年　　　　C. 5 ~ 9 年

D. 1 ~ 4 年　　　　　E. 1 年以下

第二部分　以下是一份关于您对森林资源资产负债表的编制是否有意义的态度的调查。请根据您的实际情况选择以下选项的重要性。

1. 非常不重要　2. 不重要　3. 一般　4. 重要　5. 非常重要

序号	问题	1	2	3	4	5
6	森林资源核算非常必要					
7	现有的森林资源核算体系不能够满足生态建设及各方面信息的需要					
8	通过之前阅读或调查前介绍您对森林资源资产负债表非常了解					
9	在已经编制自然资源资产负债表的基础上，仍需要编制森林资源资产负债表					
10	森林资源资产负债表比单纯森林资源核算账户能够提供更多的信息					
11	领导干部自然资源资产离任审计需要编制森林资源资产负债表					
12	现有条件能够满足或经过努力能够满足森林资源资产负债表编制					

第三部分　以下是关于您对森林资源资产负债表资产、负债如何确认的态度的调查。请根据您的实际情况选择以下选项的重要性：

1. 非常不重要　2. 不重要　3. 一般　4. 重要　5. 非常重要

序号	问题	1	2	3	4	5
13	森林资源资产负债表不应只反映森林资源的经济价值					
14	森林资源资产的经济价值和生态价值不是互斥的，应将其在森林资源资产负债表中一并计算					

223

续表

序号	问题	1	2	3	4	5
15	森林资源资产负债表中资产反映实物量和价值量，而负债只反映价值量不反映实物量					
16	林地和林木的经济价值和生态价值都需要在森林资源资产负债表中体现					
17	森林资源资产负债表中公益林不仅反映生态价值，也应反映经济价值					
18	森林资源资产负债表中商品林不仅反映经济价值，也应反映生态价值					
19	森林资源资产负债表中资产应考虑按成熟林、过熟林、近熟林、幼龄林等林龄进行分类					
20	森林资源资产负债表中资产应考虑按乔木林、灌木、竹林等林分进行分类					
21	森林资源资产负债表中负债确认是有意义的					
22	森林资源资产负债表中负债反映未来一年发生的资源损耗、毁损、管护、补偿支出					
23	森林资源资产负债表中负债是维持或达到生态红线标准即超过资源可持续利用临界值的恢复成本					
24	森林资源资产负债表中的净资产不需要单独分类核算，只是资产与负债之间的差额					

第四部分 以下是关于您对森林资源资产负债表资产、负债计量态度的调查。请根据您的实际情况选择以下选项的重要性：

1. 非常不重要　2. 不重要　3. 一般　4. 重要　5. 非常重要

序号	问题	1	2	3	4	5
25	森林资源资产负债表中资产和负债是静态数据，因此，应将流量指标通过折现等方式变为存量指标					
26	森林资源资产负债表中资产应按实际发生的历史成本或重置成本计价					
27	为反映森林资源的现实价值，森林资源资产负债表中资产应按公允价值（市场价格）计量					

序号	问题	1	2	3	4	5
28	森林资源资产负债表中资产按公允价值（市场价格）、成本计价混合计价					
29	森林资源资产负债表中资产、负债计量方法和手段应该是全国统一的					

第五部分　以下是关于您对森林资源生态系统服务价值核算态度的调查。请根据您的实际情况选择以下选项的重要性：

1. 非常不重要　2. 不重要　3. 一般　4. 重要　5. 非常重要

序号	问题	1	2	3	4	5
30	森林资源生态价值中最重要的是森林碳汇					
31	森林资源固碳的价值用国内碳汇市场价格计价					
32	森林资源固碳的价值用国际碳汇市场价格计价					
33	森林资源生态价值中涵养水源价值用水库建造成本替换计算					
34	森林资源生态功能中保育土壤价值用土壤肥力增加折算的化肥市场价格计算					
35	森林资源净化空气的价值用空气清新机器的使用成本计算					
36	森林资源净化水质的价值通过自来水的加工成本来替换体现					
37	森林资源农田防护的价值按降低风沙提高粮食产量折算价值计算					
38	森林资源释氧的价值按医用氧气市场价格计价					

第六部分　其他方面的态度

39. 您认为自然资源资产负债表或森林资源资产负债表的编制主体是（单选）

A. 现有核算主体　　　　　　B. 林业管理部门

C. 统计部门　　　　　　　　D. 领导干部离任审计部门

E. 其他信息需求者

40. 您认为森林资源资产负债表的编制时间间隔为（单选）

A. 1 年

B. 森林资源清查期（5 年）

C. 森林资源责任主体领导一个任期

D. 不定期

41. 您认为森林资源资产负债表的编制原理是（单选）

A. 资产 = 负债 + 净资产等式

B. 期初存量 + 本期增量 – 本期减量 = 期末存量等式

C. 其他

42. 您认为森林资源资产负债表的编制方法是（单选）

A. 会计方法

B. 统计方法

C. 会计方法与统计方法相结合

D. 其他

43. 您认为森林资源资产负债表编制的主要困难是 [多选题]

A. 核算方法不统一　　　　　　B. 技术及数据采集跨领域

C. 用途不明确　　　　　　　　D. 没有实际价值

E. 资产、负债确认、计量比较困难

44. 你认为森林资源资产负债表的数据来源为 [多选题]

A. 会计数据　　　　　　　　　B. 统计数据

C. 林业部门业务数据　　　　　D. 其他部门数据

45. 考虑可行性及必要性，您认为目前森林资源资产负债表中价值量核算应包括 [多选题]

A. 经济价值　　　　　　　　　B. 生态价值

C. 社会价值　　　　　　　　　D. 文化价值

46. 考虑可行性和必要性您认为森林资源生态价值应包括 [多选题]

A. 固碳释氧　　　　　　　　　B. 森林防护

C. 保育土壤　　　　　　　　　D. 涵养水源

E. 生物多样性　　　　　　　　F. 林木养分固持

G. 净化大气环境　　　　　　　H. 森林康养

附录 B 因子分析

因子	因子载荷	特征值	累积解释方差百分比	公因子名称
	1			
Q6	0.667	3.775	53.926%	森林资源资产负债表编制合理性
Q7	0.754			
Q8	0.547			
Q9	0.746			
Q10	0.791			
Q11	0.801			
Q12	0.799			

因子	因子载荷		特征值	累积解释方差百分比	公因子名称
	1	2			
Q13	0.639	0.381	3.778	34.343%	森林资源资产确认（H1－1）
Q14	0.688	0.368			
Q16	0.766	0.263			
Q17	0.700	0.254			
Q18	0.737	0.216			
Q21	0.798	0.068			
Q15	0.343	0.589	2.783	59.639%	森林资源负债确认（H1－2）
Q20	0.309	0.713			
Q22	0.427	0.628			
Q23	0.494	0.605			
Q24	－0.029	0.838			
Q19	0.437	0.466			

因子	因子载荷	特征值	累积解释方差百分比	公因子名称
	1			
Q25	0.805	2.680	53.601%	采用公允价值的混合模型计量森林资源资产和负债（H2）
Q26	0.734			
Q27	0.689			
Q28	0.717			
Q29	0.710			

续表

	因子载荷	特征值	累积解释方差百分比	公因子名称
	1			
Q30	0.727			
Q31	0.667			
Q32	0.701			
Q33	0.779			森林资源生态系统服务价值的测度方法多样性（H3）
Q34	0.722	4.861	54.009%	
Q35	0.755			
Q36	0.781			
Q37	0.711			
Q38	0.763